浙江大学文科高水平学术著作出版基金

中央高校基本科研业务费专项资金　资助

周有光语言文字学研究丛书

周有光语言文字学研究资料选编

彭利贞　韦爱秀　主编

浙江大学出版社
ZHEJIANG UNIVERSITY PRESS
·杭州

图书在版编目（CIP）数据

周有光语言文字学研究资料选编 / 彭利贞，韦爱秀主编. —
杭州：浙江大学出版社，2023.2
ISBN 978-7-308-23254-8

Ⅰ.①周… Ⅱ.①彭…②韦… Ⅲ.①汉语－语言学
－文集②汉字－文字学－文集 Ⅳ.①H1－53

中国版本图书馆 CIP 数据核字（2022）第 215408 号

周有光语言文字学研究资料选编

彭利贞　韦爱秀　主编

责任编辑	韦丽娟	
责任校对	吕倩岚	
封面设计	周　灵	
出版发行	浙江大学出版社	
	（杭州市天目山路 148 号　邮政编码 310007）	
	（网址：http://www.zjupress.com）	
排　　版	浙江时代出版服务有限公司	
印　　刷	杭州宏雅印刷有限公司	
开　　本	710mm×1000mm　1/16	
印　　张	14.75	
字　　数	257 千	
版 印 次	2023 年 2 月第 1 版　2023 年 2 月第 1 次印刷	
书　　号	ISBN 978-7-308-23254-8	
定　　价	118.00 元	

总　序

罗卫东

一

2017 年 1 月 9 日夜里,我登上去北京的飞机,此行的主要目的是看望周有光先生。行前,得到的消息是周老近期的身体不是很好,同事为此还专门带上了两盒鸽子蛋,希望给老人补充点营养,让他身体恢复得快一些。

1 月 10 上午 10 点左右,我在周有光唯一的嫡孙女周和庆的陪同下,戴着口罩进入了老先生的卧室。前不久老人因身体不适住进医院治疗,病情控制住以后,就决意要求回家,此后他就一直昏睡在卧室这张低矮而宽大的软床上,两个保姆 24 小时轮流照看。

天气很好,外面阳光灿烂,温暖的光透过窗户倾泻到室内,约三分之一的床沐浴在阳光之中。我坐在床边的木箱子上,面对侧卧着的昏睡的老人。他与一年前见到的已经大不一样了,嘴巴半张着,背光下的眼窝,轮廓和阴影十分明显。和庆告诉我,爷爷从医院回家以后一直躺在床上,除了要上厕所和喝点营养液,就这样昏睡着,也几乎不说话。睡着的时候,呼吸的声音很大,特别是呼气,出来的气流又急又重,而吸气则几乎听不见。他现在的状态似残烛临风,灯油将尽,正在顽强地发出最后的光。我握着他的手,感觉到由里面透出来的温热,寄希望于老人那神奇到不可思议的生命原力再次发威创造新的奇迹。但我心里知道,情况不太妙。在向他告别的那一刻,我内心有强烈的预感,这次很可能是诀别。当天下午,我是怀着十分沉重的心情离开北京返回杭州的。

2017 年 1 月 14 日,只过去短短的三天,就接到消息,周老在昏迷中度过了他的第 111 个生日几小时后,即告别了这个世界。对这个消息,我虽有一定的心理准备,但还是觉得很突然。知道老人捱不了很长时间,但没想到他走得这么快。这个经历了清王朝的退场、中华民国的建立和崩溃、中华人民共和国的兴起,三个时代,亲历了 20 世纪人类历史上几乎所有重大事件,堪称见证时代变迁、社会动荡、政权更替活化石的罕见老人,没有能够续写生命的奇迹。

他的离去,也意味着中国知识分子史上一个时代的结束。

二

得益于我的朋友和校友叶芳女士的牵线搭桥和热心张罗,2013 年以来,我和几位同事先后多次到位于朝阳区的周家,拜见先生,每次的时间大抵都会安排在周老生日前几天,既可以算是专程为他祝寿,也减轻生日那天过多访客给老人造成的身心负担。每一次去,也都会和他商量一些事情,比如在浙江大学建立周有光档案资料专项收藏,成立周有光国际语言文字研究中心,出版他及张允和女士的书稿,等等。

那年以前,每次见老人,都是在他自己的书房里。那时候的他,就像一个听话的乖宝宝,温顺地服从家人和保姆的安排。坐在沙发上,眼神一派慈祥,对每一个和他打招呼的人微笑。爱干净的老人,不时地用拿在手上的白手绢擦拭自己的嘴角。由于他的听力衰退得厉害,即便是戴上助听器,说话者仍需加大嗓门,有时候还需挨着坐在他身边的家人和保姆凑近他的耳朵,大声转告说话的内容。儿子周晓平在世的时候,主要由他来充当访客与周老之间谈话的“翻译者”和“扬声器”,2015 年初,晓平老师不幸突然去世以后,这类角色就由孙女周和庆或者保姆来充当了。老人回答大家的问题,就像他的文字一样简洁而通透,只是比文字多了一种超脱于自我而又巧妙自嘲的幽默感。

浙江大学的前身之一之江大学,是张允和女士的母校。记得第一次去拜见周先生,我就和他聊起了之江大学。这个话题让他本就清澈的眼神变得更加明亮,我猜想,那是因为飞扬的青春和美好爱情的记忆被激活了。周老就开始谈论那个早已远去的时代,语调虽然平缓,似乎不带任何感情,但我们分明能够感受到他的深情,仿佛看到那个一身洋装、年轻帅气的周有光和一袭旗袍、美丽的张允和,真正是郎才女貌,在西湖之畔沐浴爱河的情形。80年过去了,周有光没有再到过之江这个幸福之地。儿子周晓平答应替父亲去圆这个故地重游的梦,遗憾的是,2015年1月他猝然离世,也没有能够完成父母亲的夙愿。

在这个由于岁月流逝而不断萎缩的肉身中,竟蕴藏着一个睿智、通达、温润和伟岸的灵魂,这着实让所有见过周有光的人不得不从内心发出由衷的赞叹。在漫长人生的最后几年,他的日常生活已经难以自理,一刻也离不开家人和保姆的照顾,但是头脑却不曾停止思考,尤其是对天下大事的思考。第一、二两次拜访周先生,我都向他请教关于经济、语言、文明规律(趋势)的问题,我们谈的时间每次差不多都有近一个小时。这些问题都是他长期观察、思考和写作的主题。他的见解如此清晰和简单,超越了时下无数糊涂蛋的头脑。

三

周有光的一生,经历不同的时代和政权,辗转不同的国家和地区,从事不同的行业。早年学习经济学,在经济行当里做事;中年以后从事共和国语言文字改革工作;在耄耋乃至期颐之年,则以一个思想家和公共知识分子的姿态出现在大众面前。可以说每一次改变职业都是华丽转身,这样的经历让很多人感到十分惊讶。经济学和语言文字学,两者之间似乎是风马牛不相及,他如何可能完成转换;语言文字学和世界观,彼此的关系似乎也不是那么直接,他又是如何从前者向后者圆融过渡的? 的确,要理解他一生的变与不变、坚守与通融,是需要首先认识他的心灵和精神世界的。我以为,他本人及其文字中表现出来的那一种特别的禀赋和魅力,乃是由以下三种成分组成的:关乎他人的高度发达的"同理心"、关于社会事务的健全的"常识感"、对世界大同和全人类普遍幸福的深切关怀。这三者就像三原色构成了他身上发出的耀眼的"人性之光"。

中国古人对一个人的评价从德、识、才、学这四个方面来进行评价。若从这四个方面看周先生,可以说周先生身上体现出来的是大德、卓识、通才、博学。

第一,"大德"。我觉得周老身上所体现的不是一般的德,而是"大德":有深切的"悲悯心",对人类整体命运有关切。他对别人的爱并不止于一个具体的人、一个家庭、一个社区、一个地域、一个国家,更不会囿于一个阶级、一个政党、一个民族。他是爱一切的人,爱人的一切,是基于人性而不是某种意识形态而生发出来的原初的感情,是超越具体的人的社会属性的。很多人看到了周先生的思想与近代以来启蒙思想之间的内在联系,但是我觉得,在他身上还有一种特别蕴含着中国古代儒家人文主义的士人品质。"大道之行,天下来同",在他身上凝聚着东西方两种人文主义价值观的深刻影响,只是很多人仅看到其中一个方面。晚年的周有光最爱说的一句话就是中国人要站在世界看中国,而不要站在国家立场上看世界,后来甚至说过地球人要站在月球上看地球。他这样说,并非因为不在意身边的人和同胞们的利益,而是提醒大家防止偏狭甚至极端的意识形态对人类基本天性和共同价值的遮蔽。他中正平和的人生态度、淡泊名利的生活哲学使他在极端恶劣和上下沉浮的情境中依然保持着通达和乐观的精神状态。他的谦和、儒雅和慈祥,其实是这种德性的自然流露。

第二,"卓识"。周老的见识是"卓识",所以总能够抓住问题的根本,对大局、对大是大非问题,有极强的判断力。周老的谈话和文字常常会有一种穿透扑朔迷离的表象而直抵问题关键的力量。这种力量不仅来自他那种贯穿一生的改良社会、推动进步的强烈情怀,也来自惊人博学和丰富阅历酿造出来的远见卓识,他那清楚明白的话语方式则让他的观点和思想的传播如虎添翼。周先生的卓识是建立在科学分析和理性思考的基础之上的,这一点在他将经济学的思维方式运用于语言文字演化趋势的考察和推演方面,表现得很是突出。将语言交流类比为市场交换,在西方的经济学界是近年来才兴起的话题;而周先生在半个多世纪以前就自觉地将两者相互参照来考察语言变迁的规律,推测语言发展的趋势,并且把经济学的效率观作为判断和指导语言文字改革如何推进的重要依据。在我和他几次讨论汉字简化以及汉语拼音方案取舍问题时,他都反复强调认知成本、教育成本等概念。是否能够有效降低知识成本、加快文化普及、迅速提升国民素质等,这是他自己判断语言文字改革成败得失的基本依据。具备了这样的立意和判断依据,就使他不再过分纠结于语文改革方案的某些细节,而是重点思考怎样做才能切实地服务于解决主要矛盾和矛盾主要方面这个大局。

第三,"通才"。周老的"才"是"通才",他具有极高的智慧,能够把理论知识、书本知识和实践知识予以融会贯通，形成自己特殊鲜明的思维方式和表达方式。和他聊天，一问一答中常体现出举一反三的机智，即使到了一百来岁，他的头脑反应依然异常敏捷，令人叹为观止。他的才华，还体现在他的高度自知之明，以及无处不在的幽默和自我调侃之中。和他在一起，让人如沐春风，有超然物外、从心悠游的美妙感受。

第四，"博学"。周老的"博学"，众所周知，一生全凭自己的问题意识和探索的兴趣，虚怀若谷、毫无成见地学习吸收各个学科的知识，将其调动和融贯在一起去服务于自己解决问题的需要。他决不为了学术而学术、为了方法而方法，而是围绕问题，取其所需、用其所学、发其所思，在各种知识体系之间从心所欲、游刃有余。他博览群书，是《简明不列颠百科全书》中文版的顾问，其实他本人就是一个"周百科"，是百科全书式的。我第一次进他的书房，十分惊讶的是老先生居然并无多少藏书，在我的意识中，博览群书之人必定坐拥书城，私藏丰富。晓平老师告诉我，周先生在意的不是藏书，而是阅读和学习，吸收知识，把书本的知识内化于身，因此，他向来的看法就是，做一个学问家，不必成为藏书家。这一点与钱锺书先生的言行颇为契合。

周老的德、识、才、学这四个方面，并不是相互孤立的现象，而是相辅相成，融为一体的，他真正到了人生的化境，而其根本的点化之功还归于这一"人性之光"。"仁者乐山、智者乐水"，周先生的德行就像是一座大山，一百一十一年的人生累积起了它的高度，周先生的智慧则像是一条小溪，本正源清、粼粼前行，遇千难而不辞，利万物而不争，终汇江海。我想，孔子心目中的"君子"，在当代，大概就是周先生这样子的人吧！

四

周先生漫长的一生，蕴藏了丰富的精神宝藏，值得我们深入挖掘、研究和传承。他在语言文字领域的思考、研究和实践，是其中最有代表性、最有影响力的，不仅体现了周先生的学术兴趣、品格和造诣，更承载着周先生那一代中国知识分子的家国情怀。

我感受很深的一点是，每次和周先生聊语言文字改革的事，他心心念念的一点就是什么样的方案才能惠及更多的人民，如何让语言文字更加高效率、低成本地普惠于国家的全体公民,更方便地在世界传播。他对待语言文字改革,既有理想主义的愿景,更多的是倾注强烈的现实主义关怀。在周先生看来,国家的积贫积弱,最大的短板和根源是大众的愚昧,是公民知识文化水平的普遍低下。对于中国而言,提高识字率、降低文盲率,是国家富强、人民幸福的前提和基础,是新中国现代化建设的重中之重!周先生这一代旧学功底深厚的人,不可能不认识到汉语言文字的审美和文化功能,但是,他认为这个功能应该服务于国家发展和现代化建设的迫切需要,服务于最大多数人的生活水准的提升和生活品质的改进。新中国成立伊始,对于最大多数中国人来说,首要的问题在于拥有基本的读、写、说、听的能力,否则,他们的发展和进步都是空谈,国家与民族的自强也是无本之木。在语言文字改革基本指导思想的确立和实践的过程中,如果精英阶层的高雅诉求,与广大人民的生存和发展诉求难以兼顾,以周先生的态度,一定是后者优先。在这一点上,周先生身上体现了真正的人民性、实事求是的可贵品质和以发展眼光看问题的辩证思维素养。

为了传承和发展周有光先生的语言文字学术思想,推进语文现代化的工作,浙江大学于2015年5月成立了"周有光语言文字学研究中心"。四年多来,中心在著名语言学家王云路教授的精心组织下,团结海内外学界同仁,围绕汉语的演化、发展和改革这一周先生一生最为关心的重大问题以及周有光语言文字学思想,开展学术研讨,发表专业论著,各项活动开展得有声有色,在学术界的影响日益扩大。

日前,中心又在浙江大学社科院和浙江大学出版社的联合支持下,启动了"周有光语言研究丛书"的编撰出版工作,将推出一批"周有光语言文字学研究"的精品力作。丛书包括《周有光谈语言》(六卷本),系对周有光先生语言学方面的成果尽可能地进行了搜集和分类编纂,有《周有光论汉语拼音方案》、《周有光论语文现代化》、《周有光论文字改革》、《周有光讲述字母的故事》、《周有光的语言学世界》、《周有光语言学杂谈》等,区别于其他周有光著作集,六卷本更加便于读者了解周先生的语言学思想;《周有光与汉语拼音研究》和《周有光与语文现代化研究》两种专著,前者以历时观点客观描述了周有光先生汉语拼音思想的发展历程及其与汉语拼音方案之间的关系,后者将从五个方面对周有光语文现代化思想作了全方位的探索和剖析;《语文和语文现代化研究:周有光纪念文集》、《周有光年谱》、《周有光交往录》等,从语言学研究的角度入手,搜集学术界追思周有光先生的文字,编撰周有光先生一生经历,研究周有光先生的交游情况,以此呈现其语言学思想的形成过程及其在学术界的影响。相信,在各界的关心支持和帮助下,在中心各位专兼职学者的共同努力下,周有光语言文字学研究将有新的进展,以周有光先生为代表的那一代语言文字改革家的精神财富将进一步得到传承和弘扬。

　　是为序!

2019 年 7 月 10 日

前　言

　　选录在本书的文章的范围是"周有光语言文字学研究的研究",即作者对周有光先生的语言文字学研究成果的分析和探讨,大部分是发表于期刊的学术论文,也有少量关于周有光先生语言文字学研究的述评或报道。

　　本书选编文章的内容主要有如下四个方面:(一)关于周有光先生在语言文字学研究上的理论贡献及其他成果分析和探讨;(二)关于周有光先生与汉语拼音的研究和探讨;(三)对周有光先生文字学研究的探讨;(四)关于周有光先生在语言现代化、语言规划等研究领域的分析和探讨。

　　本选编当然可能不是全面而具有代表性的,有些研究成果,特别是研究周有光先生语言文字学学术成果的硕士论文,因为篇幅的关系无法选入,这是需要说明的。

目　录

周有光先生百龄华诞贺辞

江蓝生

尊敬的周有光先生，各位老师，各位同人：

今天参加这个气氛隆重而热烈的聚会，庆祝我国著名语言文字学家周有光先生百龄华诞，我感到非常荣幸。周老是我国迄今为止最为长寿的语言学家，还有三天，他将走过整整一个世纪的历程，即将踏上人生第二个世纪的路途。这样的百岁人瑞，不仅在语言学界前所未有，即使在整个学术界也属凤毛麟角。我代表中国社会科学院语言研究所和民族学人类学研究所的全体同人，谨向周先生及其家人致以热烈的祝贺！

周先生是我国语文现代化事业的功臣，从新中国成立伊始，他就投身于文字改革、推广普通话、制定《汉语拼音方案》等语文革新工作，在《汉语拼音方案》的制定和应用方面贡献尤其突出，赢得了语言学界和社会的尊敬和赞扬。在此，我还要代表中国社会科学院语言研究所和民族学人类学研究所的同人，向周有光先生致以崇高的敬意！

我不曾与周先生共过事，在仅有的几次接触中，周先生给我的印象是和蔼、通达、淡泊。我对周先生的了解，更多的还是通过读他的著作。

我喜欢读周先生的书。在周先生笔下，枯燥烦琐的语言文字知识变得既明白易懂，又趣味盎然。周先生的叙述深入浅出，简约明了，就像在跟读者促膝谈心；周先生的文字自然朴实，毫无斧凿痕迹，像清泉在山间流淌，又像行云在天际飘过，给人一种说不出的舒爽和美感。周先生善于概括，无论多复杂的事物，他三言两语尽得其要。比如我国近代以来语文现代化运动的目标，他用"文体的口语化，语言的共同化、文字的简便化、注音的字母化"

1

这四个"化"就准确扼要地标示出来了。关于现代汉字学的发生与发展,周先生是这样描述的:"'现代汉字学'是个新名称、新事物。它播种于清末,萌芽于'五四',含苞于解放,嫩黄新绿渐见于今日。"寥寥数笔,就把一个学科的历史阶段和轮廓清晰地勾勒出来,而且文字还那么形象生动,这是一般人不容易做到的。

读周先生的书,明显地感到他具有开阔的世界眼光和深邃的历史眼光。他谈语文现代化,决不局限于一时一地,他指出:"语文现代化,并不是中国独有的问题,而是一件世界性的大事。"他说:"为了认识'汉字'在'人类文字'中的历史地位,要把汉字放在上下 5000 年和东西五大洲的'文字世界'里加以考验。"从他对世界各国特别是汉文化圈各国语文现代化历程的介绍中,从他对清末以来我国语文现代化的曲折经过的回顾中,我们开阔了视野,获取了人类文明演进的相关知识,而从周先生上下 5000 年、东西五大洲的侃侃而谈之中,认清了世界语言文字发展的共同规律和趋势,从而更加明确了我国语文现代化事业的历史必然性和正确的方向。世界眼光和历史眼光,是一个大学者必备的科学素质,是历史唯物主义和辩证唯物主义世界观的体现,周有光先生在这方面表现得特别突出,所以他的许多见解都带有前瞻性,而且有一种令人信服的力量。

读周先生的书,还能深切地感到他实事求是的精神。他说话总是那样平实、合情合理,从不言过其实,虚发空论。当世界各地因中国经济快速发展而出现了"汉语热"时,一些人推断 21 世纪将是汉语遍行天下的世纪,周先生对此却保持了相当的冷静。他说:"汉语的国际地位,不可过高估计,也不可过低估计,应当作适如其分的正确估计。""联合国文件的原文,80%用英文,15%用法文,4%用西班牙文,1%用阿、俄、中文。"而在这 1%中,"汉语的国际性最弱,及不上俄语,也及不上阿拉伯语。这是很多中国人不愿意承认的,但是,不承认并不能改变事实。要想改变事实,只有首先改变汉语本身,那就是提高汉语的规范化水平,普及汉语的共同语"。周先生这番话意味深长,既提倡了脚踏实地的务实精神,又反过来说明推进汉语规范化、普及共同语的必要性和紧迫性。

一个人要真正做到实事求是是很不容易的,这需要对实际有全面深刻的了解,需要正确的世界观和辩证的思想方法,有时还需要宽广的政治胸怀和无私无畏的勇气。周先生就是这样的学者。他一方面积极推动民族共同语的普及,另一方面很早就提倡实行普通话和方言的双语制;他一方面积极推动汉语的规范化、为汉语走向世界而努力,另一方面又从全球化、信息化时代的实际出发,提倡实行汉语和英语的双语制。他说:"任何国家想要成为一个现代化国家,必须以英语为第一外国语。英语没有国籍。谁利用它,谁就得益。"这些大实话,是很能代表周先生思想风格的语言。

周有光先生是令人羡慕的,他不但高寿,而且健康、充实,充满了生命的活力。直到今天他仍在思想,仍在读书、写作,这更不是一般人能望其项背的。我想这跟他平和宽仁的性格有关,跟他一心向学、充实幸福的人生有关。"宁静致远,淡泊明志""仁者寿""智者达",周先生之谓也!

今天,我们在这里庆祝周有光先生百龄华诞,既要分享他的荣誉和幸福,更要学习他的品质和精神。要像他一样,积极推进信息化时代我国语言文字的规范化。要从时代的发展和人民群众的社会生活需要出发,加强语言文字规范化建设。既要积极地引导社会遵循已有的各项规范标准,又要根据社会生活和语言发展变化的实际,对已有的标准加以整合、修订和完善,特别是要根据中文信息处理的需要及时地推出一些新的规范。当然,做这些工作都要十分谨慎,务求科学、稳妥。我们推进语文现代化的根本目的只有一个,那就是促进国家的现代化,实现中华民族的伟大复兴。

值此周有光先生百龄华诞之际,我们再次向他和他的家人表示祝贺!恭祝有光先生健康快乐,福上加福,寿上添寿!

2005 年 1 月 10 日

(原载《现代语文(理论研究版)》2005 年第 2 期)

贺周有光先生百岁华诞

曹先擢

尊敬的周老,各位来宾:

大家上午好!

今天我们大家在这里隆重集合,共聚一堂,庆贺周有光先生百龄华诞,我感到非常高兴。首先向周老表示热烈的祝贺,祝周老身体健康、精神愉快!

周有光先生是我国现代语言学的开拓者之一。1906 年 1 月 13 日生于江苏省常州市,1923 年开始就学于上海圣约翰大学。1925 年上海发生"五卅惨案",随同全体同学和华籍教授离校,改读爱国师生创办的光华大学。1927 年毕业。1928—1949 年,任教光华大学、江苏和浙江教育学院;任职新华银行,由银行派驻美国纽约。1949 年上海解放后回国,担任复旦大学经济研究所和上海财经学院教授。周先生 20 世纪 20 年代起就十分爱好语言学,曾参加拉丁化新文字运动。1955 年 10 月参加全国文字改革会议,会后担任中国文字改革委员会和国家语言文字工作委员会研究员,兼任中国社会科学院研究生院教授。参加制定《汉语拼音方案》,提出方案的拉丁化、音素化、口语化三原则,并进一步说明:它不是汉字的拼形方案,而是汉语的拼音方案;不是拼写文言的方案,而是拼写白话的方案;不是拼写方言的方案,而是拼写普通话的方案。该方案在 1958 年公布,周先生做出了重要贡献。他主持"汉语拼音正词法基本规则"的制定,基本规则在 1988 年公布。1979—1982 年,他出席国际标准化组织(ISO)的文献技术会议,该组织通过国际投票认定《汉语拼音方案》为拼写汉语的国际标准(ISO 7098)。他参加制定聋人教育用的《汉语手指字母方案》(1963 年公布)和汉语手指音节设计。1958 年,他开始在北京大学和中国人民大学开设汉字改革课程,课程的讲义《汉字改革概论》于 1961 年出版第 1 版,1979 年出版第 3 版,1985 年译成日文在日本出版。1980 年开始,他加入翻译不列颠百科全书的中美联合编审委员会和顾问委员会,是中国方面三委员之一。1992 年出版《新语文的建设》、1999 年出版《新时代的新语文》,阐述语言生活的历史过程、人类的双语言生活、国家共同语和国际共同语的形成和发展。1992 年出版《中国语文纵横谈》,提出汉字效用递减率、高频字覆盖率 90%,其后效用递减,字频统计3500 个常用字覆盖率 99.48%,周先生的理论为执行常用字提供了科学根据。他研究汉字声旁的有效表音率,阐述、整理汉字的"四定"原则(定形、定音、定序、定量)。1980 年发表《现代汉字学发凡》,2000 年出版《汉字和文化问题》,倡导研究现代汉字学;上海师范大学、华东师范大学、北京大学先后开设现代汉字学课程。1983 年发表《汉语内在规律和中文输入技术》,阐述按词定字的原理和拼音变换汉字的原理,提倡以语词、词组和语段为单位的双打全拼法,使拼音变换汉字技术代替字形编码,1983 年制成软件。1997年出版《世界文字发展史》,1998 年出版《比较文字学初探》,倡导比较文字学的研究,在世界文字发展史中理解汉字的历史地位;提出六书有普遍适用性、文字三相分类法;对人类文字的发展规律进行新的有重要意义的探索;清华大学等校采用作为教材。1989 年 83 岁离休,继续在家中研究和著述。2000 年出版《现代文化的冲击波》,阐述世界四种传统文化的历史比较和华夏文化的光环和阴影。2001 年选取 90 岁以后发表的部分文章编成《周有光耄耋文存》,提倡华夏文化应百尺竿头更进一步,适应信息化和全球化时代。1994 年起担任中国语文现代化学会名誉会长。先后共出版图书 20 多种,发表论文 300 多篇。

周有光先生是蜚声海内外、德高望重的语言学家和教育家,为我国人文社会科学事业和语言学事业的发展做出了突出的贡献。他把自己毕生的精力都献给了祖国的语言学事业和教育事业。周老不但治学严谨,而且非常开明,从不抱门户之见,历来重视学习、借鉴各种流派的理论和方法,他无论写文章还是评论他人之说,从不说过头话,总是心平气和、实事求是地讨论问题,充分显示出大学者的气度和风范。这正是学术界需要大力提倡的,像周老这一辈优秀的知识分子应得到学术界和全社会的尊敬。我们为周老庆贺寿辰,就是要宣传和学习他对学术孜孜不倦的追求精神,学习他热爱华夏文化的精神,我们不仅要学习他多方面的学术著作,还要学习他崇尚科学、严谨治学、淡泊名利、甘于奉献的崇高品格。

我相信,有周老等前辈专家学者们的带领,有在座同行们的努力,有一大批甘于为语言研究和语言文字规范化工作奉献的语言工作者们,我们的语言文字工作在今后一定会创造出更辉煌的成就。

眼下正值新年伊始。看神州金鸡报晓天下春,杨柳吐蕊国运昌,在这大好时代大好时光,我们敬祝周先生身体健康:苍松千寻碧,海屋更添筹! 祝周先生精神愉快,福寿绵长,继续指导我们前进!

谢谢大家!

(原载《现代语文》2005 年第 2 期)

有光的一生

李宇明

十多年来,每逢周有光先生生日前后,我们都会去拜望他老人家,听他谈天说地,听他赤子般的笑声,也希望沾点瑞气。是他,使很多人生长出长寿的信心。这两天,我们正准备去祝贺他111周岁大寿,然而,噩耗传来。这噩耗,我是不信的,因为先生曾多次对我说,上帝把他给忘了。

先生早年治经济学,50岁后开始专门从事语言文字研究,是中国语言规划的理论家和实践者。他把近百年的中国语言生活,概括为"中国语文现代化",总结出了语言规划领域具有普遍意义的规律:语言的共同化,文体的口语化,文字的简便化,注音的字母化,术语的国际化。这一概括如此精准,与他历经沧桑、见多识广相关,更与他心随时进相关。他是一直使用机器处理文字的长者,百岁之后还关注信息化问题。一次先生曾对我说,过去只有"衣食住",交通发展起来了,又说成"衣食住行",而今是信息化时代,应当是"衣食住行信"。

他开创了中国的比较文字学,把人类文字发展分为三个时期:尚未成熟的形意文字,已经成熟的意音文字,分析语音的表音文字。并由此确定了汉字在人类文字史上的地位,解释了汉字的发展演变规律,特别是解释了汉字简化现象。周先生多次告诉我,不要只从中国看中国,也不要只从中国看世界,要从世界看中国。我现在忽然明白,他的比较文字学,不就是"从世界看中国"吗?

周有光先生不喜欢人们称他是"汉语拼音之父"。他是汉语拼音方案的主要设计者,并推进汉语拼音方案在诸多领域的运用,推进汉语拼音方案成为国际标准。如果不带偏见,人们都承认汉语拼音方案对推广普通话、扫除文盲发挥了重大作用,汉语拼音方案也是盲文、聋人手语、灯语、旗语等的设计基础,是中国与世界信息交流的重要凭借,是中文信息化的重要保障。

试想,若无汉语拼音方案,我们如何便捷地为汉字注音? 如何拼写汉语? 如何出入海关? 如何与计算机交换信息? 如何使用智能手机? 一位学者,用智慧改善了国人的语言生活,方便了中国与世界交流,促进了国家的信息化,其功可谓如山高。

周有光先生是人民的语言文字学家,周身是光,一生有光! 使用汉语拼音方案的人,使用汉语拼音方案的民族,当永远感谢他,永远怀念他!

(转引自《光明日报》2017 年 1 月 15 日第 5 版,原载《语言战略研究》2017 年第 1 期)

卓越的语言学家[*]

杜永道

周有光先生于 1906 年 1 月生于江苏省常州市。1923 年就读于上海圣约翰大学。1925 年,因不满校长禁止师生抗议"五卅惨案",毅然离校,改读爱国人士创办的光华大学。毕业后任教于光华大学、江苏教育学院、浙江教育学院,后任职于江苏银行和新华银行,担任这两个银行派驻纽约和伦敦的代表。1949 年回国,任复旦大学经济研究所和上海财政经济学院教授。

1955 年 10 月,周恩来总理点名邀请精通英语、法语、日语的周有光参加"全国文字改革会议"。会后,中国文字改革委员会副主任胡愈之对他说:"你不要回去了,留在文改会工作吧。"周有光说:"我不行,我业余搞文字研究,是外行。"胡愈之说:"这是一项新的工作,大家都是外行。"就这样,年近半百的周有光来到北京,改行进行语言文字研究。

周先生到北京后参加的第一项重大的研究工作,就是制定《汉语拼音方案》。这是新中国成立初期文化战线上的一件大事。周先生在这一工作中发挥了重要作用。

当时,对《汉语拼音方案》采用哪种字母形式分歧很大。

到 1955 年底,中国文字改革委员会及其前身中国文字改革研究委员会共收到各地各界群众提交的汉语拼音方案有 655 种,在 1955 年 10 月召开的"全国文字改革会议"上,文改会秘书长叶籁士提出了 6 种方案征求意见。这些方案有汉字笔画式的,也有斯拉夫字母式的和拉丁字母式的。

周有光积极推介拉丁字母,他认为,拉丁字母是世界上最通行的字母,

---

* 节选自《周有光——105 岁的语言学家》,原文四节,此处仅选取直接讨论"语言文字"的第一节,本文题目即原文第一节标题。

是国际文化交流的共同工具。他具体指出："在文字的结构上，它是最进步的音素（音位）制度；在字母的形式上，它是最简明实用的符号；在语音的表示上，它有非常广泛的适应性。它有这些优点，所以它能够活跃地生活在众多的民族中间。"最终，《汉语拼音方案》采用了拉丁字母，这是一个历史性的极为重要的选择，这一正确选择为国际上采用汉语拼音拼写中国人名、地名以及利用拉丁字母进行中文信息处理打下了坚实的基础。这固然体现了当时国家领导人的远见卓识，但周先生的推介工作也是功不可没的。

在制定《汉语拼音方案》的时候，中国文字改革委员会设立的拼音方案委员会推举叶籁士、陆志韦、周有光起草《汉语拼音方案》草案。叶籁士任中国文字改革委员会秘书长，比较忙；陆志韦要教书，还兼语言所的研究工作。周有光则一心搞方案设计，在方案的设计中发挥了重要作用，为我国《汉语拼音方案》的制定做出了重要贡献。

在研制过程中，周有光提出了制定《汉语拼音方案》的三原则：拉丁化、音素化、口语化。拉丁化指采用国际通用的拉丁字母，音素化指按照音素（音位）拼写音节，口语化指拼写规范化的普通话。

1958 年 2 月，全国人大一届五次会议正式批准了《汉语拼音方案》。

《汉语拼音方案》是 300 多年拼音字母运动的结晶，是对中国人 60 多年来创造的拼音方案的总结。它的诞生是中国语文现代化运动的重大成果和里程碑。

周先生于 1961 年出版的《汉字改革概论》是根据 1958—1959 年在北京大学授课时的提纲撰写的。主要内容是讲述用拉丁字母拼写汉语的历史及介绍刚颁布的《汉语拼音方案》。条分缕析，资料翔实。该书是对 300 余年汉语拼音字母演进史，特别是对 60 多年中国人自创拼音字母运动系统、全面的总结，是涉及汉语拼音问题的影响最大、最权威的专著。

1977 年 9 月，《联合国第三届地名标准化会议关于中国地名拼法的决议》"建议：采用汉语拼音作为中国地名罗马字母拼写法的国际标准"。1979年 6 月 15 日，《联合国秘书处关于采用"汉语拼音"的通知》确定："从 1979 年6 月 15 日起，联合国秘书处采用'汉语拼音'的新拼法作为在各种拉丁字母文字中转写中华人民共和国人名和地名的标准。从这一天起，秘书处起草、翻译或发出的各种文件都用'汉语拼音'书写中国名称。"

1979 年，周有光代表中国出席国际标准化组织在华沙举行的会议，他在会议上提出采用《汉语拼音方案》作为拼写汉语的国际标准的议案。有些代表提出,采用《汉语拼音方案》作为国际标准时,应当有一个拼音正词法规则。周先生立即起草了《汉语拼音正词法要点》,供会议审议。1982年8月1日,国际标准化组织用通信投票的方式通过了中国的议案。从此,《汉语拼音方案》成为拉丁字母拼写汉语的国际标准。在这个过程中,周先生功绩卓著。

从1982年开始,周先生陆续发表了《汉语拼音正词法问题》《正词法的性质问题》《正词法的内在矛盾》等论文,积极推动、引领我国的汉语拼音正词法研究。

周先生十分重视汉语拼音的实际应用,特别值得一提的是,他大力倡导用拼音转换法给电脑输入汉字。他指出:"如果输入汉字必须经过记忆编码的特别训练,不能像外国的字母文字那样方便,那么,中国计算机也只能由专业者使用,不能成为大众化的语词处理机。"现在,除专业录入人员外,我国绝大多数人都使用汉语拼音给电脑输入汉字。周先生所倡导的汉语拼音输入法,使得中国人快步跨入了中文信息处理的新时代。汉语拼音在中国的社会生活中得到了日益广泛的应用。

周先生还致力于中国语文现代化问题的研究。他科学地总结了一百多年来中国语文现代化的成就,其认为,这些成就主要体现在以下几个方面:语言的共同化、文体的口语化、汉字的简易化、表音的字母化,以及语文的电脑化和术语的国际化。

比较文字学,是周先生关注的又一领域。20世纪50年代,曾有是否存在文字从表形、表意到表音的发展规律的争论。为了回答这个问题,周先生考察了世界上多种文字的发展历程。他指出:"从公元前3500年到公元前1500年是钉头字和圣书字的时代,这时候只有'意音文字'。经过2000年的'从意音到表音'的潜在演变,到公元前1500年产生扬弃表意、纯粹表音的字母文字。这就是文字的'形意音'发展过程。汉字的产生和发展比钉头字晚2000年,但是发展步骤没有两样。"他的研究证实了世界文字发展确实存在着由表形到表意再到表音的客观规律。周先生的研究成果为今后的进一步研究提供了一个新的起点。

新语文建设的理论宝库

——祝贺《周有光语文论集》出版

苏培成

周有光先生是我国著名的语言文字学家。1906 年生于江苏常州,现年 97 岁,身体健康,思维敏捷,至今仍在为我国的语文现代化事业积极探索,不时有论文发表。据粗略的统计,到目前为止,周先生共发表专著 27 部,论文 300 多篇,研究的核心问题是如何建设新时代的新语文,也就是如何推进中国语文的现代化。为了繁荣我国的语言文字科学,促进中国语文现代化事业的发展,上海文化出版社编辑了四卷本的《周有光语文论集》,已于 2002 年 1 月出版发行。全书收专著 5 种,学术论文 32 篇,共计 100 多万字。这套论集是周先生著作的精选本,浓缩了周先生的学术精髓。

中国语文现代化开始于清末,在民国时期虽然得到了初步的扩展,但是取得切实的收获还是在新中国成立以后。周先生早年研究经济学,业余研究语文;1955 年调入中国文字改革委员会后专职从事语文研究,亲身参与了中国语文现代化的许多重大决策。在建造中国新语文这个宏大的工程中,周先生充分展现了他的勤奋和智慧,做出了重要的贡献,同时也产生了这四卷论著。

第一卷有《汉字改革概论》和《汉语拼音方案基础知识》两部专著,研究的中心是汉语拼音。新中国成立之初,为了扫除文盲、发展教育,积极开展文字改革工作,其中的一项任务就是制定《汉语拼音方案》。周先生是拼音方案委员会的委员,参与了方案制定的全过程。周先生指出,《汉语拼音方案》就是用拉丁字母拼写北京语音的音节结构,该方案坚持了三条基本原则,就是拉丁化、音素化和口语化。《汉语拼音方案》采用什么字母,这是制定方案首先遇到的问题;而当时的中国学术界对字母的了解还不多。为了解决字母形式问题,周先生研究了世界字母的历史,他告诉我们:拉丁字母是世界最通用的字母,具有广泛的适应性。《汉语拼音方案》最后确定采用拉丁字母,在这个关系重大的决策中包含着周先生的学术研究成果。《汉语拼音方案》规定了北京语音的音节拼写规则,但是只有音节拼写规则是不够的,还必须有拼写现代汉语的规则,也就是正词法规则。在《汉字改革概论》中,周先生就对正词法做了比较深入的研究。1982年文改会成立汉语拼音正词法委员会,周先生担任委员会的副主任,直接领导正词法基本规则的制定。经过几年的讨论和修改,1988年形成并公布了《汉语拼音正词法基本规则》,1996年将其提升为国家标准。《汉语拼音方案》和《汉语拼音正词法基本规则》产生以后,周先生又以极大的热情投入汉语拼音的推广和应用的研究。

第二卷收专著两部,就是《中国语文纵横谈》和《中国语文的时代演进》,这两部著作全面论述了中国语文现代化的历史和现状。中国是一个多民族、多语言、多文字的文明古国,文明古国正在实现现代化。伴随着国家的现代化,中国语文也要现代化。一百多年来的中国语文现代化可以概括为四个方面,就是语言的共同化,文体的口语化,文字的简便化,注音的字母化。周先生深入分析了在这四个方面已经取得的成绩和现在存在的问题。第一,双语言是中国语言生活发展的必由之路。双语言在中国包含有几种意义:汉族人民从只会说方言到会说方言又会说普通话,国内的少数民族从只会说民族语言到会说民族语言又会说全国通用的普通话。中国双语言的进一步发展是由只会说汉语到会说汉语又会说英语,英语是事实上的国际共同语。第二,言文一致的现代白话文是信息化时代的实用文体。现代白话文是活的文章,最能表达现代生活,最能舒展人的思维。经过五四运动,白话文取代了文言文成为文学的正宗、教科书的正式文体。在信息化时代,语言要求规范化,讲出来大家都听得清;文章要求口语化,读出来大家听得懂。第三,为了使古老的汉字适应信息时代的要求,汉字要实现"四定",就是定量、定形、定音、定序。周先生对汉字的"四定"做了许多开创性的研究。例如,他研究了形声字声旁的表音功能,发现现代汉字中声旁的有效表音率仅为39%,说明"秀才识字靠半边"根本靠不住。这是汉字计量研究的重要数据。汉字的发展是不是"从繁到简"?形声字越来越多是不是繁化?周先生研究了汉字形体的演变规律,认为形声化是符号的复合化,而不是繁化。钉头字和圣书字也有形声化,不过它们的符号是线形排列,不发生繁化的感觉,而汉字把几个符号叠合为方块,所以被认为是繁化,其实汉字的发展也是"从繁到简"的。第四,拼音字母是辅助汉字的重要的书写工具。1913年制定了"注音字母",开始了注音的字母化。1928年公布了国语罗马字,1958年公布了《汉语拼音方案》,使表音字母化走向成熟。汉语拼音可以用于汉字不便使用或不能使用的地方。在信息化时代,汉语拼音是接通国际信息网络、建设信息高速公路的必要手段。

第三卷收《比较文字学初探》一书,这是周先生90岁以后发表的最重要的学术著作。周先生研究比较文字学是为了寻找汉字在人类文字史上的地位。在这项研究中,他提出了许多富有开创性的学术见解。周先生提出了"文字的三相说"。他认为文字本身有三个侧面,就是符号的形成、语段的长短和表达法的层次,这就是文字的三相。任何一种文字在三相分类中,都可以找到自己的位置。例如,汉字属于"字符·语词和音节·表意和表音"的意音文字。依靠比较研究,周先生得到了宏观的文字分期:1.尚未成熟的形意文字;2.已经成熟的意音文字;3.分析语音的表音文字。长期以来,语言文字学家一直在争论:世界文字的发展是有共同的规律可循呢,还是漫无规律的一盘散沙?周先生坚信是有规律可循的。西方学者认为文字的发展是从表形到表意再到表音。是不是真有这样的规律呢?周先生通过比较文字学的研究发现了大量的实例证明了这条规律。例如西亚的钉头字,从苏美尔人传到阿卡德人、巴比伦人和亚述人,有逐步前进的变化,但是只有量变,没有质变。在传到本土以外的民族以后,才摆脱意音结构,发生从意到音的质变,成为表音文字。"形意音"的发展是在从本土到异地的传播中完成的,不是在本土的传承中完成的。这样的研究无疑具有重大的学术价值。

第四卷是学术论文。根据内容,这一卷的论文可以分为九类,就是新语文的建设、文字改革、中国语文现代化、汉语拼音、现代汉字、普通话、中文信息处理、应用语言学、比较文字学。这一卷的内容许多是前三卷没有谈到的,有的在前面虽然谈到了,但是在这里有了新的发展和补充,核心是研究信息化时代的中国语文问题。这里只就中文信息处理研究做一点儿介绍。周先生在20世纪50年代就设计编码,1988年开始用拼音转换法在中文语词处理机(电子打字机)上写作。在电脑上输入汉字的技术经历了三个发展阶段:1.整字输入法;2.拆字编码输入法;3.拼音变换输入法。拼音变换输入法就是输入拼音,由软件自动转换成汉字。周先生认为整字输入法的时代早已过去,使用拆字编码输入法不是一条康庄大道,真正适合大众使用的是无编码的拼音变换输入法。利用汉语的内在规律可以改进中文的输入法。周先生的科学预见今天已经变为现实,利用智能化的软件大大提高了拼音输入的效率。在非专业录入员使用的输入法中,拼音变换输入法占据了压倒性的优势,今天越来越多的知识分子使用这种方法写作,实现了换笔,享受到信息化文字处理带来的愉快。

实现中国语文的现代化要依靠三种力量,就是群众的语文运动、学者的理论研究和政府的语文政策。三种力量互相促进,缺一不可。而学者的理论研究能够揭示语文发展的规律,指明语文工作前进的方向,这一点在近百年的中国语文现代化的历史发展中得到了有力的证实。正是在这个意义上,我们认为《周有光语文论集》是中国新语文建设的理论宝库,它的出版对推进中国新语文的建设具有重要的意义。

(原载《中华读书报》2002 年 7 月 10 日,又见《关注社会语文生活》,上海辞书出版社,2003 年版,第 28—33 页)

周有光先生的语言文字学研究[*]

苏培成

周有光先生本名周耀平，1906 年 1 月 13 日出生于江苏常州青果巷。1923 年就学于上海圣约翰大学，学习经济学。1925 年因五卅惨案离校，改入由爱国师生创办的上海光华大学继续学习，1927 年毕业。1927—1948年，任教于光华大学、江苏教育学院、浙江教育学院等校；任职于江苏银行和新华银行，并由银行派驻美国纽约和英国伦敦。业余时间参加拉丁化运动。1949 年回国，任教于复旦大学经济研究所和上海财经学院，讲授经济学；同时担任人民银行华东区行第二业务处副处长；业余从事语言文字研究。1955 年奉调到北京，进入中国文字改革委员会，专职从事语言文字研究。周先生的语言文字研究，领域十分宽广，研究的中心是中国语文现代化。他对中国语文现代化的理论和实践做了全面的科学的阐释。周先生是《汉语拼音方案》的主要制定者，并主持制定了《汉语拼音正词法基本规则》。85 岁以后开始研究文化学问题。半个多世纪以来，周有光先生在语言文字学和文化学领域辛勤耕耘、开拓创新，发表专著 30 多部，论文 300 多篇，在国内外产生了广泛影响。

周先生曾任全国政协四、五、六届委员，还先后担任中国文字改革委员会委员、国家语言文字工作委员会委员、语言文字应用研究所研究员、《汉语大词典》学术顾问、《简明不列颠百科全书》（中文版）中美联合编审委员会编审、《不列颠百科全书》（国际中文版）顾问委员会顾问、中国语文现代化学会名誉会长等。20 世纪 50 年代应邀在北京大学、中国人民大学讲授汉字改革

　＊ 节选自《浅谈周有光先生的学术成就——〈周有光文集〉序言》，选取原文第一节，题目即原文第一节标题。

课程。

周有光先生语言文字学研究的核心是中国语文的现代化,也就是如何建设新时期的中国新语文。周先生强调要从世界看中国,不要从中国看中国,从中国看中国许多问题不容易看清。周先生从世界语文生活的历史发展和现状一纵一横两个坐标看中国的语文问题。在纵的方面,他研究了人类语文生活的历史进程;在横的方面他研究了世界许多国家建设新语文的成就和经验。在这个基础上,他深入分析了中国语文现代化的历史和现状、理论和实践。周先生不但从事理论探索,而且密切关注社会语文生活,积极参与新语文建设的多项具体工作。其中重要的有以下四项:参与研制《汉语拼音方案》;创建现代汉字学;研究比较文字学;研究中文信息处理和无编码输入法。

一、揭示人类语文生活的历史进程

人类的语文应用构成了人类的语文生活。周先生告诉我们,在农业化时代人类创造并传播了文字。在工业化时代语言生活里发生了两件大事:一件是确立和普及国家共同语;另一件是发明、发展和推广传声技术。第二次世界大战以后进入了信息化时代。信息化时代的语言生活有两件突出的事情:一件是电子计算机的发明,电子计算机用于处理语言文字,并发展为信息网络;另一件是国际共同语的发展。文字、国家共同语、传声技术、电子计算机和国际共同语,这就是 5000 年来人类语言生活里先后出现的五件大事,可以叫作"五座里程碑"。语言生活的这五个里程碑不是跨过一个结束一个,而是个个都延续发展,同时并用的。从 5000 年前看今天,人类的语言生活已经达到"上穷碧落、下及黄泉"的神话境界。可是,历史永远不会停止,还在更快地前进。当前,发达国家的目标是推进信息化,发展中国家的目标是追赶工业化和信息化。

二、研究世界各国的语文新发展

周先生说:二战以来,世界各国的语文都发生了很大的变化。了解和研究世界各国的语文新发展,是宏观社会语言学的一个经常课题。中国应当参考世界各国的经验,根据中国自己的具体情况,实行有利于国家现代化的语文政策。

周先生说:一百多个新兴国家,独立之后的第一件大事,就是规定国家的共同语,作为行政和教育的工具。文明古国都有历史悠久的语文。到了信息化时代,为了适应时代的要求,为了减少语文学习的困难和增进语文学习的效率,都进行了各自不同的语文更新。周先生还告诉我们:新语言需要写成新文字。采用哪种字母书写新文字,成为重要的抉择。二战之后,掀起一个拉丁化的新浪潮。所有新创的文字,无一例外地都采用拉丁字母。有些旧文字也改用拉丁字母。不用拉丁字母的文字,也规定了拉丁字母拼写法的国际标准,作为技术符号,在国际互联网络上使用。一个"书同字母"的时代正在悄悄形成。

在研究世界各国语文新发展的时候,周先生还特别阐明了两个十分重要的问题。第一,现代是双语言时代。二战后独立的新兴国家,在语言工作上,它们面对两项任务:一方面要建设国家共同语;另一方面要使用国际共同语。日常生活和本国文化用国家共同语,国际事务和现代文化用国际共同语。文化和经济发达的国家,早已实行了双语言。中国的双语言原来是指推广普通话:从只会说方言,到又会说普通话。这是"国内双语言"。现在又有了第二种含义:从只会说普通话,到又会说英语,这是"国际双语言"。在一定条件下,从双语言的水平可以测知国家现代化的程度。第二,英语是事实上的国际共同语。英语是国际政治、贸易、科技和旅游的主要用语,是全世界大多数国家的第一外国语。它不仅没有阶级性,还没有国家的疆界。今天,世界进入全球化时代,任何国家如果不能进入国际竞争,就有落后和失败的危险。要想进入国际竞争,在语言上需要学习事实上的国际共同语——英语。英语是一条大家可走的世界公路,谁利用它,谁就得到方便。

三、把语文现代化和语言学挂钩,推动中国语文现代化的健康发展

自清末开始的中国语文现代化运动,到 20 世纪 50 年代已经取得了不小的成绩,但是它的理论基础还比较薄弱,学术水平还有待提高。在这个时

候,周先生把语文现代化和语言学挂钩,科学地回答了语文现代化里面的一系列理论问题和实践问题,为语文现代化的健康发展奠定基础。

周先生告诉我们:语文现代化是一件世界性的大事,不是某一国所特有的问题。语文不是一成不变的,而是跟随社会的变化而变化的。社会长期停滞,语文也就停滞不前;社会急剧变化,语文也发生急剧变化。秦并六国,发生"书同文"变革。辛亥革命,发生白话文和国语运动。一百多年来,中国语文现代化内容逐步发展,前后包括:语言的共同化、文体的口语化、汉字的简便化、注音的字母化、语文的电脑化、术语的国际化。主要的是前四化。中国的语言和文字,必须不断进行自我完善,紧跟瞬息万变的历史步伐,向信息化时代前进。

学习周先生的论著使我们认识到,一百多年来的中国语文现代化改变了我国人民的语文生活。在清末,我国民众的语文生活十分落后,特点是方言加文言文,汉字繁难,文盲众多。经过一百多年的语文改革,落后状况有了很大的改变。当前的特点是普通话加现代白话文,汉字经过简化和整理,繁难程度有所降低,而且有了辅助汉字的汉语拼音。我们每个人都是语文现代化的受益者。《中华人民共和国国家通用语言文字法》用法律的形式肯定了一百多年来语文现代化的成就,指导我们的语文生活沿着现代化和信息化的道路前进。

四、参与制定《汉语拼音方案》,
参与领导研制《汉语拼音正词法基本规则》

汉语需要表音字母,研制一套科学实用的汉语拼音方案始终是中国语文现代化的重要任务。中国文字改革委员会于1955年2月设立拼音方案委员会,负责研制《汉语拼音方案》。周先生是这个委员会的委员,为《汉语拼音方案》的研制做出了很大的贡献。

制定《汉语拼音方案》首先要解决的问题是采用什么样的字母。新中国成立初期,知识界——包括语言文字学界,对世界字母的情况所知不多。周先生为了给选择字母提供参考资料,编写了《字母的故事》这本书。周先生在书中告诉我们:拉丁字母是世界最通用的字母,是国际文化交流的共同工具。在文字的结构上,它是最进步的音素(音位)制度;在字母的形体上,它是最简明实用的符号;在语音的表示上,它有非常广泛的适应性。它有这些优点,所以它能够活跃地生活在日益众多的民族中间。拼音方案委员会起初采用民族形式的字母设计方案未能成功,最终采用了拉丁字母,历史证明这是完全正确的。这个选择固然体现了国家领导人的远见,而周先生的推荐介绍也是功不可没。拼音方案既然采用了拉丁字母,就必须采用音素制的音节结构,而不应该采用双拼制(如反切)或三拼制(如注音字母)。既然采用了拉丁字母,在字母和音素的配合上,就必须遵守使用拉丁字母的国际习惯。但是拉丁字母毕竟是外国字母,让它和汉语音素相配合,其中就有许多具体问题要研究要处理。周先生对这些问题做了深入的研究,提出了许多切实可行的解决建议。

周先生提出了"汉语拼音三原则",就是口语化、音素化和拉丁化。口语化:拼写规范化的普通话。音素化:按照音素(音位)拼写音节。拉丁化:采用国际通用的拉丁字母。为了消除人们对《汉语拼音方案》的误解,周先生还阐明了《汉语拼音方案》有"三不是":第一,不是汉字拼音方案,而是汉语拼音方案;第二,不是方言拼音方案,而是普通话拼音方案;第三,不是文言拼音方案,而是白话拼音方案。周先生的这些意见进一步明确了《汉语拼音方案》的性质。

《汉语拼音方案》主要规定了汉语音节的拼写法,还缺少汉语词语的拼写法,因此还必须制定汉语拼音正词法。早在 20 世纪 50 年代,周先生就对汉语拼音正词法做了研究。1982 年中国文字改革委员会成立了汉语拼音正词法委员会,负责拟订《汉语拼音正词法基本规则》。周先生是这个委员会的副主任,参与领导正词法基本规则的研制。在这个时期,周先生发表了《汉语拼音正词法问题》《正词法的性质问题》《正词法的内在矛盾》等论文,这些文章解决了正词法研制中的基本理论问题。1988 年,国家教委和国家语委联合发布《汉语拼音正词法基本规则》。

周先生十分关心《汉语拼音方案》的推广和应用,他发表了解说和教学《汉语拼音方案》的多篇论著,积极向社会宣传普及汉语拼音知识。他积极提倡汉语拼音用于语文教学和序列索引,他热心指导供聋哑人使用的以《汉语拼音方案》为基础的汉语手指字母的设计,他大力支持黑龙江省展开的"注音识字,提前读写"小学语文教学改革实验。周先生还指出汉语拼音是全球化时代的文化穿梭机,可以用来促进国际文化交流;在中文信息处理方面,利用汉语拼音输入汉字的"拼音转变法"使计算机普及千家万户,促使中国早日进入信息化时代。

五、创建现代汉字学

传统汉字学叫"小学"，以《说文解字》为中心，主要研究儒家经典的文字，是经学的附庸。它严重忽视现代社会的汉字应用，更谈不上如何实现汉字的机械处理和信息处理。时代呼唤新的汉字学。1980年，周先生发表了《现代汉字学发凡》，提出了建立现代汉字学的主张。周先生指出，现代汉字学研究现代汉字的特性和问题，是为了今天和明天的应用服务，也就是为四个现代化服务，减少汉字在现代生活中的不方便。"现代汉字学"是个新名称、新事物。它播种于清末，萌芽于"五四"，含苞于解放，嫩黄新绿渐见于今日。这是汉字学的重大发展。

周先生指出，现代汉字研究的重要问题是实现汉字的"四定"：定量，定形，定音，定序。"四定"的基础是定量。古今通用的和现代通用的汉字归入现代汉字，文言古语用而规范化的普通话不用的汉字归入文言古语专用字，这就是汉字断代。周先生研究了现代汉语用字的定量问题，提出了汉字分级定量的思想。周先生说：整理汉字要向"限定"现代汉语用字的目标前进，不再起用死字，不再创造新字，并且进一步研究能否和如何减少用字总数。

如何评价汉字是个有争论的问题。周先生认为对汉字的评价要坚持两点论，汉字既是宝贝，又是包袱。汉字不等于汉文化，汉文化的含义大于汉字，汉字是记录汉文化的主要符号系统。汉字作为"宝贝"是过去的光荣，汉字作为"包袱"是今天和明天的灾难。从清朝末年开始，一个"汉字改革运动"不断地进行着。80年来，他们的成就微不足道。他们唯一的贡献是，像"皇帝的新衣"故事中的小孩，说穿了中国传统文明的漏洞。一旦认出了汉字既是"宝贝"又是"包袱"，再要肯定汉字只是"宝贝"而不是"包袱"，也就非常困难了。

六、研究比较文字学，
找寻汉字在人类文字史上的地位

汉字问题是中国语文中最复杂也是最敏感的问题。在 20 世纪 50 年代，人们常说文字改革要按文字发展规律办事，可是文字发展规律只有一句话，就是从表形、表意到表音。有人说，没有一种文字是从表意变为表音的，形意音的演变规律不能成立。到底哪种看法符合事实？为了回答这个问题，周先生开始了比较文字学的研究。周先生说：汉字型文字是人类创造的许多种文字系统中间的一种。只从汉字来观察汉字，难免"不识庐山真面目，只缘身在此山中"，还应当把视野再扩大一步，把人类所有的文字作为一个整体，进行微观的和宏观的研究、历时的和共时的比较，这是"人类文字学"。这样，才能完整地理解人类文字的历史事实、功能性质和发展规律，以及汉字在人类文字发展史中所处的地位。

周先生提出了文字的三相分类法。他把文字的特征分成三个侧面，把这三个侧面叫作"三相"，就是符形相（图符、字符、字母）、语段相（语词、音节、音素）和表达相（表形、表意、表音）。世界上任何一种文字按照这三相来分类，都可以把握它的特点，找到它在世界文字里的位置。例如汉字属于图符或字符＋语词和音节＋意音，简称为"意音文字"。

周先生指出，从表形到表意再到表音，是文字发展的一般规律。从前 3500 年到前 1500 年是钉头字和圣书字时代，这时候只有"意音文字"。经过 2000 年的"从意音到表音"的潜在演变，到前 1500 年产生扬弃表意、纯粹表音的字母文字。这就是文字的"形意音"发展过程。汉字的产生和发展比钉头字晚 2000 年，但是发展的步骤没有两样。

周先生进一步指出，"形意音"的发展规律来自西方。我就到西方的著作中去看看情况。最能说明"形意音"规律的例子是钉头字。钉头字在本土"两河流域"，从苏美尔人传到阿卡德人、巴比伦人和亚述人，有逐步前进的"形意音"变化，但是只有量变，没有质变。在传到本土以外的民族以后，才摆脱"意音"结构，发生"从意到音"的质变，成为表音文字。"形意音"的发展是在从本土到异地的传播中完成的，不是在本土传承中完成的。我把汉字和钉头字相比，看到汉字也有同样情况。在中国，形声字比重的历代增加，就是声旁表音作用的发展,但是声旁增加,形旁也跟着增加,文字结构只发生量变,没有发生质变。汉字传到日本,从书写汉语变为书写日语,从万叶假名变为平假名和片假名,这是从"表意到表音"的质变。在汉语汉字到日语汉字的传播过程中,也看到了"形意音"的发展规律。

周先生的研究,证实了世界文字发展确实存在一条由表形到表意再到表音的客观规律,这条规律的阐明对汉字的拼音化自然会有影响。不过,我们知道汉字拼音化是一个涉及方面极广的系统工程,需要各种条件的配合,而不是只有发展规律就可以进入实际操作阶段。周先生对这一点有明确的认识。他说:文字改革还只是一个学术问题,汉字在中国相当稳定,现在没有改为拼音文字的迹象,拼音只是一种辅助的表音工具。在中国,周先生关于比较文字学的研究具有开创意义,值得我们重视。对世界文字的发展规律,至今学术界还存在着重大分歧。学术是在争论中发展的。不管别人是不是认同,周先生提出的观点都是今后进一步探讨的新起点。

七、研究中文信息处理和无编码输入法

计算机的发明并且用于语言文字的信息处理,使世界进入了信息化时代。如何使汉字进入计算机,经过了三个阶段,就是由整字输入到拆字输入,再到拼音输入。拼音输入是无编码输入,周先生认为这是中文信息处理的正确道路。有人认为计算机能够处理汉字,在计算机时代不需要汉语拼音了。事实恰好相反。在计算机上只有既用汉字,又用拼音,即输入拼音由软件自动转换为汉字,中文信息处理才能提高功效。以字为单位的"单字输入法",因为汉字里的同音字太多,不具有实用价值,周先生倡导利用汉语的内在规律,把以字为单位输入改为以词为单位输入,使得无编码的拼音输入最终取得成功。周先生语重心长地说:我们在失去了一个大众化的打字机时代以后,不能再失去一个大众化的语词处理机时代。真正消灭差距,追回失去了的时代,出路很有可能就在于采用"拼音转变法"。事实证明,周先生关于"拼音转变法"的研究完全正确,充分显现了科学研究的预见性和巨大的社会效益。在今天,除专业录入员使用编码输入外,绝大多数人使用中文电脑时用的都是拼音转变法。周先生的意见使我们少走弯路,加快进入中文信息处理的新时代。

八、展望21世纪的华语和华文

　　周先生说:20世纪,华语和华文发生了历史性的大变化。在21世纪,全世界的华人将显著地提高文化,发展理智,重视效率。由此,华语和华文将发生更大的时代变化。周先生根据语文变化的历史经验,考虑当前的信息技术和实用要求,预测21世纪华语和华文的变化趋向。主要是:1.华语将在全世界华人中普遍推广。现在,我国的语言工作正在从"推广"普通话前进为"普及"普通话。全世界的华人可能在21世纪末普及华夏共同语——华语。2.汉字将成为定形、定量、规范统一的文字。统一规范是历史的必然,删繁就简是文字发展的规律。为了提高工作效率,增强屏幕上的清晰度,21世纪下半叶可能还要对汉字进行一次简化。汉字难学难用,主要不在笔画繁,而在字数多。在21世纪下半叶,讲究效率的华人将把一般出版物用字限制在3500个常用字范围之内,实行字有定量,辅以拼音。3.拼音将帮助华文在网络上便利流通。21世纪将有更多的智能化软件,利用拼音帮助汉字,使华文在网络上便利流通。在互联网上,汉字离不开拼音,拼音正在不胫而走。拼音帮助汉字,将是21世纪大家乐于接受的方式。周先生的这些意见值得引起重视,促使华语华文发生适应时代需要的进一步改革。

(原载《北华大学学报(社会科学版)》2012年第6期)

百岁学者周有光教授访谈

赵丽明

我和周老的结识要追溯到 20 世纪 70 年代末,在大学的图书馆,偶然看到一本发黄的小册子《字母的故事》,上面写着"周有光著"。眼前一下子打开了世界文字宝库的大门,并从此被诱惑进去了。20 世纪 80 年代中期读博期间,每当从田野回京,都要去周老先生那儿聊聊,在哪里发现了什么新的文字,女书、苗字、侗字、瑶字……并成为一种习惯。而周老不断出版的书中也就不断更改着中国境内文字的数字,17 种,19 种,21 种。

毕业后来到清华教书,时时请周老来清华讲学,香港高级公务员班、文字学等,每次先生都欣然赐教。周老 93 岁时,杨家庆校长亲自送周老回家,不忍再劳驾周老了。我便每年带学生去看望周爷爷,聆听学术,感受人生。就在先生 100 岁时的圣诞节,周老应邀到现代文学馆讲座,周老的公子周晓平老师还问要不要通知清华的同学来听,周老说,不用了,他们听过。清华学子很幸运,每次去的同学都感动不已,感慨不已,惭愧不已,激动不已,激励一生,我更是如此。

与时俱进、与时代的脉搏同步跳动的周老,通晓洞察当前最热点的国内外大事。最近几年周老很关心当前语言文字混乱、规范化以及文化遗产问题。我们稍加整理,与读者分享。

汉语的未来——
汉语能和英语成为世界两大主要语言吗?

赵:他们在上文字学的课,读您的书。我说我去看爷爷,他们想一起来看看。爷爷给咱们清华讲课已有二十年了。

周：那本叫《在清华听讲座》（中国社会科学出版社，2001年版）的书，有我的讲演稿在里面。

学生：（指着书架）您是语言学家，可这么多历史方面的书，请问您对哪个朝代的历史感兴趣？

周：是这样子的，第一，我看历史书不是作为规规矩矩的学问；第二呢，我研究历史，不是研究一个朝代，我是要研究历史的发展规律。譬如说中国有许多朝代，你把这个朝代分几个阶段。怎么分呢？这是个重要的学术问题。你研究了就知道，许多学者没有用科学的方法来分析。还有，我研究历史，不仅研究中国，主要还是研究全世界，要研究社会发展的规律，社会发展规律跟历史的发展有关系。

学生：我又想到另外一个问题，有一种说法：将来全球化以后，汉语会跟英语一起成为世界的两种主要语言吗？而且汉语还有大过英语的作用，这个问题您怎么看呢？

周：你这个问题非常重要，昨天我刚拿到国外的一本杂志，这本书人家拿走了，它上面就有这样的文章，发表在国外。主要是华裔华侨写的文章，认为现在中国振兴起来了，汉语热起来，全世界大家都学汉语。汉语人口最多，要压倒英语，变成世界最重要的语言。国内讨论这个问题的也特别多。我的看法是这样的，我写过一篇讲"英语怎么变成世界共同语的"，我不知道诸位看过没有？我是从历史开头来写英语地位怎么变的。这篇文章我看在不在这里面。

就是这篇《英语是怎样成为国际共同语的》。看了这篇文章你们就可以明白了，英语成国际共同语，跟英国成为最大的帝国主义国家有关系。它成为国际共同语是经过三百多年，不是几天。第二次世界大战以后，英语由于美国的关系发展得很厉害。这不是法定的，也不是任何开会通过的，但实际上英语变成国际共同语了。

很有趣味，我读大学读的是洋学堂。那个时候我们小青年思想很"左"，自己在受帝国主义教育，还反对帝国主义教育。那个时候我进的是圣约翰大学，是当时最高、名气最大的一个学校。在这个学校学习是很困难的，一进学校就讲英语，只有中国文学、中国历史才是讲中国话。我们的外语是法语、德语。那个时候法语是最重要的，因为开国际会议都要用法语，外交都要用法语，到今天国际邮政协会还在用法语。上一次不是国际邮政协会在中国开会吗？就发生问题了。用什么语言呢？当然用法语啊。在中国开会我们能不能用汉语呢？不许，不同意。所以我们只好服从它的规定。它就是这么规定，本地的语言都不用的。

第一次世界大战，美国帮忙打了一个胜仗，就在华盛顿开会，美国人就很有礼貌地跟法国人讲，说这次在华盛顿开会能不能法语口译之外同时用英语，法国人不好意思了，法国人打了败仗，法国人就同意了。这一同意，糟糕，唯一的国际通用语言，后来就成英语了。可是法语还是很重要。到第二次世界大战后法语的地位更不行了。

第二次世界大战以后，开会用英语、法语两种语言。改革开放以来我差不多每年到国外开会，都是宣布，我们这个会议用英语、法语。可是为了节省时间，我们都用英语，谁不懂呢？另外有翻译给你翻，它不是在讲台上面给你翻译，在讲台上面翻译要花双倍时间。这样一来，美式英语就普遍得不得了。

后来搞信息化建设。推动信息化的主要力量是美国，信息技术工作语言大多数都是用英语，这样一来，英语的地位就更高了。印度是英国的殖民地，他们反对英帝国主义，反对帝国主义语言。反对了十年以后，慢慢就不反对了。后来知道用英语开国际会议方便，用英语在国际上做生意方便，英语变成一门赚钱的语言，叫"money language"。所以今天印度人就愿意使用英语，不再反对英语了。

而中国人呢？新中国成立以后就是向苏联一边倒，用俄语，俄语当然不行。改革开放以后，我到美国几个大学去演讲。在纽约，联合国有一个联合国工作人员语言学会，因为在联合国工作的人员来自世界各国，语言是个大问题，这个语言学会请我去给他们做一次演讲。演讲完了，会长接待我吃饭。我就问他：联合国用六种工作语言，哪一种用得多？哪一种用得少？百分比你们有没有统计？他说："我们有统计，但不公开发表，你想知道我可以告诉你。"为什么？因为公开发表出来许多国家就不高兴了。英语占80%，剩下20%里，法语占15%，剩下的5%里，西班牙语占4%，剩下的1%，这1%里面有俄语、汉语、阿拉伯语。所以汉语是1%里面的一部分。这个形势你一看就明白了，汉语怎么可能代替英语呢？完全不可能的。这是不懂事情的人瞎讲啊。

英语为什么能够成功呢？这里有历史关系，它是一种优势语言。我在这篇文章（《英语是怎样成为国际共同语的》）里讲，英语有五方面的优势：第一，人口最多。汉语人口最多，但很多人不讲普通话讲方言，那就不多了。今天全世界能拿英语出来演讲的有十亿人。我们能讲普通话的只有三亿人。第二，它流通广。全世界各国都把英语作为第一外国语，今天在俄罗斯，第一外国语也是英语。第三，文化高。什么叫文化高呢？今天，信息化、电脑、科学，大都是学美国的。大学毕业或者升学、留学都是去美国，不仅仅中国学生去美国读书，全世界学生都想去美国读书。为什么呢？他水平高嘛。英文出版物的数量比其他任何语言的出版物数量都高许多倍，在印度大多数出版物都是英语的，使用方便，法语就没有它方便。法语上面加几个符号，麻烦。还是英语最方便。你当然可以和它竞争，你也要有五种优势，可以跟它竞争，这不是几天的事，当然将来可以。我想我们努力一百年或许有一点儿希望。这个问题许多人瞎宣传，好多人问我这个问题（笑）。这个语文问题，是一个非常重要的问题。

许多人都说今天大家用英语，用拼音，那么汉字就没有啦？不存在这个问题。许多人觉得汉字有危机。他们说连王蒙都讲这个话。我看到一篇文章，是香港的，说王蒙讲的汉字危机论。有人去找他，他说他那个时候讲的不算数，他否定了（笑）。现在还有人提出汉字危机论，我不主张废除汉字。因为汉字文化圈，本来日本用，朝鲜用，越南用，现在越南不用了，朝鲜不用了，日本用得越来越少，日本规定只用 1945 个字，韩国规定只用 1800 个字。所以说汉字文化圈，中国以外是在萎缩的。可是我认为在中国国内恰恰相反，是在扩大的。因为我们中国，原来人多，都是文盲。外国人笑中国，文明之国就是文盲之国嘛（笑）。随着我们识字人口越来越多，现在我们普及小学、初中教育，大家都认字了。13 亿人用汉字，汉字怎么会有危机呢？所以在国内啊，汉字文化圈是在扩张的，不是在萎缩的，没有危机，完全没有危机，危机是瞎讲的。谈汉字危机论的相当多。有人收集我国许多报纸中讲汉字危机的文章，这些大部分是随便写的，是不负责任的话。

（原载《文史知识》2007 年第 3 期）

百年来常州人为中国语文现代化做出了卓越贡献

——《常州籍四大语言学家与中国语文现代化》评介

苏培成

    手头上这本还散发着墨香的《常州籍四大语言学家与中国语文现代化》是江苏理工学院赵贤德教授的专著。该书是中国语文现代化运动史研究的成果，是专写常州一地的语言学家与中国语文现代化关系的著作。中国语文现代化就是中国现代化时期的语文改革，目的是建设现代化时期的新语文。自清末开始以来，几代语言学家为这一崇高事业做出了重要的贡献。江南古城常州文化积淀深厚，人杰地灵，先后走出了四位著名的语言学家。这在其他地方也是少见的，这个现象值得认真研究，应该为他们树碑立传。当代语文工作者要继承他们的传统，弘扬他们的精神，为中国语文现代化事业做出新的贡献。这部著作有如下四方面的优点，读后给人们留下了深刻的印象，值得称赞。

一、脉络清楚，结构明晰

    作者在书中分别写了吴稚晖、赵元任、瞿秋白、周有光对中国语文现代化事业所做的贡献。该书结构比较明晰。第一章简要回顾百年来中国语文现代化的坎坷历程，接着二、三、四、五章分别写了四个语言学家，第六章写了四套拼音方案一脉相承，最后一章写现当代语言学者对这四位语言学家的评述。

    吴稚晖(1865—1953)，又名吴敬恒。民国时期，他曾主持读音统一会，后又任教育部国语统一筹备委员会主席。他一直主张利用注音字母强化民众教育，提高民众的教育水平。1913 年，他担任读音统一会会长，是注音字母制定时的主持人。注音字母中有 15 个字母采用了章太炎提出的方案，加上吴稚晖和读音统一会其他成员的共同的智慧，最后形成了 39 个注音字母的方案。后来，吴稚晖又根据形势的需求，建议国民政府教育部将"注音字母"改为"注音符号"，这样就更加符合这套字母的性质和作用。在吴稚晖的影响和运作下，民国时期教育部门的历届领导把利用注音字母开展识字运动当作语言文字工作的头等大事，在全国曾掀起三次识字运动的高潮，规模大、时间长、成效显著。所以，有人称吴稚晖为"国语之父"，这个称呼并不为过。赵贤德教授在该书中对吴稚晖推行国语运动进行了详细的介绍。

赵元任（1892—1982），被时人称为"中国现代语言学之父"。早年留学美国，并游学法、德、英等国。他在出国之前就对语言学产生了浓厚的兴趣。在美留学时期呼吸着语言学领域的新鲜空气，大量吸收西方语言学理论，尤其是正处于上升时期的结构主义语言理论。他认真学习国际音标，利用国际音标记录多种语言和方言。正是因为他具有深厚的西方语言学理论基础和娴熟的国际音标知识，加上自己本身扎实的国学功底，所以一回国便在语言学领域做出了令人惊叹的成绩。他曾任清华国学研究院教授，中央研究院历史语言研究所研究员，致力于国语运动和汉字改革，是国语罗马字的主要制定者之一。无论是国语的推广，还是汉语方言的田野调查；无论是音位学的研究，还是国语罗马字的设计，他的贡献都十分突出。赵贤德教授在该书中对赵元任在语文现代化中做出的成绩进行了评价，比较得当。

瞿秋白（1899—1935），他曾说"我是江南第一燕，为衔春色上云梢"，发誓要为大众寻找一条语文改革的路。1933 年，他制定的拉丁化新文字传入中国之后产生了巨大影响，毛泽东、朱德等人都非常赞成，学界泰斗蔡元培等 688 位社会名流联合签名表示支持。拉丁化新文字在抗日烽火中为民族的解放做出了贡献，积累了经验，为新中国成立后制定《汉语拼音方案》奠定了群众基础。

周有光（1906—2017），《汉语拼音方案》的主要制定人。周有光年轻时即对字母学感兴趣，在 20 世纪 50 年代参与制定《汉语拼音方案》时力主采用拉丁字母，并对《汉语拼音方案》制定中遇到的各种重大问题进行了深入研究。经过三年的努力，终于制定了最完善的《汉语拼音方案》。《汉语拼音方案》不但是国内标准，而且已经成为世界标准，是中西文化交流的津梁,为传播中华文化做出了重大贡献。赵贤德教授在书中比较全面地介绍了周有光对语文现代化事业所做的重大贡献。

二、分析到位,定位准确

该书的核心内容是对这四位学者的学术定位,并且对他们参与或主导制定的四套拼音方案进行了历史评价。作者为此拜访了很多同行专家,征求他们的意见。作者曾拜访了时任中国语文现代化学会会长的南开大学马庆株教授,马教授和作者深入地讨论了这些问题,最后对常州籍四大语言学家在拼音方案研制中的历史定位得出了比较符合事实的结论。

吴稚晖:中国政府颁布的第一套法定的汉字笔画式的《注音字母方案》制定的主持人;

赵元任:中国政府颁布的第一套法定的拉丁字母式的《国语罗马字拼音法式》的主要制定人;

瞿秋白:中国第一次实施的一语双文的《拉丁化新文字方案》的主要制定人;

周有光:中国第一次由国家最高权力机关批准的拉丁字母式《汉语拼音方案》的主要制定人。

我们认为,这个定位符合事实,以往的著作没有做过这样的研究,这是一种创新。一个重要学术方案的产生,多是专家的集体工作的成果,很少是某一个人单独完成的,但是总有一个人起着主要作用。比如"注音字母"的制定,既有参加读音统一会的几十位代表的作用,也有没有参加会议的章太炎的贡献,但是最终做出决定的还是吴稚晖。赵元任主持制定的《国语罗马字拼音法式》是经过"数人会"的几位学者多次商量研讨的,而赵元任的贡献最突出,付出的心血也最多,所以我们说赵元任是主要制定者。"拉丁化新文字"是由苏联汉学家和中国语言学家一起制定的,但是因为瞿秋白对该方案的贡献比较大,所以主要归功于瞿秋白。至于周有光也是如此,有人为了宣传周有光在《汉语拼音方案》制定中的地位,把他称为"汉语拼音之父",周有光并不认可。因为《汉语拼音方案》的制定是党中央的决策,重大问题都经党中央同意,是集体项目。我们不赞成把周先生称为"汉语拼音之父",但是他在其中起了重要作用。他做的事情最多,理论研究的贡献最大,所以我们说,他是《汉语拼音方案》的主要制定者。

赵贤德教授在充分肯定四套拼音方案取得成绩的同时,也指出某些方案的不足。在《中国拉丁化新文字的原则》这份文件中"也有一些观点是不正确的,例如认为汉字是统治阶级压迫劳苦群众的工具,反对国语统一运动"。着墨虽不多,但是十分必要。

三、内容丰富,信息量大

作者撰写这部长达47万字的专著十分用心,参考了大量的书籍,充分占有了资料,使得该书内容丰富、论述翔实。该书的重点虽然是谈四套拼音方案的研究和制定,但同时,还分别写了这四位学者对语文现代化做出的其他贡献。吴稚晖除了注音字母制定和推广,他在普及教育、编制国音字典、践行白话文方面都取得了出色的成绩。赵元任除研究国语罗马字外,还积极参加国语运动、推广白话文、调查汉语方言、研究汉语语音、研究汉语语法、进行汉语国际传播和尝试翻译实践等。瞿秋白除研制拉丁化新文字外,还研究了普通话的界定,参加大众语的讨论。周有光的研究范围更广一些,除对《汉语拼音方案》的贡献之外,还主持制定了《汉语拼音正词法基本规则》、研究比较文字学、开创现代汉字学、研究中文信息处理的双轨制等,澄清了一些现实的语言问题。这四位语言学家的贡献都是多方面的,内容极其丰富。只是因为该书篇幅有限,有的仅仅提及了而已,很难做更深入的论述。

四、文字通畅,可读性强

由于该书是为常州市建设历史文化名城服务的,因此作者在写作过程中兼顾了学术性和普及性。现在学术界有一种不好的风气,就是有的作者喜欢故弄玄虚乱用名词、术语。这样的专著虽然也有一定的学术性,但是普及性不强,读者读起来非常吃力,不会有一种享受的感觉。相反,赵贤德教授除了重视学术性,还注意普及性。该书所用的语言文字规范顺畅,没有佶屈聱牙的语句,也没有难以理解的外来词或生造词,对一般读者来说,完全没有阅读障碍。对于从事语言文字研究的学者来说,更没有阅读吃力的感觉,尤其值得称赞的是第二、三、四、五章的第一节都是用了数千字或近万字的篇幅对这四个人的生平事迹做了介绍,让读者对他们有一个全面认识。这些文字读起来轻松活泼,幽默风趣,主人公的一个个小故事引人入胜,给人智慧和启迪。此外,为了加强读者对有关人物历史地位的了解,作者还提供了一些延伸阅读的参考材料。比如写到吴稚晖的历史地位,作者附录了台湾地区前领导人写的两篇文章。为了让读者对周有光有更深的了解,同样在第五章后面附录了《周有光文集》的责任编辑叶芳女士对周有光的儿子周晓平的采访资料,还有最后一章是胡适对吴稚晖的看法、胡适对赵元任的看法、苏培成笔下的周有光、梁衡笔下的瞿秋白等。这些内容都是非常精彩的,具有非常强的可读性。有的读者可能对这几位语言学家在学术上做的贡献兴趣不大,但是对他们的为人处世的生活型的文章一定有兴趣的。因此,我们说,该书具有很强的可读性。

如果说,该书要有什么不足的话,我认为是该书的目录和标题字数一样多,排列得很整齐。这种方式看起来很美观,但是有可能伤害意义的表达。形式要为内容服务。

总之,作为在常州高校工作的作者,写出这样的作品可谓天时、地利、人和。在常州工作着力研究常州的历史文化,为常州申报国家历史文化名城做贡献都是理所应当的。我们相信赵贤德教授的研究工作会精益求精,越做越好,为中国语文现代化事业添砖加瓦。

(原载《江苏理工学院学报》2017 年 6 月第 23 卷第 3 期)

《汉语拼音方案》的完善
与推行及周有光先生的贡献

苏培成

摘　要　1958 年 2 月 11 日，第一届全国人大五次会议批准了《汉语拼音方案》（以下简称《方案》），在这之后《方案》进入了完善与推行的时期。《方案》的完善主要指制定《汉语拼音正词法基本规则》，《方案》的推行包括汉语拼音教学法的改进和汉语拼音的多方面应用。周有光先生是著名的语言文字学家，他对《方案》的制定、完善和推行做出了重大贡献。其贡献主要体现在六个方面：一是推荐采用拉丁字母，实现了汉语拼音字母的国际化；二是提出汉语拼音的"三原则"和"三不是"，解决了汉语拼音方案的性质问题；三是使汉语拼音做到音节界限分明；四是制定了《汉语拼音正词法基本规则》；五是解决了《汉语拼音方案》推行中遇到的各种难题；六是倡导中文信息处理双轨制。

关键词　汉语拼音方案；汉语拼音正词法基本规则；汉语拼音的应用；周有光

1958 年 2 月 11 日，第一届全国人民代表大会第五次会议批准了《汉语拼音方案》。会议的决议指出："汉语拼音方案作为帮助学习汉字和推广普通话的工具，应该首先在师范、中小学校进行教学，积累教学经验，同时在出版等方面逐步推行，并且在实践过程中继续求得方案的进一步完善。"

一、《汉语拼音方案》的完善

《方案》的完善主要指制定《汉语拼音正词法基本规则》。《汉语拼音方案》规定了汉语音节的拼写法,这很重要,但是仅有这个部分还不够,还必须有汉语词语和句子的拼写法,也就是拼写现代汉语的规则。这样我们才有一个完整的拼音方案。"文革"结束后,胡乔木代表中央多次提出要抓紧制定《汉语拼音正词法基本规则》。1982年1月23日,胡乔木在《关于当前文字改革工作的讲话》里指出:"这里有一项非常紧迫的工作,就是需要拟定一个汉语拼音正词法规则。陆志韦先生在世时就曾经花了很大力气搞这项工作,可是到现在也还没有个定案。正词法定了以后,还有一个非常繁重的工作,就是怎样区别各种同音词,包括单音词和多音词。"[1]1983年2月22日,胡乔木发表《对推行〈汉语拼音方案〉的三点意见》。该意见指出:"希望文字改革委员会能尽快地把《汉语拼音方案》进一步完善化,在日常应用中规范化。例如拼写要标调,要正词(规定词的区分的统一规则)。否则不但不便使用,而且会使人认为这是一个不完善的粗制滥造的方案。这种状况不能再容忍了。希望这个久已应该解决的问题能在1983年内解决。"[2]。正词法的研究开始得很早,1892年卢戆章的《一目了然初阶》已经有了用短横的分词连写。1922年黎锦熙发表《汉字革命军前进的一条大路》,黎文所说的"一条大路"指的就是正词法,不过黎文叫作"词类连书"。此后,还有人叫作"拼写法""写法""正字法"等。国语罗马字和北方话拉丁化新文字提高了分词连写技术。《汉语拼音方案》没有规定分词连写法,但是规定了隔音字母和隔音符号,并在举例中采用了连写,这就为正词法的制定准备了必要的条件。

1982年3月,中国文字改革委员会成立汉语拼音正词法委员会,叶籁士任主任委员,周有光任副主任委员,负责拟定正词法基本规则。经过几年努力,终于制定出《汉语拼音正词法基本规则》(GB/T 16159—1996),作为国家标准《汉语拼音正词法基本规则》已由国家技术监督局于1996年1月22日发布,1996年7月1日实施。1996年版《汉语拼音正词法基本规则》在具体的语音拼写实践中,发现了一些新问题。经过修订,成为现行的国家标准《汉语拼音正词法基本规则》(GB/T 16159—2012),由中华人民共和国国家质量监督检验检疫总局、中国国家标准化管理委员会于2012年6月29日发布,2012年10月1日实施。修订后的《汉语拼音正词法基本规则》指出:"本标准规定了用《汉语拼音方案》拼写现代汉语的规则。内容包括分词连写规则、人名地名拼写规则、大写规则、标调规则、移行规则、标点符号使用规则等。为了适应特殊的需要,同时规定了一些变通规则。"

关于胡乔木提出的汉语拼音要区分同音词的问题,因为汉语拼音"不是汉字的拼形方案",作为拼写音节的《汉语拼音方案》不需要区分同音字,但是作为拼写现代汉语的《汉语拼音正词法基本规则》(GB/T 16159—2012)就要区分同音词,而目前实施的《汉语拼音正词法基本规则》缺少这部分内容,到适当的时候需要增补。苏培成在《汉语拼音是现代化的文化桥梁》一文中认为:"目前,实行分词连写的汉语拼音在阅读和传输时仍感不便,主要原因是没有解决汉语拼音的词汇定型问题,首先是没有解决汉语拼音里的同音词分化问题。因为词汇没有定型,阅读时不得不更多地依赖上下文。其实这个问题早就提出来了,周有光著《汉字改革概论》(1961年的第一版)里就有专节讨论'同音词分化法'。为了实现中国语文的世界化,我们要跨过这道门槛,尽快地研究拼音词汇的定型化,完善汉语拼音正词法。"[3]

有人认为完善《汉语拼音方案》是指修改《方案》中某些不恰当的规则,于是指出了《方案》中的缺点,例如关于字母名称的读音等,建议对《方案》做出修改。笔者认为:"世界上本来没有十全十美的东西,十全十美的拼音方案过去没有,将来也不会有。对《方案》不要求全责备。'进一步完善'并不等于一定要不断地修改调整。要不要修改首先要以学术研究的成果为依据,要十分慎重地对待,不宜轻率从事。"周有光说:"汉语拼音方案不是没有缺点的,但是改掉一个缺点往往会产生另一个缺点。缺点和优点是共生的。只能两利相权取其重,两弊相权取其轻。有的人把片面性当作全面性,因为他不了解历史,不了解全面。要讨论如何修订《汉语拼音方案》,就要认真阅读前辈学者的有关著作,先继承后创新,这样才可能提出有新意的有价值的修订意见。"[4]

二、汉语拼音教学法的改进

《汉语拼音方案》自1958年由全国人大批准后,就进入了教学领域。开始时一般都以《方案》为教材,按照《方案》的内容原原本本进行教学。先教21个声母,37个韵母(包括er和ê),4个声调和轻声以及各项拼写规则。不久,人们发现这样教学效果并不理想,尤其是拼写规则的教学,耗时长,效果差。经过几年的教学实践,教学方案不断改进。从1963年开始,小学拼音教学改用"声介合母教学法",主要内容是:y、w当声母教,只教iou、uei、uen的省写式 iu、ui、un,有介音的音节采用"声介合母和韵母连读法"。这种教学法解决了拼音教学中的主要难点:不教 ia、iao、ian、iang、iong、ua、uo、uai、uan、uang、ueng、üan 等 12 个复鼻韵母,减少了教学零件;可以避免教学 y、w 的拼写规则和 iou、uei、uen 的省写规则;可以使 i、u、ü 作介音的长音节更容易拼读。因此,受到广大师生的欢迎。可是,采用这种连读法必须熟练掌握 28 个声介合母(包括 yu 在内),甚至要把"声介合母"当作零件来教,势必延长教学时间。因此,广大教师又在"声介合母和韵母连读法"的基础上,吸收了注音字母教学法的经验,提出了"三拼连读法",如:g-u-an→guan。这样的改进进一步简化了拼音教学的内容。

汉语拼音教学方法的改变,并不是修改了《汉语拼音方案》;《汉语拼音方案》是拼音教学的依据,并不是汉语拼音教材。应该把《方案》和教学区别开来。《方案》的规定比较全面,具有科学性和系统性,而实际教学要根据对象,由浅入深,灵活安排。在不违背《方案》基本规定的前提下,在教材和教法上做些变通处理,这不应看作是修改了《方案》。

《汉语拼音方案》规定了拼音字母的名称。例如:a、b、c 读 a、bê、cê。有人质疑字母名称,认为难以教学,不利于推广。周有光认为:"一个开始学习拼音字母的人,第一件事情应当做什么呢?最好是学认、学写以前,先学唱拼音字母歌。"他介绍教唱《字母歌》的经验。小学生每次学拼音之前先唱字母歌。几节课下来,就学会了字母名称。可惜这个好经验至今未能推广。周有光还提出:"凡是不会念 ê 的,可以改念 ei。"[5]

三、《汉语拼音方案》的推行

周有光说:"五十年来,汉语拼音的应用扩大,快速惊人。原来主要应用于教育领域,现在显著地应用于工商领域。原来主要是小学的识字工具,现在广泛地发展为信息传输的媒介。原来是国内的文化钥匙,现在延伸成为国际的文化桥梁。"他还说:"一种文化工具,只要易学便用,适合时代需要,它本身就会自动传播,不胫而走。汉语拼音已经普遍传开,无处不在,不再是新鲜的话题了。"[6]《方案》的推行涉及许多方面,下面仅举出几个重要方面稍加说明。

1.给汉字注音

1958 年全国人大批准《汉语拼音方案》以后,教育部于 1958 年 3 月 13 日发出《关于在中小学和各级师范学校教学拼音字母的通知》。该通知要求:"初级中学一年级,原则上应该从 1958 年秋季起教学拼音字母,学好语文课中的语音部分。其他年级以及高级中学和工农中学学生也应该补学拼音字母。""从 1958 年秋季起,小学一年级应该尽可能教学拼音字母,利用拼音字母帮助识字,学习普通话。"从 1958 年开始,我国出版的语文辞书都用拼音字母注音,许多词典都用拼音字母为词汇条目注音,完全代替了注音字母。

2.拼写普通话

学习普通话不能只靠口耳传授,那样要受许多条件的限制,效率很低,难以推广。利用拼音,出版注音读物,从书面上学习,口耳眼手并用,可以大大提高效率。据最近的统计,大城市的普通话普及率已达 90%,而很多农村和民族地区已达 40%左右。外国人学习中文,现在很少有不用汉语拼音的了。

3.利用字母注音,认读汉字

《方案》公布以后,全国各地开展了注音扫盲工作。20 世纪 50 年代,我国出现注音扫盲红旗县——山西省万荣县。1960 年 4 月 22 日,中共中央发出《关于推广注音识字的指示》。该指示指出:"山西省万荣县注音识字的经验是我国文化革命中一项很重要的创造,应当在全国迅速推广。""文革"时这一工作被迫中断。

1982 年秋季开始,黑龙江省在拜泉县、讷河县和佳木斯市的三所小学六个一年级班开始"注音识字,提前读写"小学语文教学改革实验(简称"注·提"实验)。它把传统的"先识字后读书"发展为"先读书后识字"或"边读书,边识字"。儿童入学后,首先学习并熟练掌握汉语拼音,能直呼音节;然后开始大量阅读拼音读物、注音读物,在教师指导下和自学中学习汉字。同时,利用拼音和汉字开始写话、作文,读写同时起步,帮助儿童发展智力,增长知识,逐步提高读写能力。1992 年 7 月 24 日,国家教委会发布了《关于推广小学语文"注音识字,提前读写"教改经验的若干意见》,要求各地促进这一实验不断地完善,不断地提高。

4.用于汉字输入电脑

社会进入了信息网络新时代,字母文字通过小键盘输入电脑轻而易举,而汉字由于字数多、同音字多,进入电脑成为难题。五笔字型输入法受到社会的欢迎,但是学习比较困难,需要专门训练,于是出现了使用五笔字型录入汉字文本的专职录入员。这时,周有光提出来利用拼音输入由软件转换为汉字的拼音输入法,成为最便于广大知识分子使用的输入方法。周先生又提出把以字为单位输入演变为以词或短语为输入单位,再加上"高频先见,用过提前"技术,使拼音输入进入实用阶段。

5. 汉语拼音成为拼写汉语的国际标准

(1)1977 年,联合国经社理事会下属的地名标准化会议决议采用汉语拼音作为拼写汉语地名的国际标准。(2)1982 年,国际标准化组织通过通讯投票决议:采用汉语拼音作为拼写汉语的国际标准,编号为 ISO 7098。汉语拼音已经从中国标准成为国际标准,开辟了中国文化流向国际社会的一条通道。

汉语拼音的推行,虽然已经取得重大成绩,但是还有很大潜能有待进一步发挥。政府主管部门要加强领导认真推行;社会上有些人患拼音恐惧症,怕拼音取代汉字,要多做宣传加以澄清。

四、周有光对《汉语拼音方案》的贡献

1. 推荐使用拉丁字母

制定拼音方案的一个先决条件是采用什么字母。20 世纪 50 年代初,争论焦点是采用民族形式的字母还是国际通用的拉丁字母。1954 年,周先生出版了《字母的故事》,极力推荐使用拉丁字母。周有光指出:"拉丁文是死了,可是拉丁字母没有死,它活跃地生活在世界上大多数民族中。在文字的结构上,它是最进步的音素(音位)制度;在字母的形体上,它是最简明实用的符号;在语音的表示上,它有非常广泛的适应性。它有这些优点,所以它能够活跃地生活在日益众多的民族中间。"[7] 最后经中央同意,汉语拼音采用拉丁字母,实现了字母的国际化。

2. 提出汉语拼音的"三原则"和"三不是",解决了汉语拼音方案的性质问题

周有光说:"汉语拼音方案有三条基本原则:口语化、音素化和拉丁化,

合称"拼音三化"。口语化:拼写规范化的普通话。音素化:按照音素(音位)拼写音节。拉丁化:采用国际通用的拉丁字母。"[8]周有光说:"每一种方案都有它的应用范围,不可能是万能的,也不应当是万能的。《汉语拼音方案》的作用是'拼写规范化的普通话'。它不是汉字的拼形方案,它不是方言的拼音方案,它不是文言的拼音方案,这叫作'三不是'。"[9]

3.研究如何使汉语拼音做到音节界限分明

周有光指出:"'音节分明'是汉语的特点之一。汉语拼音要求连写的多音节词的各个音节有清楚的分界。"周先生发表论文《音节分界问题》,对此做了专题研究,指出用连读法、变字法和加符法解决这个问题。他说:"根据可混关节的统计,以及连读法、变字法和加符法的比较,我们认为,在元音字母连读的基础上,用 y 和 w 变化齐合撮韵头,同时在开口韵前面用符号隔音,这是比较适当的分界音节办法。"[10]

4.制定《汉语拼音正词法基本规则》

1982 年 3 月 13 日,中国文字改革委员会成立汉语拼音正词法委员会,叶籁士任主任委员,周有光任副主任委员。周有光发表《汉语拼音正词法问题》《正词法的性质问题》《正词法的内在矛盾》等论文,解决了拼音正词法中一系列重要问题。他说:"'约定俗成'是正词法的灵魂。"[11]"正词法规则只有示范作用,没有强制作用。拼写习惯并不顺服地听命于正词法规则。相反,正词法规则要跟着拼写习惯随时修正,否则会成为脱离实际的一纸空文。如此往复,最后才能达到相对的稳定状态。"[12]

5.密切关注并大力支持《方案》的推行,及时解决推行中遇到的各种问题

他发表了《拉丁字母小史》,向国人讲授字母学知识;他发表了《方案的争论问题及其解决》,向读者解释制定《方案》的理论;他积极参与聋哑人的手语和盲人摸读字母的设计。他指出:"进入信息化时代,必然进入拼音化时代。拼音化的含义不是'废除汉字、改用拼音',而是'利用拼音、帮助汉字'。"[13]

6.大力提倡中文信息处理双轨制

汉字进入计算机有两种主要方法,就是汉字编码法和拼音转变法。周有光把这种状况叫作"中文信息处理双轨制"。他有力地指出拼音转变法的优点:"汉字编码不可能只有一种,学了这种,不会用那种。法定的《汉语拼

音方案》只有一个,没有第二个。这是'拼音转变法'的重要优点。这个优点使它便于大众化。""'拼音转变法'并不神秘。它实际是一部从'拼音'到'汉字'的自动翻译计算机。""我们在失去了一个大众化的打字机时代以后,不能再失去一个大众化的语词处理机时代。真正消灭差距,追回失去了的时代,出路很有可能就在于采用'拼音转变法'。"[14]

　　周有光为《汉语拼音方案》的制定和推行做出了重大的贡献,有人尊称他为"汉语拼音之父"。我们认为这种称谓并不准确。制定《汉语拼音方案》是由中央决策并领导进行的文化建设工程,是集体项目,不是哪个个人的成就。周先生的重大贡献必须肯定,但他是制定《方案》这个集体的一员。把他置于集体之上有违事实真相和他个人的意愿,他也从来没有使用过这种称谓。

注　释

[1]胡乔木.胡乔木谈语言文字[M].北京:人民出版社,1999:280.

[2]苏培成.信息网络时代的汉语拼音[M].北京:语文出版社,2003:308.

[3]苏培成.慎言修订《汉语拼音方案》[G]//语言文字应用丛稿.北京:语文出版社,2010:139.

[4]周有光.汉语拼音 文化津梁[M].北京:三联书店,2007:200.

[5]周有光.字母的故事(修订版)[M].上海:上海教育出版社,1958:4.

[6]周有光.汉语拼音方案基础知识[M].北京:语文出版社,1995:1.

[7]周有光.字母的故事(修订版)[M].上海:上海教育出版社,1958:60.

[8]周有光.汉语拼音方案基础知识[M].北京:语文出版社,1995:16.

[9]周有光.拼音化问题[M].北京:文字改革出版社,1980:130.

[10]周有光.周有光语文论集(第四卷)[M].上海:上海文化出版社,2002:152—165.

[11]周有光.周有光语文论集(第四卷)[M].上海:上海文化出版社,2002:205.

[12]周有光.周有光语文论集(第四卷)[M].上海:上海文化出版社,2002:208.

[13]周有光.文化畅想曲[M].北京:中国青年出版社,1997:111:.

[14]周有光.中文信息处理的双轨制[M]//周有光语文论集(第四卷).上海:上海文化出版社,2002:82.

(原载《通化师范学院学报(人文社会科学版)》2017 年第 3 期)

一巷"三杰"与汉语拼音方案

赵贤德

摘　要　常州青果巷在清末诞生了三位杰出的语言学家,他们分别是赵元任、瞿秋白、周有光。赵元任主持制定《国语罗马字拼音法式》,瞿秋白主持制定《拉丁化新文字》,周有光主持制定《汉语拼音方案》。这三套方案在百年来的中国语文现代化史上起了重要作用,尤其是周有光主持的《汉语拼音方案》吸收了前人的成果,成为今天汉语汉文化走向国际世界的桥梁。

关键词　青果巷;赵元任;瞿秋白;周有光;汉语拼音方案

青果巷,常州市区一条窄窄的只有数百米长的小巷子,却是常州历代名门望族的聚居地。在清末,这条窄窄的巷子居然诞生了三位世界级杰出的语言学家,他们分别是诞生于 1892 年的赵元任、1899 年的瞿秋白和 1906 年的周有光,他们先后相隔七岁。三位语言学家在三个不同的时期分别主持制定了三套经典汉语拼音方案,三套经典拼音方案在我国语文现代化建设过程中留下了浓墨重彩的一笔。我们今天使用的拉丁字母拼音方案和普通话语音标准都是源于常州籍这几位语言学家的丰功伟绩。

一、赵元任主持制定了中国第一套法定的拉丁字母形式拼音方案
——《国语罗马字拼音法式》

民国初年,常州人吴稚晖主持制定的汉字笔画式的注音字母方案推行了几年之后,学者们发现这种民族形式的注音符号有诸多不便。于是,1923

年教育部国语统一筹备会召开第五次大会时,钱玄同提议《请组织"国语罗马字委员会"案》获得通过。1925 年 9 月 26 日,江阴人刘半农在北京的赵元任家里发起"数人会",主要成员是教育部国语统一筹备会所组织的国语罗马字拼音委员会中的赵元任、钱玄同、黎锦熙、汪怡等,后来福建的周辨明也加入进来。"数人会"实际上是当时北京的几个研究音韵学学者的联欢会,兼作讨论学理的聚谈,但当时却有人给了一种解释:"魏著作谓法言曰:我辈数人,定则定矣。"(见隋陆法言《切韵》序)数人会成员利用这个聚会的机会来议定 1922 年和 1923 年发表在《国语月刊》上"汉字改革专号"中有关国语罗马字的几篇文章。其中主要有赵元任《国语罗马字研究》、林玉堂(后改为林语堂)《赵氏罗马字改良刍议》、钱玄同《国语字母二种》等。

数人会从 1925 年 9 月开始,到 1926 年 9 月结束,整整一年的时间经过 22 次会议对以赵元任制定的《国语罗马字研究》为基础的方案进行研究、讨论、充实和完善,同时大家彼此通信,大都尝试用这种国语罗马字;外间代表意见,随时提出,共同商决,最后大大小小的问题都得到了适当的解决,于是排定稿本,定名为"国语罗马字拼音法式",提交给教育部国语统一筹备会。教育部国语统一筹备会于 1926 年向社会公布。为了进一步增强发布的力度和提高发布的级别和公信力,中华民国大学院(教育部)于 1928 年 9 月 6 日再次发布。内容如下:

中华民国大学院第十七号布告

为布告事:查统一筹备会制定《国语罗马字拼音法式》,两年以来,精心研究,已多方试验,期于完美;其致力之勤劬,用意之周到,至勘嘉尚。兹经本院提出大学委员会讨论,认为该项《罗马字拼音法式》,足以唤起研究全国语音学者之注意,并发表意见,互相参政;且可作为国音字母第二式,以便一切注音之用,实于统一国语有甚大之助力。特予公布,俾利推广而收宏效。此布。

中华民国十七年九月二十六日

院长　蔡元培

国语罗马字拼音法式

1925—1926 年国语统一筹备会罗马字母拼音研究委员会研究制

定,1928 年 9 月 26 日国民政府大学院公布。这是中国推行国语和供一切注音用的第一个法定的拉丁字母拼音方案。

声母

ㄅ	ㄆ	ㄇ	ㄈ	万*		b	p	m	f	V*
ㄉ	ㄊ	ㄋ		ㄌ		d	t	n		l
ㄍ	ㄎ	兀*	ㄏ			g	k	ng*	h	
ㄐ	ㄑ	广*	ㄒ			j	ch	gn*	sh	
ㄓ	ㄔ		ㄕ	ㄖ		j	ch		sh	r
ㄗ	ㄘ		ㄙ	ㄙ'*		tz	ts		s	Z*
ㄧ	ㄨ	ㄩ				y	w	Y(u)		

韵母（基本形式）

开	帀ㄩ'	ㄚ	ㄛ	ㄜ	ㄝ*	ㄞ	ㄟ	ㄠ	ㄡ	ㄢ	ㄣ	ㄤ	ㄥ	ㄨㄥ	ㄦ
齐	ㄧ	ㄧㄚ	ㄧㄛ		ㄧㄝ	ㄧㄞ*		ㄧㄠ	ㄧㄡ	ㄧㄢ	ㄧㄣ	ㄧㄤ	ㄧㄥ	ㄩㄥ	
合	ㄨ	ㄨㄚ	ㄨㄛ			ㄨㄞ	ㄨㄟ			ㄨㄢ	ㄨㄣ	ㄨㄤ	ㄨㄥ		
撮	ㄩ				ㄩㄝ					ㄩㄢ	ㄩㄣ				
开	Y	a	o	e	ê*	ai	ei	au	ou	an	en	ang	eng	ong	el
齐	I	ia	io		ie	iai		iau	iou	ian	in	iang	ing	iong	
合	U	ua	uo		uai	uei			uan	uen	uang	ueng			
撮	Iu				iue				iuan	iun					

关于具体的拼写规则的详细说明这里省略。

《国语罗马字拼音法式》简称《国语罗马字》,是当时国内几位顶级的语言学家赵元任、钱玄同、黎锦熙、刘半农、周辨明等经过长时间的努力制定出来并由大学院(教育部)颁布的,这是中国政府颁布的第一套法定的拉丁字母形式的注音方案,是在充分借鉴切音字和注音字母的经验教训的基础上发展起来的,"与其制造使用未有的新字母,不如采用世界通行之字母"成为国语罗马字制定者的共识。所以他们采用世界通用的现成的 26 个字母,彻底摆脱了注音字母方案的汉字笔画式的束缚。国际化的拼音字母,比起切音字方案和注音字母,具有更加科学灵活的拼法。国语罗马字把我国的语言文字改革推向了一个新的高度,大大促进了中国汉字注音拉丁化的进程。该方案关于声调注音方法比较复杂,没有在社会上进行广泛推广,所以在群众中影响有限。但是,《国语罗马字拼音法式》就其设计的精密性和科学性来说,在当时或今后很长一段时间里,都是为人称道的。罗常培先生赞颂说:"若以美观、使用、合理三点衡论中心各式之得失,则国语罗马字迥非其他所能及矣。"[1]

二、瞿秋白主持制定了中国第一套一语双文的拉丁字母形式的拼音方案 ——《拉丁化新文字》

20 世纪 20 年代初,国内在推行注音字母和制定国语罗马字的时候,苏联掀起了一场被列宁称为"东方伟大的革命"的文字拉丁化运动,为本国没有文字的少数民族统一创造一种用拉丁字母也就是罗马字母拼写当地语言的新文字,这种新文字简单合理,容易推行,在扫盲工作中起到了很大的作用。

当时在苏联远东地区有十万名中国工人是文盲。为了尽快扫除这些文盲,莫斯科劳动者共产主义大学的中国问题研究所开始研究中国文字拉丁化问题。1927 年中国大革命失败后,中国共产党党员到莫斯科去的人很多,于是在 1928 年就开始了创造拉丁化新文字的工作,主要参加者有瞿秋白、吴玉章、林伯渠、萧三以及苏联汉学家郭质生、莱赫捷、史萍青等人。1929 年 2 月,瞿秋白在郭质生的协助下同时参考了国语罗马字,拟定了一个中文拉丁化方案,并于当年 10 月写成了《中国拉丁化字母》,在莫斯科出版。《中国拉丁化字母》的出版,引起了苏联学术界的注意。中国文字的拉丁化一时成为许多人关心讨论的问题。1930 年 4 月,列宁格勒苏联科学院东方学研究所中国研究室的汉学家龙果夫和瞿秋白、郭质生三人组成专门小组负责修订这个方案。不久,瞿秋白回国,吴玉章、林伯渠等人移居海参崴,修订方案的工作由列宁格勒苏联科学院东方学研究所组织的中文拉丁化委员会继续进行。委员会经过反复研究,并参考了中国过去产生的几种主要方案,最后在瞿秋白方案的基础上拟成《中国拉丁化新文字的原则和规则》。1931 年 5 月,该方案经全苏新字母中央委员会批准,于同年 9 月 26 日在海参崴召开中国新文字第一次代表大会。参加会议的除各地的代表外,远东中国工人到会的有 2000 多人。经过几天的讨论,会议通过了《中国拉丁化新文字的原则和规则》。大会还通过决议,要求在 1932 年内用拉丁化新文字完全扫除远东华工中的文盲,为此还专门成立了远东边区新字母委员会作为执行机构。具体方案如下:

拉丁化新文字的字母表(见表 1),声母、韵母表。

表 1 字母表

字母		读音		字母		读音	
大写	小写	注音符号	汉字	大写	小写	注音符号	汉字
A	a	ㄚ	啊	Ng	ng	兀	
B	b	ㄅ	伯	O	o	ㄛ	喔
C	c	ㄘ	雌	P	p	ㄆ	泼
Ch	ch	ㄔ	痴	R	r	ㄦ	儿
D	d	ㄉ	得	Rh	rh	ㄖ	日
E	e	ㄜ	呃	S	s	ㄙ	思
F	f	ㄈ	佛	Sh	sh	ㄕ	诗
G	g	ㄍ	歌	T	t	ㄊ	特
I	i	ㄧ	衣	U	u	ㄨ	乌
J	j	ㄧ	衣	W	w	ㄨ	乌
K	k	ㄎ	科	X	x	ㄏ	喝
L	l	ㄌ	勒	Y	y	ㄩ	迂
M	m	ㄇ	墨	Z	z	ㄗ	姿
N	n	ㄋ	纳	Zh	zh	ㄓ	知

声母 22 个,不列声母基(ㄐ)欺(ㄑ)希(ㄒ),改用 g(ㄍ)k(ㄎ)h(ㄏ)变读表示,即在 i(ㄧ)、y(ㄩ)前面的 g(ㄍ)、k(ㄎ)、h(ㄏ)变读为基、欺、希。韵母有 35 个,其中单韵母 6 个,复韵母 14 个,鼻韵母 15 个,见表 2。

拉丁化新文字是作为一种文字而进行设计的,它涉及的东西十分全面,包括新文字方案的设计原则、字母表、声母表、韵母表、拼写规则和写法规则等系列内容。因此,作为中国历史上第一个被广泛推行的拼音文字,它在中国拼音化的历史上占据了重要的地位。以往的切音字、注音字母、国语罗马字虽然也在中国语文现代化的过程中起到重要作用,但主要停留在注音功能上,即使作为文字推行的国语罗马字,也只能作为注音字母的辅助注音方案,而没有作为文字得到应有的推广。拉丁化新文字最成功之处在于它是我国历史上第一个真正作为一种文字进行推行的拼音文字,是第一套一语双文制度,其在我国推广时间长,范围广,影响大,是我国历史上一语双文制度的成功实验。

表2　声母、韵母表(声母原名"字音";韵母原名"母音")

声母(22)	b ㄅ(伯)	p ㄆ(泼)	m ㄇ(摸)	f ㄈ(佛)
	d ㄉ(得)	t ㄊ(特)	n ㄋ(纳)	l ㄌ(勒)
	g ㄍ(歌)	k ㄎ(科)	(ng)ㄫ	x ㄏ(喝)
	zh ㄓ(知)	ch ㄔ(吃)	sh ㄕ(诗)	rh ㄖ(日)
	z ㄗ(姿)	c ㄘ(雌)	s ㄙ(思)	r ㄦ(儿)
		j ㄧ(衣)	W ㄨ(乌)	
单韵母(6)		i ㄧ(衣)	u ㄨ(乌)	y ㄩ(迂)
	a ㄚ(啊)	ia ㄧㄚ(鸭)	ua ㄨㄚ(挖)	
	e ㄜ(呃)			
	o ㄛ(窝)		uo ㄨㄛ(喔)	yo ㄩㄛ(哟)
复韵母(14)	ai ㄞ(爱)		uai ㄨㄞ(歪)	
	ao ㄠ(奥)	iao ㄧㄠ(腰)		
		ie ㄧㄝ(耶)		
	ei ㄟ(欸)		ui ㄨㄟ(威)	ye ㄩㄝ(月)
	ou ㄡ(欧)	iu ㄧㄡ(又)		
鼻韵母	an ㄢ(安)	ian ㄧㄢ(烟)	uan ㄨㄢ(弯)	yan ㄩㄢ(渊)
	ang ㄤ(盎)	lang ㄧㄤ(央)	uang ㄨㄤ(汪)	
	en ㄣ(恩)	in ㄧㄣ(因)	un ㄨㄣ(温)	yn ㄩㄣ(晕)
	eng ㄥ(鞥)	ing ㄧㄥ(英)	ung ㄨㄥ(翁)	yng ㄩㄥ(雍)

续表

变音	g、k、x 一列声母在 i、y 两行韵母前面变读 ㄐ（基）、ㄑ（欺）、ㄒ（希）	gi ㄐㄧ（基）	gy ㄐㄩ（居）
		ki ㄑㄧ（欺）	ky ㄑㄩ（区）
		xi ㄒㄧ（希）	xy ㄒㄩ（虚）

关于本表的声母、韵母具体拼写规则省略。

瞿秋白的影响以往总是局限于中国共产党早期领导人这一身份上，实际上瞿秋白在汉字改革史上也留下了非凡的一笔。汉字改革史上出现的影响最大、旨在替代汉字而成为一种书写汉语的新文字——北方话拉丁化新文字的主要奠基者、制定者就是瞿秋白。胡愈之于 1949 年写的《一个革命知识分子的模范》一文中曾谈道："秋白是拉丁化北方话方案的最早创造者，他是拉丁化新文字运动的开山老祖。单就这一件事，就教中国人永远不能忘记他。"[2]

三、周有光主持制定了中国第一套由国家
最高权力机关批准的拉丁字母形式的拼音方案
——《汉语拼音方案》

新中国成立后不久，1954 年 12 月中国文字改革委员会成立后，又成立拼音方案委员会，由吴玉章、胡愈之为正副主任，委员有：韦悫、丁西林、林汉达、罗常培、陆志韦、黎锦熙、王力、倪海曙、叶籁士（文改会秘书长）、周有光、胡乔木、吕叔湘、魏建功。"实际上开会来一来，平时他们各自有各自的工作。真正工作的是我们研究室做的。后来要起草一个方案初稿，推三个人：叶籁士、陆志韦、周有光。许多资料都是我搞的，因为我是主持这个研究室的。这件事情应当说很复杂，搞了三年才成功。"[3]

周有光等人制定的方案初稿的主要特点有：1.完全用现成的拉丁字母；2.用几个双字母，但是尽量少用；3.标调用注音符号的调号，调号之外没有其他注音符号；4"基欺希"有"格克赫"（g、k、h）变读。[4]初稿修改以后，由文改会发表，公开征求意见。

　　当时由于受到苏联的影响,拼音方案究竟采用什么字母形式:是"国际化"还是"民族形式"的问题存在争论,很多直接从事文字改革的工作者都加入了这一讨论。

　　在这方面周有光先生撰写了《什么是民族形式》等系列文章,周有光先生力挺拉丁字母。周有光先生认为,几种国际形式字母中,尤其以拉丁字母最为通用。拼音字母的可贵,不在它的珍奇,而在它的实用;不在它有独特的传统形式,而在它有便于文化交流的共同形式。汉字形式不适合于现代字母的要求,任意创造又不能算是传统形式,今天世界上最通用的拉丁字母,是 3000 年来几十个民族逐步在实用中共同改进的国际集体创作,我们与其另起炉灶,不如采用它。最终决定还是采用拉丁字母。

　　经过大家三年的共同努力,终于在 1958 年第一届全国人民代表大会第五次会议正式批准了《汉语拼音方案》。从此,《汉语拼音方案》从研制时期走向推行、应用时期,并逐渐成为我国人民文化生活中必不可少的语文工具。

　　《汉语拼音方案》(正文)

　　(1957 年 11 月 1 日国务院全体会议第 60 次会议通过,1958 年 2 月 11 日第一届全国人民代表大会第五次会议批准)

一　字母表

字母	名称	字母	名称
Aɑ	ㄚ	Nn	ㄋㄝ
Bb	ㄅㄝ	Oo	ㄛ
Cc	ㄘㄝ	Pp	ㄆㄝ
Dd	ㄉㄝ	Qq	ㄑㄧㄡ
Ee	ㄜ	Rr	ㄚㄦ
Ff	ㄝㄈ	Ss	ㄝㄙ
Gg	ㄍㄝ	Tt	ㄊㄝ
Hh	ㄏㄚ	Uu	ㄨ
Ii	ㄧ	Vv	ㄞㄝ
Jj	ㄐㄧㄝ	Ww	ㄨㄚ
Kk	ㄎㄝ	Xx	ㄒㄧ

续表

字母	名称	字母	名称
Ll	世ㄌ	Yy	ㄧㄚ
Mm	世ㄇ	Zz	ㄗ世

V 只用来拼写外来语、少数民族语言和方言。字母的手写体依照拉丁字母的一般书写习惯。

二　声母表

b ㄅ 玻	p ㄆ 坡	m ㄇ 摸	f ㄈ 佛
d ㄉ 得	t ㄊ 特	n ㄋ 讷	l ㄌ 勒
g ㄍ 哥	k ㄎ 科	h ㄏ 喝	
j ㄐ 基	q ㄑ 欺	x ㄒ 希	
zh ㄓ 知	ch ㄔ 蚩	sh ㄕ 诗	r ㄖ 日
z ㄗ 资	c ㄘ 雌	s ㄙ 思	

三　韵母表

	i ㄧ 衣	u ㄨ 乌	ü ㄩ 迂
a ㄚ 啊	ia ㄧㄚ 呀	ua ㄨㄚ 蛙	
o ㄛ 喔		uo ㄨㄛ 窝	
e ㄜ 鹅	ie ㄧㄝ 耶		üe ㄩㄝ 约
ai ㄞ 哀		uai ㄨㄞ 歪	
ei ㄟ 诶		ui ㄨㄟ 威	
ao ㄠ 熬	iao ㄧㄠ 腰		
ou ㄡ 欧	iu ㄧㄡ 忧		
an ㄢ 安	ian ㄧㄢ 烟	uan ㄨㄢ 弯	üan ㄩㄢ 冤
en ㄣ 恩	in ㄧㄣ 因	un ㄨㄣ 温	ün ㄩㄣ 晕
ang ㄤ 昂	iang ㄧㄤ 央	uang ㄨㄤ 汪	
eng ㄥ 亨的韵母	ing ㄧㄥ 英		
ong ㄨㄥ 轰的韵母	iong ㄩㄥ 雍		

《汉语拼音方案》具体使用规则省略。

"拼音方案虽然是一个罗马字方案,但它是第一个中国小学必修的汉语罗马字文字。东西十万里,古今三千年,风马牛不相及的汉字和罗马字,今天居然彼此偎傍在一起,这是东西文化交流的奇景。"[5]周有光先生的几句话生动地描述了汉语拼音在国际文化交流中的作用,这是中国语文现代化的历史功勋,也是周先生的历史功勋。

《汉语拼音方案》的制定,是一件有划时代意义的工作,它采用了世界最通行的字母,采用了科学的音素制,制定者既考虑到了它的学术性,又考虑到了它的实用性,所以,《汉语拼音方案》才能在全国迅速推广。正如吕叔湘先生所说:"《汉语拼音方案》是最佳方案。"[6]从表3可以看出当初《汉语拼音方案》对以往拼音方案的借鉴。

表 3　20 世纪 50 年代《汉语拼音方案》与民国时期的三种主要拼音方案的比较

注音字母	国语罗马字 拼音法式	拉丁化 新文字	汉语拼音方案
ㄅ	b	b	b
ㄆ	p	p	p
ㄇ	m	m	m
ㄈ	f	f	f
ㄉ	d	d	d
ㄊ	t	t	t
ㄋ	n	n	n
ㄌ	l	l	l
ㄍ	g	g	g
ㄎ	k	k	k
ㄏ	h	x	h
ㄐ	j	g	j
ㄑ	ch	k	q
ㄒ	sh	h	x
ㄓ	j	zh	zh
ㄔ	ch	ch	ch
ㄕ	sh	sh	sh

续表

注音字母	国语罗马字 拼音法式	拉丁化 新文字	汉语拼音方案
日	r	rh	r
ㄗ	tz	z	z
ㄘ	ts	c	c
ㄙ	s	s	s
ㄚ	a	a	a
ㄛ	o	o	o
ㄜ	e	e	e
ㄝ	è	—	ê
ㄦ	el	r	er
（帀）	y	—	—i
ㄧ	i(y)	i(y)	I(y)
ㄨ	u(w)	u(w)	U(w)
ㄩ	iu(yu)	y(jy)	ü(yu)
ㄞ	ai	ai	ai
ㄟ ㄢ	ei	ei	ei
ㄠ	ao	ao	ao
ㄡ	ou	ou	ou
ㄢ	an	an	an
ㄣ	en	en	en
ㄤ	ang	ang	ang
ㄥ	eng	eng	eng
ㄨㄥ	ong	ung	ong

　　周有光指出:"1955 年成立的汉语拼音方案委员会是由原先参加国罗的人、原先参加北拉的人以及其他语言学者共同组成。汉语拼音方案的声母和韵母差不多一半相同于国罗、一半相同于北拉,而标调符号来自注音字母。"[7]这段话道出了汉语拼音方案是注音字母、国语罗马字以及拉丁化新文字的混合结晶体,是对前三者的优点长处进行吸收的最好成果,而注音字

母同样是常州人吴稚晖在民国初年主持制定的。常州人主持制定的四套汉语拼音方案(包括了吴稚晖主持的注音字母方案)一套比一套更加精密实用,可以说,前修未密,后出转精。所以 20 世纪 50 年代周有光主持制定的《汉语拼音方案》是目前最好的拼音方案。

《汉语拼音方案》公布以后得到了普遍赞扬。吴玉章、黎锦熙、罗常培、马庆株、冯志伟、王力、吕叔湘等人纷纷著文对该方案给予了充分的肯定和赞扬。[8]

我们今天方便快捷使用的汉语拼音方案,全国人民甚至世界华人以及留学生使用的普通话,都与常州青果巷诞生的这几个语言学家对中国语言文字改革的贡献甚至对人类的贡献是分不开的。我们不能忘记他们。

注　释

[1]罗常培.国音字母演进史[M].上海:商务印书馆,1948:36.

[2]秦凯基.瞿秋白和拉丁化新文字与世界语[J].世界杂志,2001(9).

[3]周有光.周有光百岁口述[M].桂林:广西师范大学出版社,2008:113.

[4]周有光.汉语拼音方案制定过程[J].语文建设,1998(4).

[5]周有光.拼音化和东西文化交流[J].群言,2000(8).

[6]吕叔湘.《汉语拼音方案》是最佳方案[J].文字改革,1983(2).

[7]周有光.拼音化和东西文化交流[J].群言,2000(9).

[8]赵贤德.常州籍四大语言学家与中国语文现代化[M].南京:凤凰出版社,2016:
　　455－460.

汉语拼音隔音、标调新探

李小凡

  《汉语拼音方案》公布 50 年来，成就了推广普通话的历史功绩。在当代社会生活中，汉语拼音已成为拼写中国人名、地名的国家标准和国际标准，并日益成为汉字教学、对外汉语教学、计算机中文输入等领域不可少的基本工具。当代中国如果没有汉语拼音，其现代化事业将难以想象。50 年来推行《汉语拼音方案》的实践表明，这套方案的确是科学、有效、简易、实用的"最佳方案"。但是，任何方案都不可能完美无缺。1997 年底，国家语言文字工作委员会主任许嘉璐在全国语言文字工作会议上提出，要"进一步完善《汉语拼音方案》，研究并解决实际使用中的问题，改进和完善计算机汉语拼音输入系统，逐步扩大《汉语拼音方案》的应用范围"。《汉语拼音方案》制定者之一的周有光（2004：188、257）也表示"汉语拼音方案不是没有缺点的"，"在拼音扩大应用的时候，人们提出一些建设性的意见，应当诚恳地欢迎"。为此，本文拟在基本保持《汉语拼音方案》字母配置格局的前提下，对隔音和标调方法提出新的、统一的方案。

一、《汉语拼音方案》可商讨的问题

  周有光（2004：181－188）曾列举了 9 个问题，基本上包括了拼音方案可商讨的主要问题：

  1. 拼音方案里的字母"迂"（ü），破坏了除调号以外不用符号的规则。两点上面再加调号重床架屋。关于这个问题曾有过 3 种替代方案：(1)改为 iu；(2)改为 v；(3)l 和 n 后改为 yu，其他不变。拼音方案认为"迂"是一个重要元音,需要有一个单独字母代表它。周氏后来认为方案(3)或许是一种比较有可行性的"技术处理"。

其实,ü 还有一个不如人意之处:拼音方案的 6 个元音字母中,除 ü 外都与其音位代表字母相同。其中,o、i、u 还与它们作单韵母时的国际音标相一致;a、e 虽与其单韵母的音标不同,但仍是该音位若干变体中的一个。唯独 ü 只有一个变体,却没有采用其音位写法。如表 1 所示。

表 1　拼音字母、音位字母和音位变体对照表

拼音字母	音位字母	音位变体
a	/ɑ/	[a][A][ɑ][ɛ][æ]
o	/o/	[o][ə]
e	/ɤ/	[e][E][ə][ɤ]
i	/i/	[i][ɪ][ɿ][ʅ]
u	/u/	[u][ʊ]
ü	/y/	[y]

周氏认为:现在看来,这仍旧是个问题。

造成这一问题的原因是字母 y 被用作了隔音字母。

2. 舌尖元音要不要写? 如何写? 关于这个问题有过省略不写、写 i、写 ih、写 y 等 4 种替代方案。周氏认为,只有拼音方案的现行办法比较符合原理,也方便使用。

本文同意周氏观点。

3. "俄"(e)和"喔"(o)实际是一个音位,有人认为应该合并。拼音方案吸取注音字母由合而分的历史经验,也分为两个。

本文赞成拼音方案的处理,理由除周氏提到的二者音值有明显差异外,减省出来的元音字母 e 或 o 并不能发挥什么作用,反倒增加了一个多余的字母。

4. 有人认为 ao、iao 应改为 au、iau。周氏认为,u 易与 n 混淆,拼音方案从实用出发写作 o 而不写作 u。

本文赞同拼音方案的处理。

5. z、c、s 使用频率高于 zh、ch、sh,有人从节省纸张的角度建议将以上两组字母加以对换。拼音方案则优先考虑使用习惯。

本文赞同拼音方案的配置方法。

6.拼音方案采用注音字母的做法,将 o 和 uo 处理成两个韵母,唇音声母后为 o,其他声母后为 uo。北方话拉丁化新文字方案则统一处理为 o。另一种方案是统一处理为 uo。

本文赞同拼音方案的处理,理由同 3。

7.y、w 这两个半元音字母要不要的问题,经过几次反复讨论,拼音方案最后决定要用。因为这是分词连写所必要,而分词连写是书写普通话所必要。半元音字母对"元音连读"能够帮助分清音节,是拼音正词法的极有用处的条件。

y、w 的作用是连写时分隔音节,为日后的正词法预备条件,这一考虑是必要的,实践表明也是可行的,但是否就是隔音的唯一方法或最佳方法则尚可斟酌。

8.调号是一个难题。原调和变调如何标呢? 拼音方案决定只标原调,不标变调。调号标在哪里,也是有争论的。标在音节末尾可以区别音节,但是过于松散。标在元音字母上面,能表示声调基本上是元音的音高变化。周氏(2004:211)在另一篇文章中进一步谈到标调问题:汉字是把声调隐含在字形中间的。注音字母用外加符号表示声调。越南罗马字也用外加符号表示声调。国语罗马字用字母拼写变化表示声调,不仅解决了打字和打电报的困难,还解决了外加符号容易脱落的问题。但是,优点往往也就是缺点。音节的拼写形式拉长,学习起来更困难了;名片上印这种拼写法,欧美人看了无法读出大致相近的声音来;用它来给外国学生学习汉语也不方便。因此,台湾地区在 1986 年修订时,放弃了字母拼写变化的标调法。国语罗马字的制定者之一林语堂,设计过一种简单的字母标调法:阴平不标;阳平加-r,上声重叠主要元音字母,去声加-h,在他的《当代汉英词典》里应用。如果当时采用林语堂的字母标调法,可能比较容易推广。

此外,王力(1985)曾提出过三套字母标调方案。钱玉趾(2000)也从计算机中文输入的角度提出用字母标记声调的方案。

本文认为周有光、王力、钱玉趾等人对字母标调法的重新审视和垂青值得重视。

9.拼音方案规定了字母名称,但没有认真推行,实际使用的仍是注音字母的名称。另一种意见是采用英文字母的名称。

二、汉语拼音隔音标调方案及其利弊

以上 9 条中第 7 条隔音问题、第 8 条标调问题是拼音方案必须要斟酌的问题,但因关乎全局,牵涉面广,若单独考虑,难免顾此失彼,本文试将二者合并考虑。另外,第 1 条的问题也与隔音字母 y 的配置相关。因此,本文将以上 3 个问题综合在一起以新的思路加以通盘考虑。

现行隔音法的不足主要是规则不统一:大部分音节无须隔音;一部分音节用隔音字母 y、w 隔音,其中又细分为添加隔音字母和改换隔音字母两种方式;另一部分音节则用隔音符号'隔音。现行线条式符号标调法的主要不足是与拉丁字母不协调和不利于电脑输入,后一项不足在制定《汉语拼音方案》时尚属微不足道,但随着信息时代的到来,已日益成为向电脑输入中文,尤其是用电脑识别拼音的瓶颈所在。

根据以上思路,针对现行隔音法和标调法的不足,本文针对《汉语拼音方案》提出以下改进方案:

1.取消的线条式调号- ˊ ˇ ˋ 。

2.取消隔音符号'和隔音字母 w、y,同时取消隔音规则。

3.将多余的字母 v 和 w 专门用作标调字母。另借用表示声母的字母 l 兼用作标调字母。

4.多余的字母 y 替代字母 ü。

5.用 v、w、l 单独或组合成双字母表示四声,轻声不标调。四声字母配置如下:

阴平	阳平	上声	去声
v	w	lv	lw

6.声调字母一律标在音节末尾,同时起隔音作用。

正如周有光(2004:188)所言:"汉语拼音方案不是没有缺点的,但是改掉一个缺点往往会产生另一个缺点。缺点和优点是共生的。只能两利相权取其重,两弊相权取其轻。"上述隔音标调方案的利与弊有待方家权衡。我们对该方案的利弊做如下的初步分析:

优点

1. 标调和隔音合一,取消了隔音规则,便于教学和使用,利于电脑输入和识别。

2. 拼音方案全部拉丁化,消除了所有的非字母式符号。

3. 26 个拉丁字母各尽其用,无闲置字母。

4. y 比 ü 更符合实际音值。

5. 中国地名委员会、中国文字改革委员会、国家测绘局 1984 年 12 月 25 日颁布《中国地名汉语拼音字母拼写规则(汉语地名部分)》第 9 条规定:"地名拼写按普通话语音标调。特殊情况可不标调。"在实际使用中,地名几乎都不标调,标调反倒成了罕见的"特殊情况"。究其原因,可能在于《汉语拼音方案》的附加线条符号式标调法标写不方便、目视不协调。采用隔音标调法或许可以解决这一问题。

缺点

大部分音节增加 1—2 个字母,最长的音节可以有 9 个字母:爽 shuanglv。

三、拼写举例[*]

中华人民共和国通用语言文字法

Zhōnghua Rénmín Gònghéguó tōngyòng yǔ yán wénzì fǎ

Zhongvhuaw renwminw Gonglwhewguow tongvionglw ylvianw uenwzilw falv

一位美国科学家 17 日在伦敦宣布,他克隆出了一个人类胚胎,并于两周前将其植入了一位妇女体内。

Yī wèi Měiguó kēxuéjiā shíqī rì zài Lúndūn xuānbù,tā kèlóng chū le yī gè rénlèi pēitāi,bìng yú liǎng zhōu qián jiāng qí zhírù le yī wèi fùnǚ tǐ nèi.

Iv ueilw Meilvguow kevxyewjiav shiw qiv rilw zailw Lunwdunv xyanvbulw, tav kelwlongw chuv le iv gelw renwleilw peiv taiv, binglw yw lianglv zhouv qianwjiangv qiw zhiwrulw le iv ueilw fulwnylv tilv neilw.

参考文献

[1]钱玉趾.汉字信息处理用双拼键位表示法标准探析[J].语文现代化论丛,2000(4).

[2]王力.《汉语拼音方案》字母标调法[J].语文现代化,1985(8).

[3]许嘉璐.在全国语言文字工作会议上的讲话[G]//语言文字法规政策文件汇编.北京：语文出版社.

[4]周有光.周有光语言学论文集[M].北京：商务印书馆.

（原载《第七届中国语音学学术会议暨语音学前沿问题国际论坛论文集》2006 年第 3 期）

论《汉语拼音方案》之
拉丁化、音素化、口语化
——电脑时代重新审视汉语拼音(之九)

许寿椿

一、周有光先生论《汉语拼音方案》之"三化"特性

《汉语拼音方案》"三化"特性是周有光先生概括的。本文作者读到的，一是 1980 年周先生在香港湾仔温莎公爵社会服务大厦礼堂的讲演[1]，另一个是周先生的一篇短文[2]。两者后来都收录在论文集[3]里。周先生总结、说明了《汉语拼音方案》制定的三原则：拉丁化、音素化、口语化，对这三个原则的来历、内容、意义做了解释。其概括非常简单、明了，十分准确地反映了《汉语拼音方案》的主要特点，在国内外都有广泛、巨大影响。

关于拉丁化，"采用国际通用的拉丁(罗马)字母，便于吸收国际化的科技术语，便于打国际电报，便于成立汉语拼写法的国际标准。拉丁化是中外文化交流的桥梁"[1]。拉丁字母是由比拨罗字母发展、变化而来的。比拨罗字母产生的年代和中国的甲骨文时期相当。罗马帝国的文字使用拉丁字母，所以拉丁字母又叫罗马字母。拉丁字母到中国是由西方传教士带来的。最早的是意大利传教士利玛窦(1605)，稍后有法国的金尼阁(1625)。随着西方商客和传教士的大量涌入，也就产生了许多汉字拉丁化拼音方案，包括拼写中国方言的，如闽南白话字；影响最大的要数邮政式或威妥玛式。19 世纪末，中国产生了切音字运动，这实际上是中国拼音化运动的初期形式。当

时,拼音字母的选择以汉字式为主。中国第一个法定的拼音方案是 1918 年颁布的"注音字母",是汉字式的,也就是民族形式的。1928 年又公布了"国语罗马字",这是中国政府第一个拉丁化的拼音方案。稍后,又产生了由瞿秋白、吴玉章主持设计的,同样使用拉丁字母的"拉丁化新文字"。1958 年的《汉语拼音方案》是 350 多年来经验的总结。1958 年,国际上共有 60 多个国家采用拉丁字母[4]。周有光先生说:相距 38000 里的汉字和拉丁字母依傍在一起"标志着文化闭关时代的结束,文化交流时代的开始"[1]。

关于音素化,"汉字不能自己分析字音。分音和拼音的知识发展很慢,后汉晚年开始有反切。……反切只能'心头'分音和拼音,不能用'笔头'分音和拼音"。卢戆章和王照的切音字(汉字式拼音)是声韵双拼的,注音字母是声、韵、介三拼的;国语罗马字是音素化的。中国的"反切、双拼、三拼、音素化——这个逐步前进的语音学认识过程是在印度和西洋的影响下完成的"。"分析音素是学习任何语文所必需的基础知识,又是语言学和语言声学所必需的基础知识。"[2]"从声韵双拼,到声介韵三拼,再到音素(音位)化拼写法,是语音分析和拼合技术的历史发展。音素化是拼音的科学化。"[1]

关于口语化,"口语化是文体的现代化";"五四以来的白话文运动要求文体口语化。文章不但要看得懂,还要听得懂……汉语拼音拼写的是规范化的普通话,它不是用来一个顶一个代替汉字的编码,也不是用来拼写文言文章和文言诗词的,文言文章和文言诗词应当用汉字书写"[1];"给汉字注音和拼写普通话是汉语拼音方案的两项基本功能";"汉字可以写白话,也可以写文言。汉语拼音只能写白话,不能写文言";"口语化的道路就是发展现代汉语的道路"[2]。

周有光先生还总结性地说:"'三化'方案是既有科学性,又有实用性的方案。"[1]

本文作者以为,周先生的概括,对描述方案的特点上是基本成功的,但有过誉、美化倾向;特点似乎都成了优点。在不考虑应用环境、条件的情况下,拉丁化、音素化的强制、过度推行,事实上已经伤害了汉语文的健康发展。

二、广大拉丁文字圈的形成是
西欧资本主义殖民扩张的后果

从罗马帝国开始,拉丁字母一直统治着欧洲,特别是西欧(东正教使东欧使用斯拉夫字母)。西欧资本主义殖民扩张把拉丁字母带到全世界。"整个美洲、大洋洲,大半个非洲、小半个亚洲都拉丁化了。"[2] 这种拉丁化难免带有殖民扩张的血腥,一些国家的土著及本土民族文字正是被拉丁字母屠杀、灭绝的。现今,拉丁文字圈包括三大语言集团:英语、法语和西班牙语。这三种语文的成熟其实都相当晚。最古老的拉丁化法文文献见于842年;最早的拉丁化西班牙文是10—11世纪的手迹;最早的英文《圣经》译成于1382年。欧洲民族文字的成熟是在中国的造纸术、印刷术传入后的14—15世纪[5]。英国、法国、西班牙和葡萄牙曾经是各殖民地国家的宗主国,语言集团中其他国家都曾经是它们的殖民地。英国、法国、西班牙和葡萄牙等国本土面积及本国人口比之相应语言集团的面积、人口都要小得多。如葡萄牙人口仅一千万人,而使用葡萄牙语的巴西人口超过一亿人。

美洲完全使用拉丁字母。其拉丁化始于哥伦布发现美洲的时候,经过屠杀和奴役,美洲原住民已经非常少了。今天北美的人口主要是欧洲移民,中南美的人口主要是欧洲移民和混血。北部的美国、加拿大使用英语和法语;南部(拉丁美洲)主要使用西班牙语和葡萄牙语[6]。整个大洋洲不仅拉丁化了,还都英语化了。澳大利亚和新西兰人口主要是欧洲移民;现今,澳大利亚的原住民仅有5万人,新西兰操毛利语的人口还有20万[7]。大半个非洲是拉丁化的。撒哈拉大沙漠北部有7个使用阿拉伯语文的国家;南部除埃塞俄比亚以外都是拉丁字母区,有40多个国家。二战前,它们几乎都是欧洲的殖民地。[8] 亚洲早已形成汉字文化圈、印度文化圈和阿拉伯文化圈,这是拉丁化最晚也最少的洲。值得单独说一说的,有印度和越南。印度曾经是英国的殖民地,英语作为官方及教育语言达一个半世纪,1947年独立,1950年成立印度共和国。印度是一个多民族、多语言、多文字的国家。1949年,印度宪法规定天城体字母书写的印地语为唯一国家官方语言,另有13种法定语言,非法定的英语在15年内(1950—1965)作为过渡语言使用。英语已经有一个半世纪的使用历史,因此印度本地任何语言都无法与之抗衡。

在距原定英语使用的过渡期只有两年的 1963 年,印度政府不得不规定"延长英语的应用,直到不需要的时候"。至今,英语这个"非法定的"而又"超法定的"语言,实际上一直是印度最流通的语言。宗主国的语文对于殖民地国家既有罪过,也有功劳。[9] 英语在印度的广泛普及成为当今印度在软件外包市场上的一个优势条件。越南曾有千年的时间里使用汉字和汉字式的"字喃"。1861—1945 年,越南为法国占领,法国占领者推行由法国传教士于 1651 年设计的拉丁化越南文,在 1945 年独立后成为正式的越南文[10]。

周有光先生还曾提出"殖民拉"(殖民的拉丁化)和"革命拉"(革命的拉丁化)的术语。曾经的殖民地国家把宗主国的语文当作自己的语文,这样的拉丁化就是"殖民拉";而像土耳其那样在民主革命的运动中,自主地把原来的阿拉伯字母文字改为拉丁字母,周先生称之为"革命拉"[11]。

三、法文、英文在三四百年里相继作为
主要国际交际语大大增强了拉丁字母的国际性

从 17 世纪起法文成为主要的国际交际语,到二战后为英语取代。这三四百年里拉丁字母的国际性大大增加。随着信息新技术的发展,世界在缩小,国际交往频繁。对于不使用拉丁字母作为文字的国家,也一律要建立文字的拉丁转写形式,以利于交际与交流。最平凡的如护照中名字的拼写,地图里地名的标注……这种转写是由国际标准化组织主持制定的。自然,方案来自所涉及的国家。这种转写主要使用于浅层的技术层面,其重要性有限。《汉语拼音方案》于 1982 年被国际标准化组织批准为汉语的拉丁化拼写标准,当时美英都投了反对票。因为,他们的一些汉语文献一直沿用威妥玛设计的汉语拼音方案。

四、《汉语拼音方案》"三化"特点
的合理性、科学性是相对的,有限的

说音素化是拼音的科学化,是语音研究成熟的标志,从语音学研究的历史发展看,这或许是对的。但把这种最后、最精细(也是最复杂、烦琐)的成

果,不审慎地、强制地、迷信地应用于基础教育(识字教学)或普及教育(推广普通话)就未必恰当。中国人对音节,对声、韵、调敏感,对音素分析欠敏感。舶来品的水土不服就难免造成破坏。新中国成立 50 多年来,小学识字教学一直从汉语拼音起步,小小的只有 26 个字母的音素化拼音对中国小学生来说并不轻松、容易,不少教师认为这简直是一场灾难。不少学者明确质疑:世界上有哪个国家,特别是一些操拼音文字的国家,其基础识字教学像我国这样是从音素化拼读开始? 近见外研社和英国权威教材出版社联合出版的一套小学英语教材,其前四册,都不见音标和拼读,一律是单词整体认读,标注音标的词表出现在第五册。关于识字教学是否应该从拼音开始的一次争论,参见《中国教育报》(2005-12-31)及《中国教育报》(2006-2-18)的两组文章。马希文先生曾尖锐指出:音素化的汉语拼音方案并不是推广普通话的优良工具,它有诸多弊端[12][13]。音素化带来拼写字母串长,完全依据汉语拼音方案的输入法需要耗费过多的击键次数,这是明显的。事实上,实用的、受欢迎的拼音输入法,都不得不采取各种智能化手段减少拼音码串长度,克服汉语拼音方案的这一弱点。完全按照《汉语拼音方案》不做任何简化的全拼输入法,其效率是无法忍受的。完全按照《汉语拼音方案》不做任何简化的旗语和手语同样因操作冗长而难以使用。说《汉语拼音方案》"三化"特性就是其显著的科学性、合理性,失之偏颇,也缺少事实依据。《汉语拼音方案》采用拉丁字母,有其历史的合理性。在适应国际交流,利用或借用西方文字处理设备与技术方面有好处。但不应该据此全部否定汉字式或民族式的方案。认为中国传统的直音、反切一概落后,没有任何价值,无须做什么挖掘、提升,这些认识其实是片面的。白话文运动是中国语文现代化活动中最早取得基本成功的领域。五四时期对文言文的评价过低、批评过于严厉,文白对立过于绝对,这些都是历史的片面性。这些片面性,在当今《汉语拼音方案》的推行中依然存在。周有光先生说:"白话代替文言成为文学的正宗,这不但是文体的现代化,而且是文学的起飞和思想的解放。……'国文'改'国语'……重文字、轻语言的传统改变了;语言第一性,文字第二性的科学原理得到认定。"[14]"语言第一性,文字第二性的科学原理"不仅得到认定,它还成为某些主流专家把反对这个"原理"的人打成学术骗子的尚方宝剑。[15][16]实事求是的分析,应该重视张中行先生所阐述的:文言有不受时空限制的优点;文言有使人喜爱的力量;靠文言积累了丰富的文化遗产;汉语文化的威力同文言有密切关系;文言是好的交流工具和团结纽带;文言曾是表情达意的好工具;文言为今人提供了大量值得欣赏的作品。[17]文言和白话的界线常常很难划分得十分清楚。白话很难和口语完全一致。胡适和陈独秀是白话文运动的两大旗手。他们对文言发难的开山论文,有胡适的"文学改良刍议"和陈独秀的"文学革命论"。胡文开头几句:"今之谈文学改良者众矣。记者末学不文,何足以言此?"而陈文开头:"今日庄严灿烂之欧洲,何自而来乎?"[18]可见两位现代白话文开山祖师自己一时还离不开文言。胡适当时出版了他的《白话文学史》上卷。他把自己认为有价值的作品都划归白话,包括杜甫的《丽人行》《哀王孙》,还有《自京赴奉先县咏怀五百字》。按张中行先生的说法,"恐怕除他本人以外,没有人会同意","他自己大概也感到这将是孤军奋战",所以在自序里做了一番解释。而周作人读了他的解释,觉得胡适还是没有"画出分明的一条线","可知文言白话很难分,其死活更难定"(此句是针对胡适说的:文言写出的是死文学,白话写出的是活文学)[19]。说到新中国成立后的白话,也"很明显的有两种水流,一股离口语很近,另一股离口语很远"[20]。当今的白话文里夹杂文言词语的现象依然普遍。这是汉语拼音电报中不得不掺用汉字四码的一个重要原因[21]。说《汉语拼音方案》能够拼写白话,有很大的幻想、臆断成分,有些一厢情愿。

五、汉字处理电脑化成功之后,
《汉语拼音方案》的使用价值在下降

20世纪末,汉字信息处理意外成功地实现了电脑化。汉字技术处理不再落后于英文,汉字开始在多方面展示自己的优越性,获得了科学发展的新机遇。汉字改革的主要缘由消解,不复存在。此时,以帮助汉字克服难题,或者准备取而代之的《汉语拼音方案》就变得身价大跌。至少,由于电子邮件、手机短信的成功应用,使得中文电报拼音化不再需要[22]。汉字语句或文本的拼音化表达,包括实验性使用,不再受到重视。汉字文献联机检索的高效率,使汉语拼音方案仅仅在纸质印刷的字词典检索里还有用处,在电子化信息检索里变得不好用或无法用。[23]网络通信的高效、便捷使得基于《汉语拼音方案》的旗语、灯光通信不再重要。[24]各国聋人手语,其实都不是文字拉丁版本的机械的手指字母表达。[25]一些人宣称:信息时代必将是《汉语拼音方案》发挥更大威力的时代,"一语双文"是新时代的必然选择,没有《汉语拼音方案》的充分帮助，中国就没法真正进入网络时代。这完全不符合实际的判断，是主观臆断的一厢情愿；完全无视于活生生、精彩纷呈的汉字电脑化的伟大进程。所以如此的一个原因是他们铅字时代的思想、眼光使他们视而不见，也是他们自己缺少汉字电脑化起码常识的后果。

六、结语

拉丁化、音素化、口语化的《汉语拼音方案》，其科学性、实用性到底如何，不能仅仅局限于其本身的分析、讨论，还必须把它和与之并存的或对立的，或已经被它排挤掉的那些，放到一起，进行公开的、公平的、公正的对比、分析、讨论，更必须辅以对照的实验、观察。就给汉字注音来说，起码应该把《汉语拼音方案》、注音字母和仅仅用 64 个汉字为所有汉字注音的简式反切法[26]一起进行对比、分析，并辅以对照的实验、观察，如此才能够得到正确的认识。

注　释

[1]周有光.中国文字改革的现状和问题[J].语文杂志,1981(1);参见周有光.中国语文的现代化[M].上海:上海教育出版社,1980:19—28.

[2]周有光.汉语拼音三原则[J].语文杂志,1982 年(9);参见周有光.中国语文的现代化[M].上海:上海教育出版社,1980:57—63.

[3]周有光.中国语文的现代化[M].上海:上海教育出版社,1986:1.

[4]周有光.语文闲谈[M].北京:生活·读书·新知三联书店,2021:291.

[5]周有光.世界字母简史[M].上海:上海教育出版社,1990:303—306.

[6]周有光.世界字母简史[M].上海:上海教育出版社,1990:321.

[7]周有光.世界字母简史[M].上海:上海教育出版社,1990:330.

[8]周有光.世界字母简史[M].上海:上海教育出版社,1990:333.

[9]周有光.新语文的建设[M].北京:语文出版社,1993:169—175.

[10]周有光.世界字母简史[M].上海:上海教育出版社,1990:351.

[11]周有光.语文闲谈(下)[M].北京:生活·读书·新知三联书店,1995:81.

[12]详见马希文.马希文文集[M].北京:北京大学出版社,1995:489.

[13]详见马希文.马希文文集[M].北京:北京大学出版社,1995:539.

[14]周有光.新时代的新语文[M].北京:生活·读书·新知三联书店,1999:157.

[15]本书编写组.语言文字辨伪集[M].北京:中国工人出版社,2004:2.

[16]本书编写组.语言文字辨伪集[M].北京:中国工人出版社,2004:14.

[17]张中行.文言与白话[M].哈尔滨:黑龙江人民出版社,1995:2.

[18]张中行.文言与白话[M].哈尔滨:黑龙江人民出版社,1995:166.

[19]张中行.文言与白话[M].哈尔滨:黑龙江人民出版社,1995:188.

[20]张中行.文言与白话[M].哈尔滨:黑龙江人民出版社,1995:251.

[21]许寿椿.汉语拼音电报薄命考——电脑时代重新审视汉语拼音(之四)[J].汉字文化,2011(2).

[22]许寿椿.汉语拼音电报薄命考——电脑时代重新审视汉语拼音(之四)[J].汉字文化,2011(2).

[23]许寿椿.汉语拼音在信息检索应用中的价值在下降——电脑时代重新审视汉语拼音(之一)[J].汉字文化,2010(3).

[24]许寿椿.基于汉语拼音的拉丁字母音素化旗语前景未可乐观——电脑时代重新审视汉语拼音(之二)[J].汉字文化,2010(5).

[25]许寿椿.汉语拼音方案是中国聋人手语怎样的基础?——电脑时代重新审视汉语拼音(之三)[J].汉字文化,2011(1).

[26]许寿椿.用64个汉字给所有汉字注音的简式反切——电脑时代重新审视汉语拼音(之六)[J].汉字文化,2011(6).

（原载《汉字文化》2012 年第 6 期）

给周有光同志的信

黄　乃

周有光同志：

　　你的大作《汉语盲文的音素化和系统化》，我请人读过，并且用盲字记录了所有的要点。我认为你做了极有价值的科学研究，将语音学运用到盲字字母的创制中来了，这是一个很聪明的尝试。就字母表本身来说，是很有系统、很有内在的联系的，不过还要看看这套字母速写成词，实际运用的时候，对盲人而言是不是容易。据我的经验，在手指的感觉上，点数太少而字形结构松懈或包含有同形异位的符号的词，对于初学者来说是极难辨认的。

　　音素化和国际化，二者不能兼得。采用哪一个原则，需要大家讨论，更需要文改会或科学院之类的机关向国务院提出建议才好决定。这次出国，我在莫斯科教一个同车的苏联盲人学中文新盲字字母，由于新盲字的 27 个字母与俄文盲字字母发相同的音，或发近似的音，她只花了不到十分钟工夫就学会了，能够读出中文盲字的音来。我个人主张偏于采用国际化的原则。苏联东干族（从中国迁移过去的回族，讲的是汉语西北方言）的文字以前系用拉丁化新文字，1952 年起改用斯拉夫字母，理由是便于学习俄文，免得儿童记两套字母。

　　当汉语拼音文字的创制快要实现的今天，对盲文的改革也就要求和明眼人的拼音字母取得一致。由于汉语拼音字母已决定采用拉丁化的原则，所以中国盲字字母也应当和盲字拉丁字母一致。这样，中国盲人在学习上和生活上才会有更多的便利。

　　拉丁化以后，如何创制盲字的缩写符号体系缩短字形，这就是我们研究盲字改革的任务之一。在制定缩写符号的时候，我想，你所提倡的音素化的原则，也许可能局部地运用。

以上是我个人的看法，为了适应汉语拼音文字，无论如何，中文盲字总得再来一次变革，希望也是最后的变革。在做这次决定性的、一劳永逸的变革之前，多方的尝试、实验都会有利无弊，我们希望和你经常联系，希望你帮助盲人创制合理的文字！

敬礼

黄乃（教育部盲教处）

1956 年 6 月 5 日（原载《中国语文》1956 年第 10 期）

《汉语拼音方案》的制定经过和推行成果

——访著名语言学家周有光先生

力　展

不久前,记者就《汉语拼音方案》的制定经过和推行成果,采访了著名语言学家周有光先生。今年已 90 岁的周有光先生依然精神矍铄,侃侃而谈。

问:1918 年公布了《注音字母》,为什么 1928 年又公布《国语罗马字》?有了《国语罗马字》,为什么又在 1958 年制定《汉语拼音方案》?

答:《注音字母》(注音符号)是汉字形式(民族形式),可以在国内使用,不便用于中外文化交流(比如印在名片上拿到外国去无人认识),为了方便中外文化交流,又公布了《国语罗马字》。但《国语罗马字》拼写法变化复杂,不便使用,所以 20 世纪 50 年代重订了《汉语拼音方案》。

问:有了《汉语拼音方案》以后,为什么不用《注音字母》了? 像台湾地区那样二者并用,不好吗?

答:用两套字母不如用一套字母方便。

问:《汉语拼音方案》的制定花了两年多的时间,遇到了什么困难和问题?

答:制定过程中遇到过很多有争论的问题,举两个例子。一、是否创造新字母,补充拉丁字母之不足? "草案"试用了几个新字母,经过实践,证明不便,后来去掉了。二、"基、欺、希"这三个字母如何拼写? 起初做了不同的尝试,最后采用"j、q、x"的写法,跟"哥、克、赫"(g、k、h)或"知、吃、时"(zh、ch、sh)明显分开,使全部声母都有各自的专用写法,互不相混。但是"j、q、x"的读音跟英文不尽相同,至今还有人反对。

问:"汉语拼音"是否来自苏联的《拉丁化新文字》?

答:"汉语拼音"的声韵母一半相同于《国语罗马字》,另一半相同于《拉丁化新文字》,标调符号来自《注音字母》。这是取三者之长而去三者之短。

70

20 世纪 50 年代，苏联已经放弃"拉丁化"而实行"俄文化"了。

问：中国的"拉丁化运动"是从苏联来的吗？

答："拉丁化"又名"罗马化"。第一次"罗马化（拉丁化）运动"来自美国，设计者主要是当时的留美学生，成果是后来公布的《国语罗马字》。第二次"拉丁化（罗马化）运动"来自苏联，设计者主要是留苏共产党党员，成果是《拉丁化新文字》，没有成为法定方案。汉语拼音从历史来看是这两次运动的延续。

问："拼音"和"拼音化"有什么区别？

答："拼音化"有广狭两义，把拼音用作正式文字是狭义的"拼音化"，这不是我国的语言文字政策。把"拼音"用于汉字注音、拼写普通话、做汉字不便做和不能做的事情，是广义的"拼音化"。

问：制定方案的时候，是否曾经主张采用拼音作为正式文字？

答：当时这种主张在群众中间很流行，但是政府没有采用这种主张。周恩来总理说得很清楚：拼音"是用来为汉字注音和推广普通话的，它并不是用来代替汉字的拼音文字"。

问：大陆和台湾地区的方案不同，您看将来能否和如何统一？

答：台湾地区用"符号第一式"和"第二式"，字母已经成为群众的常识。《注音符号第二式》对《国语罗马字》做了很大的修改，跟"汉语拼音"十分接近，将来协商统一是不难的。

问：拼音字母推行 40 年取得了哪些成绩？

答："拼音字母"在我国已经普遍用于辞书注音、小学教科书注音、汉语地名和汉语姓名的拼写，并且成为少数民族设计文字的基础以及盲人"汉语手指字母"的基准。这些都是划时代的语文新发展。

问：今后推行"拼音字母"应当做些什么工作？

答：现在使用"中文处理机"正在兴起，应当提倡小学生利用"拼音/汉字"变换法，输入连写的拼音语词，自动转换成为汉字输出。这跟日本的"假名/汉字"变换法相同，是先进的技术。充分利用"汉语拼音"帮助汉字输入，有利于中国快速进入信息化时代。

问：拼音使用太多，会不会影响对汉字的学习和使用？

答：不会。台湾地区早期也曾经害怕"注音符号"用多了会损害汉字。后来有一位教授写了一篇文章，说明"注音符号不会篡位"。今天已经不会有人怀疑字母和符号的好处了。

问:《汉语拼音方案》成为国际标准,这有什么意义?

答:在信息化时代,拉丁字母成为国际信息交流的公用符号,国际标准化组织给各国文字规范拼写法的国际准拼,方便了国际信息交流。以拉丁字母为文字的国家,以其法定的拼写法为国际标准。非使用拉丁字母的国家,都要规定标准的拉丁字母拼写法,作为信息符号,不作为正式文字。日文有两种方案,即"训令式"和"黑奔式",已经规定以"训令式"为国际标准。中文有"威妥玛"式、"国语罗马字"、"汉语拼音",经过多次国际会议,规定以"汉语拼音"为拼写汉语的国际标准(ISO 7098)。如果拼写法没有国际标准,国际信息交流将无法进行。例如,如果在奥运会上,一个人名有几种拼写法,如何报道比赛成绩呢?"汉语拼音"成为国际标准,是中国文化走向国际舞台的一个步骤,也是在国际上建设"信息高速公路"的一种准备。

(原载《语文世界》1995 年第 8 期)

百岁周有光和 50 岁的《汉语拼音方案》

余　玮

　　50 年前,即 1958 年 2 月 11 日,第一届全国人民代表大会第五次会议批准颁布《汉语拼音方案》。50 年来,作为拼写和注音工具,汉语拼音在发展科学文化事业等方面发挥了重要作用,显示出巨大的现实意义和旺盛的生命力。

　　周有光,著名语言文字学家,《汉语拼音方案》的主要创制人之一,中国语文现代化的倡导者,被誉为"周百科"和"汉语拼音之父"。周有光,1906 年 1 月出生于江苏常州,先后就读于上海圣约翰大学、江苏教育学院教师,国民政府经济部农本局重庆办事处副主任,新华银行派驻美国纽约和英国伦敦职员,上海财政经济学院教授,中国文字改革委员会委员、研究员和第一研究室主任,国家语言文字工作委员会委员、研究员,中国社会科学院研究生院教授、语言文字应用研究所研究员。历经了晚清、民国、新中国的朝代变迁,目睹了新中国翻天覆地的变化。

　　回顾《汉语拼音方案》制定过程,百岁高龄的周有光说:"汉语字母的诞生是一个难产的过程。汉字一直缺少一套字母。古时的反切法自然非常不利于识字教育。从 1918 年制定以古汉字为基础的注音字母,开始了表音的字母化过程。1928 年公布国语罗马字,采用国际通用字母。1958 年公布《汉语拼音方案》,继承和改进国语罗马字。1982 年,《汉语拼音方案》通过国际标准(ISO 7089)。我国的语文政策是,汉语拼音帮助汉字,不代替汉字。"

　　《汉语拼音方案》源于近代以来在中国开展的拉丁化新文字运动。中国的拉丁化新文字是 20 世纪 20 年代末 30 年代初在苏联创制的,为了给在苏联远东的 10 万华工扫除文盲,并在条件成熟时,用拉丁化新文字代替汉字,以解决中国大多数人的识字问题。于是,在苏联的中国共产党党员瞿秋白、吴玉章、林伯渠、萧三等人与苏联汉学家龙果夫、郭质生合作,研究并创制拉丁化新文字。

由于当时国民党政府的新闻封锁,拉丁化新文字在国内推行已是1934年。1934年8月上海成立了"中文拉丁化研究会",之后又涌现出许多推行拉丁化新文字的团体。拉丁化新文字具有不标声调、拼写方言、分词连写等特点,简单易学,适于在广大劳动群众中进行扫盲和普及教育。

中国是一个地域辽阔的统一的多民族国家,有非常丰富的语言文字和方言种类。全国55个少数民族中有72种语言,29个民族有自己的文字,共54种,其中25种还在使用。汉语就有七大方言区、100多个方言片。要建设这样一个国家,没有统一的、能适应现代化需要的文字语言,是不可想象的。因此,新中国成立后,文字改革问题很早就被置于国家工作日程的重要位置。

早在1952年,毛泽东主席到苏联时,就曾问斯大林:中国的文字改革应当怎么办?斯大林说,中国是一个大国,可以有自己的字母。毛泽东回到北京,指示中国文字改革研究委员会研究制定民族形式的拼音方案。此后,研制了多个民族形式的拼音方案,但意见不能达成一致。当时文改会主任吴玉章向毛泽东汇报民族形式的拼音方案难以研究后,毛泽东同意研究罗马字母,再提到党中央,得到批准,这才把精力放到罗马字母形式的拼音方案研究上来。

1955年10月,为了进一步规范简化汉字,提高认知率,中共中央决定召开全国文字改革会议,周恩来总理亲自点名邀请精通中、英、法、日四国语言的周有光参加会议。会后,中国文字改革委员会副主任胡愈之跟当时借调的周有光说:"你不要回去了,你留在文改会工作吧。"周有光笑了笑,说:"我不行,我业余搞点文字研究,是外行。"胡愈之说:"这是一项新的工作,大家都是外行。"不久,周有光接到通知从上海调往北京。

朋友们得到消息后,纷纷相劝:"经济学多重要啊,语言学可是小儿科。""哪里需要哪里去。"——凭着一份朴素的热情,在49岁的时候,周有光乐呵呵地扔下经济学,半路出家一头扎进语言学中。于是,经济学界少了一位金融学家,国家语言文字改革委员会多了一位委员、多了一位语言学家。

周有光回忆道:"中国文字改革委员会下面有两个研究室。一个叫第一研究室,研究中心是拼音化问题。第二研究室是汉字问题。领导认为我在汉字拼音方案过去发表过一些东西,另外我的主张还是有点道理吧,就让我主持第一研究室。这两个研究室是做具体工作的,下面还有小委员会。一个是汉语拼音方案委员会,我也是委员。"

事实上,拼音方案在重新设计之前已经有过两代人的努力。"中华民国成立第二年,当时的政府就开始制定注音字母方案,这是中国语文往前走的很重要的一步。这些工作是黎锦熙先生搞的,他是比赵元任更早的一批。到了赵元任,是第二代了,他们制定国语罗马字,就不用中国汉字方式的符号,而用国际通用的字母。"周有光说,到了20世纪50年代要重新设计拼音方案,赵元任的思想"对我影响很大,我们设计的拼音方案就参考了国语罗马字制定汉语拼音方案"。

当时拼音方案委员会一共有15个人,由几个大学的语言学家组成,不过主要是开会参加讨论。"文改会制定具体工作由3个人来做:叶籁士、陆志韦和我。叶籁士兼秘书长,比较忙;陆志韦要教书,还兼语言所的研究工作。我呢,离开了上海,没有旁的事情,就一心搞这个事情。我们3人就起草了第一个草案:汉语拼音文字方案。"

"我们在(20世纪)50年代,订《汉语拼音方案》的时候,一下子拿到600多份方案,后来又拿到1000份左右方案,然后又拿到1000多份方案,一共拿到的方案有3000多份。有人曾给我们讲笑话:你们太笨了,26个字母干三年。我今天回想:这三年时间花得还是很值得。事实上,直到今天还有人在提意见,而他们提的意见我们都研究过,几乎没有新的意见。今天就得到了这么点安慰。假如当初没研究好,有漏洞,就遗憾了,毕竟要弥补就很麻烦了。"

周有光说,汉语拼音采用的是罗马字母(拉丁文的字母),但它在20世纪50年代曾遭受过很多人的反对。有人认为:"中国有5000年的文化,几个字母还不会搞,干吗要用帝国主义的字母?"周有光举例说,仅"j、q、x"3个字母的制定就费了很大周折:"一开始不敢用这种特殊用法,反对的人很多。比如有人姓'齐',首字母是'Q',他就反对说,那他就变成阿'Q'了。我就说那英文中女王也是'Q'开头。"

1956年,国务院正式公布《汉字简化方案》和《关于推广普通话的指示》;1958年2月,全国人民代表大会通过了《关于汉语拼音方案的决议》,同年秋季开始,《汉语拼音方案》作为小学生必修的课程进入全国小学的课堂。

"汉语拼音方案通过以后,还是有争议。沈从文和我,都是一家人。我娶了张家的二女儿张允和,他娶了三妹张兆和。沈从文搞文学,要发展逻辑思维——在这上面我们是两条路，但我跟他很亲近。他一开始非常反对拼音，不赞成我搞拼音，说中文怎么能用拼音来写呢，中文应该是一个个字写出来的。用外国字来帮助拼音，那是中国人写外国字。不过后来我用具体事例说服了他，让他知道我们要搞中国语言文字现代化。当时我带他在打字机上做实验。用打字机，打拼音，中文字一下子就出来了。沈从文看了以后，就觉得拼音可以用了，也就不反对了。"

1969 年，周有光被下放到宁夏平罗远郊的"五七"干校。去干校不能带研究资料和参考书，不愿让头脑闲置的周有光灵机一动，带上了二三十本各国文字版本的《毛泽东语录》，还随身带有一本《新华字典》。"其间，我过了整整一年的农民生活，我觉得很有意思，还有好处。我容易失眠，到了宁夏去种田，没有脑力劳动，体力劳动竟把我的失眠症治好了，所以看似不好的事也有好的一面。"他说，在干校时期最大的收获是"要能够适应不好的环境。你不要着急，不要失望，遇到任何坏事情，你要稳定，要安定，同时要保留积极的思想，不要消极"。

当年，65 岁的周有光和 71 岁的教育家林汉达被派去看守高粱地，两位老先生仰望天空，热烈讨论中国语文大众化问题。一次，林汉达问："未亡人""遗孀""寡妇"哪种说法好？周有光开玩笑回答：大人物的寡妇叫遗孀，小人物的遗孀叫寡妇。又说，从前有部外国电影，译名《风流寡妇》，如果改为《风流遗孀》，观众可能要减少一半……讨论逐渐深入，最后一致同意，语文大众化要"三化"：通俗化、口语化、规范化。两位老先生高声地交谈，好像对着几万株高粱在演讲。

直到 1971 年"九一三（林彪叛逃）事件"发生后，周有光才自"五七"干校返京。

1979 年 4 月，国际标准化组织在华沙召开文献技术会议。周有光在会上代表中华人民共和国发言，提议采用"汉语拼音方案"作为拼写汉语的国际标准。1982 年，《汉语拼音方案》成为国际标准，开辟了中国文化流向世界的一条通道。

随着中国的和平崛起，一股"汉语热"正在世界五大洲冉冉升起，不少国家从中学生就开始通过拼音学习中文，而且进步很快。这就不能不感激半个世纪前汉语拼音的主要设计师周有光。近几十年来，周有光把大部分精力投入现代汉字学及语文现代化的研究中。

在采访的过程中，周有光从身后的小书架上取下一本书给记者看。这是《中国现代语言学家传略》,里面收入了包括周有光在内的许多知名语言学家的传略。"现在,收在这本书里的好朋友和同学全走了,离开了这个世界到八宝山去了,只剩下我,"周有光风趣地说,"中国有句老话,叫作'长命百岁'。100 岁是人的生命的极限,超过极限是有的,但那是例外,我自己一不小心已身处例外了。上帝糊涂,把我给忘了……不叫我回去!"

周有光是五代单传,年轻时得过肺结核,患过忧郁症,结婚时算命先生说他只能活到 35 岁。可是他今天已是百岁人瑞了。老人 80 岁的时候身体状况还非常好,行动十分灵活,经常坐电车出去买东西,85 岁那年才从工作岗位上退下来。老人的生活十分新潮,喝"星巴克"咖啡,看《特洛伊》大片,用电脑打字发"伊妹儿",时尚不落当代青年。

"我 97 岁去体检,医生不相信,以为我写错了年龄,给我改成了 79 岁。医生问我怎么这样健康,我说这要问医生啊。"谈到自己的养生之道,他说:其实也无秘诀,不过生活应有规律,心宽体胖。"有些人常常为小事吵架、生气,我认为没有必要生气。德国哲学家尼采说得好,'生气都是拿别人的错误惩罚自己',人家做错了事情,我生气,不是我倒霉吗?"

周有光是中国语言学的权威,但他从来不居功自傲,更不争权力、要待遇。他曾写了一篇周氏"陋室铭":"山不在高,只要有葱郁的树林。水不在深,只要有洄游的鱼群。这是陋室,只要我唯物主义地快乐自寻。房间阴暗,更显得窗子明亮。书桌不平,更怪我伏案太勤。门槛破烂,偏多不速之客。卧室就是厨房,饮食方便。书橱兼做菜橱,菜有书香。喜听邻居的收音机送来音乐。爱看素不相识的朋友寄来文章。使尽吃奶气力,挤上电车,借此锻炼筋骨。为打公用电话,出门半里,顺便散步观光。仰望云天,宇宙是我的屋顶。遨游郊外,田野是我的花房……"

告别时,老先生坚持要送记者到门口、下楼梯。记者回头仰望,百岁高龄的老先生并没有半点老迈之态、衰惫之容。难怪老人说:"上帝把我给忘了!"

（原载《传承》2008 第 4 期）

周有光:字母的故事

王登峰　祝丽华

　　会议结束后,时任复旦大学经济学教授的周有光正准备赶回上海上课。突然他接到一个通知,让他留在文改会。

　　有人说,周有光的生命之曲分为上下两阕——作为经济学家的周有光和作为语言学家的周有光。求学之初,因为觉得中国是个大国,必须掌握国际贸易的那套规范、技术,他选择了经济,一边在大学教书,一边投身银行界。新中国成立后,因工作需要,周有光转行搞文字改革。当时,他50岁。多年后,读小学的孙女笑他:"爷爷,你搞经济半途而废,搞语言半路出家,两个'半',合起来是一个'0'。"

　　1956年,周有光是复旦大学经济研究所和上海财经学院的教授。一个著名的经济学家,为什么会改行研究汉语拼音呢?这源于周有光的一项业余爱好。1923年,17岁的周有光考入上海圣约翰大学,这是一所由美国人创办的教会大学。入学报到的第一天,周有光发现了一件有趣的事情。

　　这一天,周有光去大学注册。注册的时候,年轻的周有光得到了一个小卡片,卡片上面除了写上学生个人的中国名字,还有一个拼音。为什么呢?原来,这是这所学校一种独特的管理方式——用字母来管理。于是,周有光就碰到了一个新的东西——"字母管理法"。

　　在圣约翰大学图书馆,学校通过字母管理法来管理图书。因为汉字缺少一个严密固定的排列次序,人们要从一长串名单里寻找一个书名是一件很困难的事情,而这种用26个罗马字母和阿拉伯数字混合排列的方式,简单有效地解决了这个难题。年轻的周有光仅仅是作为一种兴趣,开始研究起字母的问题,但是他没有想到,这竟然成为他后来一生为之奋斗的学术之路。虽然老本行是经济学,但在中国语言文字界,周有光可是响当当的人物。新中国成立前,周有光就曾在上海参加过推广拉丁化新文字的活动。

1954 年,一直对语言文字感兴趣的周有光,又利用业余时间撰写了《字母的故事》。这本书很薄,但笔调活泼,深入浅出,把字母的起源、发展与传播讲得清清楚楚。毛泽东对这本书也产生了浓厚的兴趣。

1955 年 10 月,周恩来总理亲自点将,邀请经济学家周有光参加全国文字改革会议,那时的周有光还是经济学领域的一位著名专家教授。文改会议结束后,周有光打算立即赶回上海。周老告诉我们:"开完了文改会,我赶快要回去啊,因为去上海我要教书……上面领导说,你不要回去了,新成立的中国文字改革委员会需要人,你留下来吧!"

"当时我说,不行啊!语言文字我是外行,就是业余搞搞。可是,吴老说,这是一项新工作,我们大家都是外行。"回忆往事,周老再次哈哈大笑。多次的采访中,老人的笑给摄制组留下极其深刻的印象,他是一位非常爱笑的学者。

1954 年,在拼音方案小组的委员们对"何谓民族形式"争论得不亦乐乎的时候,周有光发表了一篇名为"什么是民族形式"的文章。50 多年以后,当记者再一次向这位百岁老人提及此事时,他依然清晰地记得自己当时的观点:"民族形式的形成,要经过一个习惯培养的时期。经过培养,胡琴可以变成国乐,旗袍可以变成汉服,外来的字母可以变成民族字母。对于英语来说,拉丁字母也是外来的字母,用它来拼英语,便成了英国的民族形式了。汉字的形式不适合字母要求,世界上最通行的是拉丁字母。我们与其另起炉灶,还不如采用它。"他认为,罗马字母是英国用的,英文字母,英国人以为这个字母是英国的民族形式,中国人以为它是英国人的字母,实际上不是的。这套字母是古代创造的,在罗马帝国的时候就用这套字母,那到现在算起来,已经一千多年了。开始这些字母是外面来的,用惯了就以为是自己的了,所以说这个国际形式,你用惯了就变成民族形式了。

周有光的观点得到了拼音方案委员会的认同。语言学家们一致认为,如果新的书写符号更好地服务于汉语,那只会让民族形式更加巩固。

周有光的独到见解引起了吴玉章的重视。全国文字改革会议以后,他便被吴老留下了。当时,周有光已经 50 岁,而且在经济学界早已卓有成绩。此时选择改行,他的想法很简单:"那个时候有一个口号,叫'哪里需要到哪里去'。中国很大,好多方面都缺少人。这样子我就同意留下来。"

文改会有两个研究室,第一研究室以研究汉语拼音方案为中心,第二研究室主要研究汉字简化。周有光被分配到第一研究室,主要参与制定《汉语拼音方案》。

周有光到文改会后不久,汉语拼音的研制发生了变化。

（原载《汉语拼音50年》语文出版社,2010年版,第58—61页）

谈汉语拼音走向世界[*]

周有光　陈明远

一、谈汉语拼音走向世界

客：请问周老师，在全球化的今天，当代中国教育必须走向世界，汉语拼音在中国教育走向世界的过程中，能够发挥怎样的作用？

主：中国人需要一个汉语拼音方案，这个事情在清朝末年就提出来了，到 1918 年制定了一个方案，叫作"注音字母"，这个方案台湾地区现在还在用，大陆不用了，不过在大陆的字典上还都有。后来经过好多次的转折，到了中华人民共和国成立以后，1958 年又制定第二个重要方案，就叫"汉语拼音方案"。这个方案不是用汉字做工具的，而是采取国际通用的字母。制定了这个方案以后，推行情况非常顺利。这个拼音字母不是代替汉字的，而是来帮助汉字的，这是很重要的一点。拼音字母让国内广大的群众，特别是文盲群众能够从文盲的状态走进中国的文化。所以，有人说拼音字母在中国国内是一把文化的钥匙，有了这把钥匙就可以开这个文化宝库之门。在国际上，它是一个桥梁，使中国文化走到外国，使外国文化也走到中国，没有桥梁单是用汉字就不方便。不是用字母来代替汉字的，而是用字母来帮助汉字，今天中国文化要走向世界，必须让汉字走向世界，汉字走向世界需要拼音来帮助。所以，有人说拼音是小儿科，可以做一个比喻，我们开的汽车有

<hr>

*　节选自《百岁学人周有光先生谈话录》之五、之六两个部分，之五的标题为"谈汉语拼音走向世界"，之六的标题为"旧事重提"，今以之五标题为题。

一个很复杂的结构，可能还有一件小事情，就是润滑油，任何机器要开动都需要润滑油，我说这个拼音就是一个润滑油，使机器开起来方便。

客：《汉语拼音方案》是我们学习汉字的钥匙。但是和书法的历史相比，汉语拼音出现的时间并不长。您认为在中国教育史和世界教育史上，汉语拼音处于什么样的地位呢？

主：汉语拼音的第一个作用就是拿来给汉字注音。在汉语拼音制定的20世纪50年代，中国的人民大多数是文盲，那个时候只有20％是识字的、有文化的人，80％是文盲。要使文盲进入文化领域，当然要做许多工作，有一个问题就是要识汉字，当中有一个最主要的问题，就是汉字怎么念。本来一个字不会念就要问老师，这是不方便的，老师念出来的声音，各人不同，有了《汉语拼音方案》就把汉字全部统一起来，有一个标准，这样就方便中国国内的文盲进入文化领域。对于知识分子同样有用处，不仅可以拿来认字，还能帮助做文化工作，这个工作各方面都在发展。最近的发展就是大家都用手机，手机可以打短信，怎么打短信呢？打了拼音立刻就变成汉字，假如没有拼音用手机就不方便了。在这个信息化时代，拼音使汉字文化能够走上电脑，走向手机，同时让我们与外国联络方便。

客：汉语拼音的发明让我们更加方便认识中国博大精深的文字，而且使我们日常生活更加方便了。很多同学们，有美国的留学生和日本的留学生，他们想问一下：东西方教育的差异对人生的成长有怎么样的影响？周老有在外国留学的经历，请周老谈一谈自己的这种经历，接受中西方不同文化的教育，对您的人生有什么影响呢？这对我们的学生是有很大借鉴意义的。

主：文化是一个运动的东西，它不是一成不变的，有的时候变得很快，有的时候变得慢一点儿。假如我们回顾过去2000年的欧亚大陆的文化，原来有好几个中心，有好几个文化摇篮，后来慢慢合并了。合并起来，到中国汉唐以后就变成了四个地区文化，一个是东亚的，以中国文化为中心，以汉字为中心。另外一个是南亚的，以印度为中心，以印度教为中心。还有一个西亚的，以阿拉伯文化为中心，以伊斯兰教为中心。这三个都是亚洲的，东亚、南亚、西亚，这三个地区文化区域合起来叫作"东方文化"。

另外，在欧洲的西部，西欧文化也是一个地区的文化，后来发展到美国，后来发展到美洲，就叫它"西方文化"。西方文化主要包括西欧和北美，东方文化包括东亚、南亚和西亚。这一两千年的文化就成为四个地区文化。到了后来整个人类历史发生了变化，叫作"全球化"，文化就跟着全球化，这个全球化文化是怎么发生起来的呢？全球化人类相互往来多起来了，文化也就相互流通起来了，我学你，你学我。后来四个地区中文化优秀的部分、有用的部分、大家承认的部分，就变成一种文化，这一种文化叫作"国际现代文化"。

客：国际现代文化是不分国家的，也不分东西的。地区文化是分东和西的。

主：我举一个例子，我们都点电灯，电灯本来是美国发明的，这是西方的文化，现在连非洲都用电灯了，今天这个电灯那么普遍，电灯变成一个世界性的文化，而不仅仅是西方文化。不只是这一件事情，许多事情都是这样。东方有好多东西也变成了世界性的，譬如，瓷器、纸张是中国发明的，到了全世界都用的时候，我们就不能说瓷器、纸张是中国的，而应该说这是世界的东西，而且现在纸的制作方法改进了，这是外国改进的。

文化变成两个层次，上面一个层次就是全球性的，大家都一样的，它最重要的内容就是科学，科学包括自然科学和社会科学，这是大家承认的，这是一个层次。

另外一个层次，地区的文化叫作"传统文化"。传统文化仍然存在，并不因为国际文化发展了，地区文化、传统文化就没有了，传统文化跟国际文化，一般来讲是没有矛盾的。汉字书法是中国的传统文化，不仅仅中国喜欢，外国也喜欢，这是中国的，东亚的文化。

有许多东西都变成世界性的了。比如说我们数学上用的阿拉伯数字，这不是阿拉伯人发明的，是印度人发明的，阿拉伯人把这叫印度数字，传到西欧去了，西欧人就叫它阿拉伯数字，后来传到中国，仍然叫阿拉伯数字，实际上是印度数字，可是今天因为全世界都用阿拉伯数字，就变成世界性的。所以，国际现代文化是这么一种情况。

地区文化在变，有的东西在慢慢萎缩，有的在发展。过去的文化也是这样子，有的在发展，有的在萎缩，它是两个层次，是相互帮助的，不是相互排斥的，是这么一种情况。这是一个简单的说明，全世界的人都生活在双文化当中，什么叫"双文化"？我们既是在利用国际现代文化，又是在利用本国的，本地区的传统文化，显然是在双文化时代，不是在单文化时代了，全球化时代已经是越来越明确的事情。

客：刚才听您一番话，觉得文化差异是必然，融通、汇合这是趋势，世界的趋势一定是从差异逐渐走上融通或者同一，这个是我们看到的前景。我们相信,这个趋势是和谐的,共同享受文化。我们是坐字行文,文以载道,比方说毛笔,现在还有用吗? 从实用性上看是在减弱,毛笔被钢笔代替了,钢笔被电脑代替了,用什么来操作呢? 都是手,能不能说毛笔被代替了、消失了? 将来电脑不一定变成什么,手要变成什么? 现在电脑很普及,各种输入法很便捷,还有必要让孩子去学书法吗?

主:应该形成规范,这是素质教育的一课,不是要使用它,而是通过它来教育人们在素质上有更大的提高。

客:拼音的用处还在扩大,推广汉语拼音的目标是否就是为了实现汉语西方化,汉语拼音的字母与英文的字母有什么差别? 这与我们现在都在推广学习英语是否有同样的目标呢?

主:中国的注音字母是 1918 年制定的,现在已经废除了。人们对拼音的作用往往有些误会,有的人以为推广拼音字母是要消灭汉字、代替汉字了,要搞拼音文字了,有些人有这个看法,有些人对这个问题进行学术研究,那都是可以的。但是国家政策是非常明显的,我们有《语言文字法》,汉字是我们的文字,拼音是拿来帮助我们使用汉字的。我们的文字现在只有汉字,拼音是一个工具,这个工具是帮助汉字,使汉字用起来更方便,所以这个误会是可以通过解释消除的。有的人反对也可以反对,那都是学术争论,跟国家的政策没有关系,国家的政策非常明显,拼音不是文字,可是拼音有用处。

客:我们现在就是用汉语拼音打字,到网上发表看法,衷心地感谢您发明了汉语拼音,获益的是我们中国人民。对目前世界范围内的"汉语热",周老师怎么评价呢? 是汉语的春天还是昙花一现?

主:汉语言的发展照我来看是一个自然过程,中国从清朝末年就进入了一个从旧时代到新时代的转变过程,这个过程走得非常慢。日本很快就转过来了,中国很慢才转,而且过程并不顺利。到现在,情况大变。这个过程转的时候有几个大问题,一个问题是,中国是农业国家要变成工业国家,清朝末年提倡工业化,洋务运动就是要搞工业,可是搞不成功。工业化一直到改革开放以后才顺利,今天中国变成世界的大工厂了,这是由于改革开放,引进外国的企业,很快我们就发展了,这是一个很大的变化,使中国向世界化、全球化迈进一大步,这是一个非常重要的变化,我国还在这转变的过程中,还没有走完。

客:有人曾经提议过中、日、韩三国统一汉字,您对这一点有什么看法呢?

主：我觉得中、日、韩本来是一家人，各有各的发展，有一些差异是必然的结果，将来更亲近的可能性很大，至于说是否发展成一种语言、一种文字，不做这个设想。汉语要变成世界性的语言，恐怕要相当长的时间。

客：东西方教育产生这个差异的原因，除历史传承有别外，和彼此的竞争环境强度是否有关？

主：东西方的文化要从世界眼光来看，跟刚才讲的这个"汉语热"也有关系。中国有很多方言，比如我小时候读书，不仅读文言，而且还是用当地的方言来读的，中国的一个方块字在上海是一种念法，跟北京不同，跟广州也不同，是不统一的。要从方言到共同语，就是全国讲一种语言。一个日本人说：我来到中国遇到了很多事情，给我写出来的是"日"字，"riben 人"到了东北去他叫"yiben 人"，我到了上海成了"Sheben 人"。那个时候，在外国，一个上海人，一个广东人，一个福建人碰在一起，都要讲英语，不能完全中国化，这是非常糟糕的事情。广东人、香港人今天到北京来旅游还要英文翻译，这是不正常的，一个国家的语言不通不行，什么叫现代国家？现代国家有许多条件，首先一个条件就是要有共同语。

我 1933 年到日本去，起初以为日本的东京和西京的语言是一样的，之后我发现是不一样的。后来日本很快就统一了，不是说不要方言了，而是要有共同语，"国语"两个字是从日本来的，全国的共同语言是从日本开始的。清朝末年要办新式的教育，中国的教育领导就跑到日本去请教，日本人就告诉我们：你要搞新的教育，第一件事就是推广国语。到了 1955 年，我们开全国文字会议的时候才把"国语"改成"普通话"，名称改了，内容没有改。

在中国（20 世纪）50 年代的时候，我们推广共同语还是很困难，甚至还有人反对。大家没有对共同语的理解，要推广共同语很困难，可是后来电视越来越发达，我们全国的普通话的推广工作，一直到了（20 世纪）90 年代才很快推广开来。今天已经没有问题了，现在的情况已经大变，所以我们国家推广共同语不是一个简单的事，从清朝末年到现在，花了很长的时间才达到这个标准。

显然，全球化以后发生第二个问题，中国人要出去，外国人要进来，我们办奥运会，奥运会中有许多种语言。国际上，联合国差不多有两百个国家，要讲两百种语言行不行？那当然不行，联合国就搞五种语言，英语、法语、西班牙语、汉语、俄罗斯语，在联合国使用五种语言还是不方便。在（20 世纪）80 年代我到纽约，联合国许多国家的工作人员都讲各种语言，语言问题是一个大问题。联合国有一个工作人员语言学会,我到他们学会做了一次演讲,我问一位工作人员:联合国五种工作语言,哪一种用得多一点儿,哪一种用得少一点儿,你们有没有统计? 他说有统计,我可以告诉你,我们这个统计数目不保密,但是不宣传,因为宣传出去人家有的不高兴。他告诉我,当时联合国用的语言 80% 是英语,15% 是法语,4% 是西班牙语,剩下的 1%,这 1% 里面有俄语、阿拉伯语、汉语,而汉语最少。那是(20世纪)80年代,今天变成什么样我不知道。

整个世界,语言问题发生一个很大的变化,不能你讲你的话,我讲我的话,一定要有一种大家讲的话才方便。譬如,改革开放以后,我差不多每年都要出去几次,参加国际的会议,用什么语言呢? 每一次组织人都公布说:我们指定用英语,谁不懂英语有人在旁边翻译,不到讲台上翻译,这样节省时间。所以,英语就变成通用的语言了。从语言学的角度来看,今天整个世界的语言有几个层次,第一个层次,就是需要一种国际共同语,这个国际共同语开会定是不行的,实际英语已经成为国际共同语。法语一向是欧洲的共同语,在第一次世界大战之前,外交开会都是用法语,国际条约也都是用法语,我们这一次开奥运会用法语,为什么呢? 因为奥运会一早就定了,很早的时候就是用法语,今天已经变了,可是章程没有改,所以这次法国人就跟中国人商量,章程没有改,中国人答应法国人用法语,法国人给了我们一笔钱。

我们这个奥运会时间不是很长,用法语没有问题。

欧盟遇到了一个最大的困难就是语言问题,因为法国人不赞成用英语,法国今天还继续跟英语在争国际共同语的地位。

英语的地位越来越普遍。比如印度支那,都用法语,可是印度支那参加了东盟,东盟是用英语的,所以印度支那都改用英语了,法国人很不舒服,失去了一个法语区。

英语用得越来越普遍,这是很自然的,就像我们国内普通话越来越普遍一样,因为不用普通话不方便,这完全是一个方不方便的问题。自然的趋势,一方面发生了共同语,另一方面在地方方言还是存在,可是方言的作用是小区域用的,大区域都用共同语。国际上也是这么一个情况。

中国是一个人口最多的国家,我们的文化也是古老的文化,我们的文化底子非常厚,在这个情形之下,外国人跟我们打交道需要一些文化,有什么用处呢? 我在国内国外问了许多人,归纳起来是这样子。中国经济发展起来,外国跟中国做生意的越来越多,做生意当然得用英文来订合同,但是你跟中国做生意,不懂中文就吃亏了。德国人很聪明,德国人到中国来不用德语,用英语。德国人到中国来都会学中文,假如学不好中文,就找一个中国人做他们的工作人员,所以跟中国人做生意除英语之外,还要用汉语。

中国的地位在发展,以后学汉语的人会越来越多。虽然发展了,我们的汉语还是汉民族的语言,跟英语是不能比的,英语已经成了一个世界性的国际共同语,它得到这样一个地位经过了400年。许多人说汉语要变成世界语言了,这个希望是很好的,但是你要达到这个希望,你要跟英语竞争,恐怕要相当长的一个时间。

二、旧事重提

客:2008年,《汉语拼音方案》已公布50周年。如何纪念这个50周年呢?

主:我看,最好的纪念方法就是不声不响地让拼音发挥更多作用。

客:媒体一再报道,国外掀起"汉语热"。"汉语热"意味着什么含义呢?是否像某些报道所说的那样,汉语将代替英语成为世界第一语言?拼音在这里起着什么作用?

主:为了跟中国这个巨大市场做生意,为了研究5000年的中国文化,为了到中国来看看这个世外桃源,越来越多的外国人想要学习汉语,这是一个不断上升的自然趋势。不论方言分歧,以人口多少来排队,汉语早已是世界第一语言了。这不等于说,汉语将取代英语,成为国际共同语。"汉语热"不会改变汉语是"中国和全世界华人的共同语"的地位。拼音已经成为外国人学习汉语不可少的工具。汉语热,拼音跟着热。这一点,外国人比中国人了解得更清楚。

客:20世纪末,美国国会图书馆把70万部中文图书的编目改成拼音,是否可以说世界各国的主要图书馆都采用拼音了?

主:美国国会图书馆改用拼音,影响极大。世界上有哪些图书馆采用拼音编目,没有调查过。国内图书馆有哪些采用拼音编目,也还不知道呢!

客:拼音在哪些方面的应用取得了显著的成功?

主:大致说吧,小学生入学先学拼音;字典、词典、百科全书,用拼音字母注音和编序；出国护照上的汉语姓名都注明拼音；电脑上输入拼音、以词和词组为单位，自动变成汉字，不用拆字编码；新加坡采用拼音，影响了东南亚；联合国采用拼音，并以拼音为拼写中国地名的标准。诸如此类的应用都取得了显著的成功。

客：在国内国外多方面的应用中，哪一种应用的意义最大？

主：拼音是国内的文化钥匙，国际的文化桥梁。全国小学生都学习拼音，这是现代教育的重大革新。拼音正在帮助中国进入全球化时代。

客：有人说，外国人重视拼音，中国人轻视拼音，甚至限制拼音的应用。小学课本不许分词连写。这是怎么一回事？

主：有人认为，小学课本上的拼音只可音节分写，不可按词连写，连写了就成文字了，违反"拼音不是文字"的规定。其实方案中就有按词连写的例子，例如"ertong"（儿童）。这个问题要慢慢来改变认识。

客：为什么一定要分词连写？越南拼音文字不分词连写，不是也行得通吗？

主：我们看书，心中默读"中华/人民/共和国"，不可读成"中/华人/民共/和国"。这叫"分词连读"。"分词连写"是"分词连读"的自然反映，有多方面的实用，例如在电脑上，连写方便输入拼音自动变成汉字，大大减少了同音选择。

客：拼音字母有人叫它"罗马字母"，有人叫它"拉丁字母"，为什么不统一称呼？

主：这套字母来源很古老，罗马帝国用作文字，后世称"罗马字母"。罗马帝国的语言是拉丁语，文字是拉丁文，所以又称"拉丁字母"。称呼不统一已成国际习惯，难以更改。

客：今天提倡弘扬华夏文化，是否跟利用拼音相抵触？

主：拼音要证明能为华夏文化服务，而且是弘扬华夏文化的得力助手，这才能争取大家喜欢拼音。例如：要证明，用拼音给汉字注音，比反切好；要证明，出国印名片，汉字加拼音，名片才管用；要证明，电脑输入拼音能自动变成汉字，不必记忆字形编码。如此等等，要做宣传工作。

客：新中国成立初期，为什么用了不少功夫制定民族形式方案？

主：我听说，毛主席到苏联曾问过斯大林：中国改革文字应当如何办？斯大林说，中国是一个大国，可以有自己的字母。毛主席回来后，当时的文字改革研究委员会开始制定民族形式方案。后来吴玉章向毛主席报告，制定了几种民族形式方案,都不理想,还是采用罗马字母好。毛主席同意了,又经党中央通过,才采用罗马字母。

客:当时您对字母形式问题,表态没有?

主:1954 年,我写了一本小书《字母的故事》,略述世界古今字母历史,提供选择字母的参考。毛主席的秘书曾来取去这本书。

客:听说,方案公布之后,您发表了《从胡琴是国乐谈起》,说明罗马字母可以成为中国字母,这篇文章引起刘少奇的注意?

主:刘少奇说,"胡"也可能是少数民族,不一定是外国。

客:制定的那些民族形式方案是个什么样子?

主:可惜资料在"文革"中都毁了。依稀记得,有三个主要的民族形式设计:1.以丁西林为首的设计,用全新的汉字笔画式音素字母。2.以黎锦熙为首的设计,是改良注音字母而形成的音素字母。3.以郑林曦为首的秘书组设计,是汉字笔画式音素字母,可以组合成为声韵双拼。加上一个俄文字母式设计,曾经非正式地在 1955 年全国文字改革会议上传看。

客:注音字母算不算民族形式?

主:如果汉字形式就是民族形式,注音字母当然是民族形式。

客:那么为什么不沿用注音字母而要另订方案呢?

主:当时关于方案有三种意见:1.原来提倡注音字母的人们要求改进注音字母;2.原来提倡国语罗马字的人们要求改进国语罗马字;3.原来提倡北方话拉丁化新文字的人们要求改进北方话拉丁化新文字。大家都不满意旧有的方案。

客:您写过文章说,民族形式是在长期使用中形成的心理习惯,新的设计难以得到大众承认。现在您还是这个看法吗?

主:罗马字母原来是罗马帝国的民族形式,国际上用开了就成为国际形式。英文字母是英国的外来字母,用久了就成为英国的民族形式。

客:从技术观点看,是民族形式好,还是国际形式好呢?

主:民族形式容易适合不同的语言特点,国际形式便于国际流通。比如谚文字母适合朝鲜语的特点,但是一离开朝鲜便无人认识。

客:有文章说,采用俄文字母也是当时的一种选择?

主:听说,苏联副总理来到北京,对陈毅副总理建议采用俄文字母。陈副总理说,中国熟悉罗马字母,为了方便跟东南亚华侨和世界各国交流,罗马字母比较合适。

客：您的文章说，古代中国有书同文，今天世界有书同字母。这是什么意思？

主：秦并六国，需要全国性的文字。全球化时化，需要世界性的字母。二战后许多新独立的国家创造文字都采用罗马字母，无一例外。电脑网络上需要共同使用的媒介字母，这是技术设计，不是正式文字。

客：你们研究的"罗马字母国际读音表"，为什么没有发表？

主：设计罗马字母拼音方案，要以罗马字母国际读音为依据。当时我请彭楚南主持这一研究，费了很大工夫，编成一个"罗马字母国际读音表"。我把读音分为三个层次：第一层次是"基本音域"；第二层次是"引申音域"；第三层次是"罕用音域"。例如：b、d、g 读浊音属于基本音域，读清音属于引申音域；j、q、x 读"基、欺、希"属于罕用音域。这是一项有价值的字母学研究课题。由于许多国际音标不便排印，没有发表。资料在"文革"中被毁了，彭楚南被错划为右派。

客：当时是不是很多人主张声韵双拼？

主：声韵双拼设计，主要来自群众。当时文改会收到群众来信 800 多件，其中有不少双拼设计。双拼有传统，清末卢戆章和王照的设计都是双拼，要用 60 多个字母。注音字母改为三拼（声介韵），打破双拼传统，字母从 60 多个减少到 37 个。国语罗马字采用音素化原则，放弃双拼传统。

客：放弃双拼，是否是为了采用罗马字母？

主：罗马字母也可以双拼，那要一母两用，在左为声，在右为韵，单独字母不能定音。这个办法后来在"带调双拼"的盲字中应用，实践失败。

客：国语罗马字由著名学者们设计，为什么传不开？

主：国语罗马字的特点是以拼法变化表示声调，这很巧妙，缺点在繁复，不利推行。

客：北方话拉丁化新文字为什么也被放弃了？

主：因为它过于简单，不能满足多方面的实用要求。

客：原草案有六个新字母，为什么都放弃了？

主："原草案"是最初的草案，只在有限范围内征求意见。其中没有新字母，而是用了几个"双字母"和"变读法"。由于语言学家们主张"一音一母、一母一音"，就改用了六个新字母，后来作为"草案"发表出去，公开征求意见。新字母不受欢迎。邮电部门说邮电需要国际流通，新字母不能国际流通。

客：可是 ü(u 上加两点)算不算新字母？这个字母不方便，可否改写为"yu"？

主：原"草案"写作"y"(迂)；国语罗马字写作"iu"(yu)。"y"的作用太多，"iu"是双字母，这两种都不受欢迎。"迂"是一个重要元音，需要有一个独立字母来表示，于是采用德文的"ü"(u 上加两点)。可以改写，作为权宜之计。

客：修正草案为什么分甲、乙两式？

主：分甲、乙两式，可以广泛征求群众的不同意见。主要分别在"基、欺、希"的写法上：甲式写法接近国语罗马字；乙式写法接近北方话拉丁化新文字。后来放弃"变读法"，改为独立字母，遵从注音字母用独立字母的原则。

客：原草案被称为"汉语拼音文字草案初稿"，对吗？后来发表的"草案"为什么把"文字"两字删除了？群众要求有一个"文字方案"。

主："拼音"不可能一步登天成为"文字"。"拼音"不是"拼音文字"，这是国家的政策。这个政策切合实际。

客：制定《汉语拼音方案》是中国的事情。为什么要定为国际标准呢？

主：汉语拼音方案既是中国的事情，也是国际的事情。世界各国跟中国往来，都要利用拼音作为媒介。过去一个地名有多种拼法，"北京"拼成 Peking，Pekin 等。"鲁迅"有 20 种拼法，外国人以为是 20 个不同的人。地名拼法不标准，对国际航空往来极为不便。人名拼法混乱，对图书馆编目不便，对人员国际往来不便。国际标准化组织给每一个国家的语言规定了一种罗马字母的标准拼法，作为国际交流的公用媒介，这是全球化时代的需要。《汉语拼音方案》定为拼写汉语的国际标准(ISO 7098)，使中国有了一座通往国际的文化桥梁。

客：您过去写文章说，从中国到欧洲有一条丝绸之路；从欧洲到中国有一条字母之路。字母之路，崎岖漫长，险阻重重。现在不是畅通了吗？

主：通了，但是还不能说畅通。从历史来看，明末外国人开始用罗马字母给汉字注音，民国初年公布注音字母，不久又公布国语罗马字，1958 年公布《汉语拼音方案》，1982 年成为国际标准。东亚的汉字和西欧的罗马字母，东西十万里，上下 3000 年，"风马牛不相及也"，现在竟然两相偎依，如影随形。历史的发展，使人惊叹！

三、续谈

主：一位朋友看了我的《旧事重提谈拼音》，又看了青年朋友谈话的原始记录。他说："你把原始记录的大部分都删掉了，树叶削光，只留树干。"我说："稿件不宜太长，删掉了许多过时的话。"他说："过时的话，对新一代青年来说，可能仍有参考作用。"他选择部分可能仍有参考作用的过时的话，成为这篇《续谈》。

客：汉语拼音方案的三原则，拉丁化、音素化和口语化，您是怎样提出来的？

主：设计方案需要规定范围，以免无所适从，三原则就是规定的范围。

客：为什么又加上"三不是"：不是汉字拼形方案而是汉语拼音方案，不是方言拼音方案而是普通话拼音方案，不是文言拼音方案而是白话拼音方案？

主：为了说明拼音方案不是万能的，而是功能有限的。

客：您把拼音字母比作润滑油，外国留学生说它是进入中国文化宝库的"芝麻开门"。是否低估了拼音字母的价值？

主：润滑油和芝麻都微不足道。微不足道而到处有用，这就是拼音字母的不平常。

客：从文化史来看，拼音方案有什么价值？

主：世界各地区的文化不断交流。在全球化时代，文化交流将越来越频繁。注音字母只能做国内的文化钥匙，拼音字母还能做中外文化交流的桥梁。这就是拼音方案在文化史上的价值。

客：方案规定，字母"i"有三种读音：元音"i"（衣）之外，还表示"知、蚩、诗"和"资、雌、思"的两个韵母。有人主张分成三个各自独立的写法，您怎么看？

主：我们做了多种试验，认为"一当三用"最为方便，也符合十三辙的原理。你不妨再去试验试验。

客：把调号加在"iu"和"ui"的后一字母上，这合理吗？

主：这不是方案委员会的规定，而是群众的习惯写法。

客："知"的声母"zh"出现频繁，不经济，也不符合国际习惯。为什么不改为"j"？

主："j"已经用作"基"的声母。"zh,ch,sh"有规则，"j,ch,sh"不规则。

客：有人不喜欢标调符号，说它是满脸麻子。还能改进吗？

主：关于标调方法，我们做了多种比较：加符号、加数码、变拼法等。"加符号"比较利多弊少。它接近法文，方便省略，继承注音字母。缺点是"ü"（两点）上加调号，符号重叠。还没有找到更好的办法。

客：有人问，可否不用隔音字母"y，w"，使方案更加简洁？

主："零声母"处用隔音字母，能使音节分明，便于阅读。例如"义务"写"yiwu"比"iu"好。不用隔音字母会引起一系列拼写和阅读麻烦。这个问题曾经反复研究过。

客："a""g"等字母有两种写法，可否合并成一种？

主：某些外国习惯，一种写法用于儿童，一种写法用于成人。这个习惯没有遵守的必要。可以合并成一种。

客：字母名称，现在各人说法不一，怎么办？

主：字母名称，虽有规定，但难以推广。起初受注音字母名称的影响。现在又受英文字母名称的影响。可能要在长期实践中，由大家来约定俗成。

客：制定方案遇到的主要困难是什么？

主：制定方案必须考虑两个问题：一是以汉语的音韵原理为基础；一是照顾字母使用方法的国际习惯（主要是接近英法德文）。兼顾二者很不容易。

客：制定方案为什么要三年之久？经过了哪些步骤？

主：草案要征求意见和法定审查。多方面征求意见：全国政协、地方政协、各个政府部门、全国各种群众团体等的意见，都要尽可能吸收。多层次法定审查：首先由拼音方案委员会通过和文字改革委员会通过，送国务院组织审订委员会通过和国务院委员会通过，再送全国人民代表大会通过。方案的制定是十分慎重的。

客：方案成为国际标准，为什么也经过了三年？

主：国际标准化组织（ISO/TC46）1979 年在巴黎和华沙开会，中国代表建议以《汉语拼音方案》为拼写汉语的国际标准。中国代表对该方案做了详细说明，解答各国代表的疑问，争取法日等国代表带头支持，建议得到立案，进行程序讨论。中间由国际标准化组织进行内部审订。1982 年，国际标准化组织在南京开会，审定提案正式文本，由国际标准化组织理事会通过电报通知会员各国,用电报表决,结果多数国家复电同意,拼音方案正式成为拼写汉语的国际标准(编号:ISO 7098)。这也是十分慎重的。

客:英美两国为什么要反对?

主:采用拼音,就要废除使用了一百年由英国人设计的"威妥玛方案",改变英文中拼写汉语的习惯,这是主要的反对理由。后来他们也采用了作为国际标准的拼音。

客:为什么制定方案以后还要制定正词法? 为什么不把正词法订入方案之中?

主:方案是音节的拼写法;正词法是语词的拼写法。前者是后者的基础。方案有"注音字母"和"国语罗马字"为前例;正词法没有前例。"汉语拼音正词法基本规则",还要补充实施细则和各种专用规则。正词法比方案复杂得多,要在实践中逐步完善。

客:有人主张"我的"连写,不分写。这样是否方便且合理?

主:在研究过程中,曾经试定"我的"连写,而且"的、得、地"形式不同,后来为了便于在小学推行,改定"的"字一律分写。这类问题不止一个,要在实践中逐步改进。基本规则经过试用,需要不断修订。

客:英文没有正词法,汉语拼音是否也可以不要?

主:英文的拼写法,是群众从古至今在很长的时期中逐渐形成的习惯。学者从中分析出正词法,条例复杂,内部多矛盾,并非没有正词法。

客:拼音方案加正词法是否就是拼音文字了?

主:方案加正词法完成了拼音的技术设计。要成为跟汉字并用的拼音文字,还要有多数人民的经常使用和国家法律的审定认可,这需要很长的时期才能逐步实现。国家的语文政策是:用拼音帮助汉字,不是以拼音代替汉字。

(《百岁学人周有光先生谈话录》一文原载《社会科学论坛》2011 年第 6 期)

读周有光先生《比较文字学初探》

王　均

　　20 世纪 90 年代,周有光先生出了好几部书,围绕着语言和文字的历史进程进行了范围广阔的阐述,《比较文字学初探》是其中之一。

　　研究汉字的经典著作是东汉许慎的《说文解字》。其是用隶书解释小篆,通过小篆参照当时所见的古文籀文来说明造字和用字的原理,形成“六书”的分类法。周先生说,这就是最早用比较的方法来研究汉字。

　　在我国历史上,以《说文解字》为中心的汉字研究,特别是清儒的说文研究,成绩是辉煌的,主要是为解经服务,称为“小学”。到清末,章太炎提出“语言文字之学”,才使它从作为经学附庸的“小学”成为一门独立的学问,与音韵学并驾齐驱。20 世纪 20 年代,唐兰先生进一步强调,文字学只讲形义,同音韵、训诂鼎立而三。由于商周鼎彝和碑碣的陆续出土,殷墟甲骨的大量发现,金文甲骨文等的考释成果的充分运用,以及先秦战国时期以来帛书、竹简的发现,各个时期与地域古文字的研究,出现了古文字研究的鼎盛时期。中国文字学在语言学中确立了它牢固的分支学科地位。这所谓“中国文字学”其实就是“古代汉字学”,并不涉及国内的其他文字。就连“现代汉字学”也是 1980 年周有光先生提出以后才逐步开展,成为一门新的学科分支的。

　　在国外,19 世纪的许多位文字学家和考古学家对两河流域钉头字和北非尼罗河流域圣书字解读的成功,以及拿它跟汉字进行比较,发现它们虽然外形迥然不同,但其内在结构竟然属于同一类型。这说明,文字学除具体文字的分析研究以外,还须扩大视野,把人类所有的文字作为一个整体,进行微观的和宏观的研究、历时的和共时的比较,才能完整地理解人类文字的全貌及其发展规律,才能看出汉字在人类文字发展史中所处的地位及其本身发展的特点。

20世纪,我国汉字学的喜人成就是有目共见的,但它还只是狭义的汉字学,还有"广义的汉字学"。这是本书和它的姊妹篇《世界文字发展史》里面新提出来的。作者指出:(20世纪)50年代以来,调查少数民族的历史和语言,发现民间有多种汉字型的民族文字,例如彝文、东巴文等,跟汉字异源而同型。经过比较研究,知道这些文字的造字和用字方法,跟汉族的汉字相同,都能用六书来解释。这就扩大了汉字学的视野。从异源而同型的民族文字,还可以看到在甲骨文里已经看不到的早期文字的演变过程。作者特别注意搜集我国的少数民族文字资料,并对它们进行比较研究,因为"中国民族地区是一个原始文字和古典文字的文化宝库,这里的资料弥补了西方已经毁灭无遗的古文字的例证,丰富了比较文字学的研究"。

周老耄耋之年(当年94岁高龄)老当益壮,随时注意国内外新的学术信息,潜心研究,勤于著述,不耻下问,先后在内地和香港多家语言学期刊上发表他富有创见的系列论文,也因此得到有关少数民族文字专家的热烈响应,或寄呈论文,或通信、拜访,都以能向周老请教和给周老提供一些新的资料为乐。本书所收我国少数民族和周边国家民族文字,包括现在通用的、仅有极少数人知道的和已经消亡的共40多种,其中汉字型文字除汉字外就有19种语言的30种文字。突出分析了汉字型文字的种种情况,当然也展示了国外各种类型的文字及其起源、演变的种种情况。不仅使我们大开眼界,还丰富了人类文字学的内容。

为什么要这样做呢?作者说:"历史学如果只研究一个国家的历史或者只研究一个朝代的历史,而没有世界通史的宏观研究,那么,历史学是不完备的。文字学也一样,如果只研究一种文字,而没有人类文字的宏观研究,那么,文字学是不完备的。"

材料是基础,比较,分类,加以系统化,是知识进入科学领域的重要门径。作者特别强调:"要使文字学进入科学领域,文字类型学研究是一项关键工作。"在介绍各家文字分类法(主要是西方各家,也包括我国王凤阳《汉字学》中提出的文字分类法)之后,周先生提出了自己的文字"三相"分类法:从符形角度、语音角度、表达法角度三个角度观察文字的三个侧面,从而形成一种立体综合的分类法,这当然是作者的一项独特贡献。由此就可以通过比较分类,建立人类文字的宏观研究。作者说:"比较文字学正在探索,人类的各种文字,是否同地球上的生物不是一盘散沙一样,它也不是一盘散沙,而是有共同的演变规律的,所有的文字是否都属于同一个总的系统。""比较文字学主要比较各种文字的形体和结构,传播和发展,应用功能,历史背景,从而得到人类文字的发展规律。""正像科学的生物学通过比较和分类而形成使人信服的进化论,科学的文字学也只有在比较和分类的基础上才能得到符合实际的发展规律。"通过各个时代各种类型文字的比较,作者对人类文字的起源、发展、形体和结构的比较、分类、传输和演变、应用功能、历史背景的方方面面做了细致生动的论述。其目的在于论述世界文字的发展规律。限于篇幅,下面仅就其中若干突出问题做些简介:

一、提出文字的三个发展阶段:1. 形意文字:包括刻符、岩画、文字画和图画字。作者提出:区分文字是否成熟的标准为是否能够按照语词次序无遗漏地书写语言。形意文字如纳西族的东巴文、四川尔苏人的沙巴文,要用口头传授来补充记录,所以不是成熟的文字。形意文字有超语言性。超语言性是原始文字的特点之一。有趣的是,纳西族有三种传统文字:东巴文、哥巴文和玛里玛萨文。东巴文腹内还孕育着一种尚未出生的胚胎文字。那就是根据傅懋勣先生一份纳西文《白蝙蝠取经记》里两组图画文字与象形文字对比的材料,傅先生说,从中可以看出图画文字和象形文字同音节的关系,还可以看出象形文字比图画文字更多地使用假借字;周先生则指出,二者对照可以看到东巴文从表意到表音的"文字表音化"的演变过程。哥巴文是从东巴文衍生出来的(周老说它就像日本假名是从汉字衍生出来的音节文字),它又使东巴文受其影响而腹中孕育了音节文字。纳西族的文字演变说明了早期文字的发展过程。文字学的研究重视寻找从"形意文字"到"意音文字"又到"表音文字"的发展过程。东巴文正好就是这种发展过程的稀有例证之一。2. 意音文字:又称"古典文字"。5000 多年前的钉头字和圣书字,咱们的汉字,以及后来发现的南美洲的马亚文都是意音文字。本书对汉字型文字的起源、形制、传播、发展,做了全面的阐述。描述了 2000 年来汉字传播中经过的四个发展阶段:学习,仿造,借用,创造。把汉语汉字和非汉语汉字型文字作为一个整体进行宏观研究。3. 字母文字:字母的产生是形体演变和功能演变的最后成果。又分音节字母、辅音字母、音素字母三个时期。作者对此做了详细生动的介绍,即所谓"字母学"。字母为什么诞生在距今 3500 年前的地中海东岸?作者说:"字母是商业文化的产物。它是在奴隶帝

97

国的繁难文字中抚育了 2000 年然后发生的文字突变。字母从意音文字中脱胎出来是历史的必然,字母产生于地中海东岸是历史的偶然。""文字制度的重大变化都是在文字传播到异民族以后才发生的。在原民族中间虽然经常发生形体的量变,可是不容易发生结构的质变。异民族对外来的文字,没有像原民族那样固执的图腾习惯。"文字体制新的创造,初期很难得到当地权威阶层的承认,可是新的创造如果简便易用,经过漫长的地下传播,最后能从民间文字上升为正式文字。这是有普遍性的文字生长规律的。

二、文字功能的比较。把文字的历史放在人类历史里面来研究,可以了解文字的发展过程及其兴衰的背景。国际往来频繁,人们接触了不止一种文字,就引起文字功能的比较。结果总是简便的文字胜过繁难的文字。这是事实,也是常识。周先生说:"以楷书为主的汉字,在手工业时代使用了 2000 年,并未感觉有什么不方便。接触到西方科技文化之后,发现汉字跟机械化有矛盾。于是,在日本和中国掀起文字改革运动,尝试改进汉字的应用功能。"同样是字母文字,拉丁字母不断流通扩大而阿拉伯字母不断应用萎缩。多数人民信奉伊斯兰教的国家如索马里、马来西亚等,经过一番摇摆,最后选择了拉丁字母。重视国际文化交流,把宗教传统放在第二位,这是应用功能比赛的结果。过去 1000 年中,"字母异形"逐步改为"书同字母"。用拉丁字母作为正式文字的国家现在已近 200 个,占全世界国家总数的四分之三。周先生说:"科技的迅猛发展,要求文字做同步的功能适应。文字应用功能的比较和改进于是成为文字学的新的研究课题。"这一点值得我们深思。

三、关于文字的演变,有两种不同的理解:1. 认为文字是按照民族语言的特点而各自形成和演变的,叫作"文字自变论";2. 认为人类文字在不自觉中有一种共同的进化规律,正像生物中的进化规律一样,叫作"文字进化论"。作者主张文字进化论。本书对此有充分的论述。

有人认为:"汉字在中国产生,连续使用了 3000 多年,没有变成字母;其他国家也没有见过表意文字自行变成表音文字。文字进化论缺乏事实根据。汉语是音节分明的语言,适合使用音节分明的汉字。语言特点决定文字类型,这才是不同文字形成的原因。——英文里晚近大量字母缩写,证明表音文字正在变成表意文字。可见文字进化论值得怀疑。"

周先生说:"进化论把所有生物作为一个系统来观察(系统观),探索不同生物之间的演变关系(发展观)。这一新学说的提出,当时难以得到西方知识界的理解。……但是经过长期的、多方面的宏观和微观的科学考察和论证,进化论终于打破直觉想象而成立了,并且成为现代科学的支柱。""英文里出现科技缩写,那是一种文字的辅助手段,没有改变英文的拼音文字性质。汉字被语系不同的日语和朝鲜语所利用,印度字母成为 5 个语系的 35 种以上语言(包括跟汉语同属汉藏语系的藏语)的文字,这是文字随文化(宗教)而传播的经常现象,显然证明语言特点并不决定文字类型。自从西方学者发现从表形到表意到表音的发展规律之后,还没有发现逆向的演变现象。"纳西族的东巴文离开"形意"向"音意"前进,并且已经另外抚育出了音节文字哥巴文和玛里玛萨文。现在又制定了拉丁字母拼音的纳西文。四川老彝文原来是表音兼表意的意音文字,20 世纪 70 年代选用 819 个字符作为凉山彝语方言音节文字——四川规范彝文,也是由意音到表音的发展过程。云南彝族方言复杂,虽然也搞规范彝文,但只能从各地读写不一的 14200 多字中选取 2650 字搞一个表意兼表音的超方言的"云南规范彝文",从不规范到规范化,也是前进了一步,并成为中文汉字之外第二种现代使用的意音文字。

这部著作是周有光先生许多年努力的丰硕成果,它给我国文字学开辟了一块新天地,从宏观方面论述了人类文字发展的历史,探索文字发展的规律同文字社会功能的关系,使我们从世界看中国,给中国文字定位,看到汉字对周边地区的影响和汉字型文字的历史和现状及其演变的种种情况(真得感谢他为搜集这些材料不懈付出的努力),开阔了我们的眼界,给我们很多启示,是值得我们重视的。我们祝贺周先生健康长寿,继续给学术界做出更多的贡献!

(《比较文字学初探》,语文出版社,1998 年版,原载《语文建设》1999 年第 2 期)

周有光与比较文字学研究

苏培成

　　周有光先生语言文字学研究的核心是中国语文的现代化,也就是如何建设新时期的中国新语文。周先生强调要从世界看中国,不要从中国看中国。从中国看中国,许多问题不容易看清。周先生从世界语文生活的历史发展和现状一纵一横两个坐标看中国的语文问题。在纵的方面,他研究了人类语文生活的历史进程;在横的方面,他研究了世界许多国家建设新语文的成就和经验。在这个基础上,他深入分析了中国语文现代化的历史和现状、理论和实践。周先生不但从事理论探索,而且密切关注社会语文生活,积极参与新语文建设的多项具体工作。其中重要的有以下四项:参与研制《汉语拼音方案》;创建现代汉字学;研究比较文字学;研究中文信息处理和无编码输入法。

　　汉字问题是中国语文中最复杂也是最敏感的问题。在 20 世纪 50 年代,人们常说文字改革要按文字发展规律办事,可是文字发展规律只有一句话,就是从表形、表意到表音。有人说,没有一种文字是从表意变为表音的,形意音的演变规律不能成立。到底哪种看法符合事实? 为了回答这个问题,周先生开始了比较文字学的研究。周先生说:汉字型文字是人类创造的许多种文字系统中间的一种。只从汉字来观察汉字,难免"不识庐山真面目,只缘身在此山中",还应当把视野再扩大一步,把人类所有的文字作为一个整体,进行微观的和宏观的研究、历史的和共时的比较,这是"人类文字学"。这样,才能完整地理解人类文字的历史事实、功能性质和发展规律,以及汉字在人类文字发展史中所处的地位。

　　周先生提出了文字的三相分类法。他把文字的特征分成三个侧面,把这三个侧面叫作"三相",就是:符形相(图符、字符、字母)、语段相(语词、音节、音素)和表达相(表形、表意、表音)。世界上任何一种文字按照这三相来分类,都可以把握它的特点,找到它在世界文字里的位置。例如汉字属于图符或字符＋语词和音节＋意音,简称为"意音文字"。

周先生指出:从表形到表意再到表音,是文字发展的一般规律。从前3500年到前1500年是钉头字和圣书字时代,这时候只有"意音文字"。经过2000年的"从意音到表音"的潜在演变,到前1500年产生扬弃表意、纯粹表音的字母文字。这就是文字的"形意音"发展过程。汉字的产生和发展比钉头字晚2000年,但是发展的步骤没有两样。

周先生进一步指出:"形意音"的发展规律来自西方。我就到西方的著作中去看看情况。最能说明"形意音"规律的例子是钉头字。钉头字在本土两河流域,从苏美尔人传到阿卡德人、巴比伦人和亚述人,有逐步前进的"形意音"变化,但是只有量变,没有质变。在传到本土以外的民族以后,才摆脱"意音"结构,发生"从意到音"的质变,成为表音文字。"形意音"的发展是在本土到异地的传播中完成的,不是在本土传承中完成的。我把汉字和钉头字相比,看到汉字也有同样情况。在中国,形声字比重的历代增加,就是声旁表音作用的发展,但是声旁增加,形旁也跟着增加,文字结构只发生量变,没有发生质变。汉字传到日本,从书写汉语变为书写日语,从万叶假名变为平假名和片假名,这是从"表意到表音"的质变。在汉语汉字到日语汉字的传播过程中,也看到了"形意音"的发展规律。

周先生的研究,证实了世界文字发展确实存在一条由表形到表意再到表音的客观规律,这条规律的阐明对汉字的拼音化自然会有影响。不过,我们知道汉字拼音化是一个涉及方面极广的系统工程,需要各种条件的配合,而不是只有发展规律就可以进入实际操作阶段。周先生对这一点有明确的认识。他说:文字改革还只是一个学术问题,汉字在中国相当稳定,现在没有改为拼音文字的迹象,拼音只是一种辅助的表音工具。在中国,周先生关于比较文字学的研究具有开创意义,值得我们重视。对世界文字的发展规律,至今学术界还存在着重大分歧。学术是在争论中发展的。不管别人是不是认同,周先生提出的观点都是今后进一步探讨的新起点。

(节选自《〈周有光文集〉导读》,《现代语文(语言研究版)》2013年第9期)

周有光:《世界文字发展史》

常丽丽

摘　要　《世界文字发展史》是周有光先生的一部力作,本文从宏观和微观等方面对该作品进行了简评,旨在对本书的价值及不足之处有些微把握。

关键词　世界文字发展史;宏观;比较的方法

《世界文字发展史》是 1997 年由上海教育出版社出版的,经过了周有光先生 40 多年的修订扩展而成,是周先生一生中最有影响力的三本学术著作之一,是文字史也是文字学的一部力作。

"语言使人类别于禽兽,文字使文明别于野蛮,教育使先进别于落后。"周先生如是说。文字的产生,使人类进入有史时期。如今,世界各国都有文字,"世界各地的文字不是一盘散沙,而是一个有共同规律的人类文字系统"。虽然各种文字的外形不同,但内在结构神似。周先生将世界各地的文字作为一个整体来研究,并引证中国少数民族的传统文字史料,以使我们看到世界文字历史的整个框架。本文就对本书的学习谈一点儿粗疏的体会,如有不妥,敬请方家批评指正。

一、宏观上,以时间为主线, 将文字的发展史分为原始文字时期、 古典文字时期和字母文字时期三个阶段, 观点鲜明、条理清晰

有关文字史的分期问题,各家说法不尽相同,周先生再三斟酌,将文字

史分为三个时期。

第一,从前 8000 年前出现刻符和岩画,到前 3500 年前两河流域的钉头字成熟,这 4500 年时间是人类的"原始文字"时期。周先生认为,文字起源于图画,原始的文字资料可分为:刻符、岩画、文字画和图画字。刻符和岩画是分散的单个符号,没有上下文可以连续成词,一般不认为是文字。但它们具有文字胚芽的性质,刻符有"指事"的性质,岩画有"象形"的性质。文字画是图画走向原始文字的开始。图画字是最初表达长段信息的符号系列。从单幅的文字画到连环画式的图画字,书面符号和声音语言逐步接近了。"这一时期文字还没有成熟,不能按照语词次序无遗漏地书写语言。"但原始文字一般兼用表形和表意两种表达方法,称"形意文字"。且原始文字大都有表示数目的符号,即表形符号。

第二,从前 3500 年前两河流域"意音文字"的成熟,到 11 世纪地中海东岸出现"音节·辅音字母",这段时间是人类的"古典文字"时期。前 3500 年前,两河流域的苏美尔人创造了"钉头字",随后尼罗河流域的古埃及人创造了"圣书字"。前 1300 年前,中国黄河流域的殷商帝国创造了"甲骨文"。周先生认为,文字学者用比较的方法研究上述三种古文字,发现它们外形不同,但内在结构神似,它们的符号表示语词和音节,都是"语词·音节文字",简称"词符文字"。它们的表达法是表意兼表音,称为"意音文字"。这三种重要文字被称为"三大古典文字","古典文字"都有基本符号和由基本符号组合的复合符号。用较少的基本符号可组成大量的复合符号。"古典文字是最早成熟的文字,能按照语词次序无遗漏地书写语言。"

第三,从前 1100 年的辅音字母文字到今天这 3100 多年是"字母文字"时期。从前 15 世纪开始,随地中海地区商业的繁盛,商人们模仿钉头字和圣书字中的表音符号,创造用来作为记录商品和金钱出纳的一系列符号,即后世所谓的"字母"。"字母文字"的历史发展可分为:1. 前 11 世纪开始"音节·辅音字母"时期;2. 前 9 世纪开始"音素字母"时期;3. 前 7 世纪开始"拉丁字母"时期;4. 15 世纪开始拉丁字母国际流通时期。

周先生说,"在人类文字史的分期上出现很大的时间差距,这不妨碍汉字在宏观分期中处于古典(意音)文字时期"的事实。

二、微观上，在每一种文字形态的历史分期中，以不同的文字系统分章归类，分区域成系统，以点带面，材料翔实

本书主体内容共分为四卷：第一卷为原始文字部分，分为文字的襁褓时期（刻符、岩画、文字画、图画字）和文字幼儿时期（水书、东巴文）；第二卷为古典文字部分，包含钉头字和钉头字系统、埃及字和标声字母、汉字和汉字系统；第三、四卷为字母文字部分，包含阿拉马字母系统、印度字母系统、撒巴字母系统、迦南字母系统、希腊字母系统、拉丁字母系统。在每一种文字系统内部都以文字的发生（起源）、性质（形制）、传播、发展、影响等方面为框架来展开描述并表现出很强的区域性。如阿拉马字母系统分两个部分，在闪米特语言中的传播包含希伯来字母、阿拉伯字母、叙利亚字母、巴尔米亚字母、曼代字母、摩尼字母，在非闪米特语言中的传播包含佉卢字母、波斯字母、粟特字母、早期突厥字母、早期匈牙利字母、回鹘字母、蒙古字母、满文字母、亚美尼亚字母、乔治亚字母、阿尔班字母。从各种字母的命名中便能体现出其地域差异性。对每种文字系统内部的主要分支都做了总括性介绍，具有前瞻性的资料价值。

三、比较的方法贯穿始终

《说文解字》用隶书来阐释小篆，并参照古文籀文来说明六书的造字用字原理。周先生认为，《说文解字》是汉字学的开山之作，也是最早用比较的方法来研究汉字的著作。作为比较文字学的方家，周先生注重"比较各种文字的形体和结构、传播和发展、应用功能、历史背景，从而得到人类文字学的发展规律"。

有关文字分类法的问题，通过比较各家的分法，试图突破前人的平面分法而提出一种立体分法——三相分类法。"三相"即符形相、语段相、表达相。周先生由三相分类法得出五种文字类型：形意文字、意音文字、音节文

字、辅音文字、音素文字。

　　有关文字的演变问题，周先生在研究古今文字在结构上的变化以及文字在国际上的传播中得出文字"进化论"的观点："人类文字是一个总的系统，有共同的发展规律；各国文字有自身的演变，人类文字有共同的进化；自身的演变包孕于共同的进化之中。""从文字的'三相'来看，符形从图符到字符到字母，语段从语词到音节到音素，表达法从表形到表意到表音，这是'进化运动'。"因此研究人类文字史要用发展的、联系的眼光看问题，将人类文字纳入一个总的系统中。

　　具体章节中比较方法的应用也贯穿其中。如第二章中水书与甲金文字的比较、第七章中三大古典文字中六书的比较等。

四、不足之处

　　本书题名为《世界文字发展史》，顾名思义，书中对每种文字都有或简或详的论述，材料的丰富性显而易见。但因占有材料详尽，限于篇幅有限，故对每种文字只做了综述性介绍，作为文字学及文字史的入门文本当仁不让，但若想深入研究文字学则需另查资料。尽管如此，作者将世界上各种资料繁杂的文字提纲挈领，用"少而精，简而明"的取材方法，为我们理清了世界各种文字发展的脉络，既重学术性，又不失可读性，可谓一部鸿篇巨制。

参考文献

[1]周有光.人类文字的历史分期和发展规律[J].民族语文,2007(1).

[2]王均.读周有光先生《比较文字学初探》[J].语文建设,1999(2).

[3]邓章应.中国比较文字学研究的回顾与展望[M].北京:语文出版社,2007.

[4]周有光.世界文字发展史[M].上海:上海教育出版社,1997.

　　　　　　　　　　　　（原载《学行堂文史集刊》2012 年第 2 期）

介绍周有光的《汉字改革概论》

霍羽白

一本系统论述汉字改革问题、较有分量的专著——《汉字改革概论》,经过作者修订,最近由文字改革出版社出版了第三版。这是语文界的又一喜讯。为了便于语文工作者和一切关心这方面问题的同志了解该书面貌,这里提要式地做些介绍。

改革汉字的思想和尝试,可以往前追溯数百年,此期间,曾经出现过汉字改革的活跃时期,尤其是新中国成立以后,在党和政府的关怀下,更一度形成有史以来汉字改革运动的最高潮。然而,作为一门科学,汉字改革仍是当今语言学、文字学上的一个新的研究课题,在理论上实践上都需要我们下大的功夫进行认真研究,深入探讨。《汉字改革概论》就是作者根据自己从事语言学、文字学研究工作的多年实践,对这个全新课题做的初步探索。书中对我国汉字改革问题做了比较全面的系统的阐述,对各个方面的具体问题进行了有条理的分析和解说。

全书共七章,序言、后记各一篇,20 余万言。

序言部分简略介绍了成书经过、本书特点和写作目的。后记里,除再次指出作为社会上有效文字所必须具备的三种特性外,还针对近 20 年来世界上科学技术、交通和文化迅速发展的客观现实,以及由此给汉字改革提出的新的要求,做了扼要的介绍和提示。

第一章:文字改革和文化革命。主要谈四个问题:(一)文字发展规律的认识和运用。文字是一种文化工具。综合研究人类文字的发展历史,可以得到两个认识:1.在文字符号上,其发展的一般规律主要是简化——从繁难到简易;2.在文字制度上,其发展的一般规律是从形意制度到意音制度再到拼音制度。所以,文字改革(演变)是可能的。但是,文字的演变性只是发展规律的一个方面,我们还必须认识发展规律的另一面,即文字的稳定性。只有了解了文字发展规律中的这种辩证关系,才能运用规律,切实做好汉字改革工作。(二)文字改革的各种方式。由于各国的文字情况不同,改革的目标也各异,大致可归纳为正字法改革、文字符号的简化、文字符号的更换、文字制度的改革等四种。(三)汉字改革的特殊性:1. 基本要求是文字制度的改革;2. 在实行拼音化的同时还要实行汉字的整理和简化;3. 改革要在较长的时期内分阶段前进,不能一步完成。(四)汉字改革是文化革命的重要内容之一,是社会主义政治、经济、科学技术发展的必然趋势。

第二章:汉字改革运动的历史发展。书中对汉字改革运动的历史做如下分期:历史前奏——西洋人的汉语译音和教会罗马字;第一个时期——切音字运动;第二个时期——广义的拉丁化运动;第三个时期——汉语拼音教育的普及和汉语拼音文字的成长时期。接着按不同的分期详细介绍各种方案产生的历史渊源以及它们的作用和影响。本章末附录有清末切音字、注音字母、国语罗马字和拉丁化新文字等资料,对我们比较历来的各种方案,研究、了解汉字改革运动的历史发展极有裨益。

第三章:汉语拼音方案的解说。书中把汉语拼音方案的设计原理以及一系列技术问题分为两个部分:一部分是先决条件诸问题(包括字母形式、音节拼写法、语音标准);另一部分是具体安排诸问题(包括字母对语音的配合,字母的顺序、名称和体式,标调方法,音节分界法)。作者根据自己研究所得,对上述问题一一做了认真的、有条理的分析和解说。

第四章:从两个主要方面分述了汉语拼音的作用。(一)在语文教学上,它除了作为注音的工具帮助认读汉字以外,还可以更快地和更好地培养阅读能力和写作能力,提高汉语规范化的普通话教学,训练拼音技能、培养拼音习惯、逐步生成有效的拼音教育制度。(二)汉语拼音在科技领域的应用为我国语文实用技术的发展开辟了广阔的道路。书中主要列举了"序列索引""科技代号""行业用语略写""音译术语转写""汉语速记""盲聋语文工具""电极拼音化""文字工作机械化"等门类,并就它们的基本情况和一般特点做了简略的讲述。最后,附录有"汉语手指字母方案""汉语拼音盲字方案草案"等资料。

第五章:汉语拼音正字法。全章分为四节。第一节,强调说明正字法问题研究的意义,指出了汉语拼音正字法的内容和正字法问题的性质。第二节,对分词连写法问题的性质和一般原则做了概括的分析和探讨。着重谈分词连写的要求、词的一般特性、分词标准和连写技术等问题。第三节,介绍汉语中外来词的几种译写方式、外来词拼写法的一般原则和它们的分类处理。第四节,从同音词问题的性质、来源和同音词的分类等方面提出分化同音词的办法。

第六章、第七章。这两章分别综述了历史上汉字简化演变的情况,以及有关汉字整理、简化的各种设想和尝试;略举新中国成立以来汉字改革在几个主要方面取得的可喜成果,向我们展示了汉字改革运动的新发展。

在这本书里,作者把他多年来研究汉字改革问题的心得写了进去,但是,作为对这样一个全新课题的研究,正像他在序言中所表明的那样,"这里的初步探索是完全不成熟的"。问题不在于这本著作里的论点是否正确,而在于它向读者系统讲授了汉字改革知识,指出汉字改革涉及哪些问题,前人在这个课题上已经做过多少研究工作,解决了些什么问题;还有哪些问题没有解决,今天,我们应该做出什么样的努力,通过哪些途径去推进这一工作。笔者正是基于这么一种认识,才将这本书推荐给读者的。

(原载《语文战线》1981 年第 12 期)

略谈汉字的简化和繁化

——和周有光先生商榷

明　之

读了周有光先生发表在《中国语文》1957 年 7 月号上的《文字演进的一般规律》，我们觉得这是近年来谈文字发展演变颇有见地的一篇好文章，有许多令人信服的正确观点。但文内有一个论点，不敢苟同，今特提出来就正于周先生和其他同志。这就是关于汉字的简化繁化问题。（周先生此文虽谈文字的发展，但主要还是论述汉字，在繁化简化问题上更为明显）

首先，我们来看一下周先生怎样解释汉字简化繁化的原因。汉字在历史的发展过程中为什么会简化呢？这是"写刻频繁，传习扩大，既要多，又要快"的缘故。我们认为这是正确的，因为要探讨文字的变革，就非联系到文字用户的要求不可；但这仅仅是原因的一方面，是客观方面对文字的影响。还有另一方面的原因，也就是更重要的一面，文字自身的发展规律——内因，就是简化和繁化的相互作用，这绝不容忽视。根据辩证唯物主义的理解，外因必须通过内因才能发挥它的作用。

周先生在解释繁化时，认为这是"极少的例外"，是"美化作用"的结果，并且举出印章文字为例。但是我们试问：难道几千年来（从我们能见到的甲骨文算起）汉字的大量繁化事实的出现，就只是人们要美化吗？恐怕未必是这样。周先生所以说繁化是"极少的例外"，因为他把繁化中一个重要方面"同化现象"（周先生认为对双音节两个汉字说是类化）归纳到简化中去了。但遗憾的是周先生并不能自圆其说。例如文中所举"巴蕉"的"巴"是假借字，后来因为形声化（类化）加上"艹"，这不也是周先生所说的在"独体假借字（音符）加上部首（类符）成为合体形声字"的"繁化现象"吗？同一个字，同一个变化现象既归入简化又归繁化，周先生把读者弄迷糊了。

首先,我们来讨论一下究竟应该怎样理解繁化简化。我们认为,说简化"是构形(即字式——引者)发展的主要方面"是片面的。在汉字的发展过程中,从一开始就有两股相反相成的力量,推动文字的演变,这就是简化和繁化。这两种现象从其表面上看是相矛盾的,是相反的不可调和的,因为前者要求"笔画减少",而后者却"把字的笔画增加了"(见王了一《汉语史稿》上册,第43页)。其实我们拨开现象,深入一步就会清楚地看到,这两个现象是相依为命的,是相成的。没有简化就无所谓繁化,没有繁化就无所谓简化,这就是统一的不可分割的矛盾的两方面。繁化和简化的关系是错综复杂的,但绝不是不可了解的。我们试举"雞"字为例,看看它们之间的关系:像鸡形,后来加声符"奚",但意符又简化为"",相合成""。这样,一个象形字变成了形声字。至秦汉后小篆写作"",隶书、楷书作"雞"(与"鷄"互为异体),人民群众又把它简化成"鸡"。

从这里,我们看到象形的字的发展成形声字,这是繁化,但其声符又被简化成"又",于是变成不标音的符号。没有前者产生,就没有后者的结果。象形→标音→不标音,这是"鸡"字的发展过程,也是繁化和简化相互作用的例证。所以我们认为,繁化是简化的开始,繁化为简化准备了条件,这是合乎辩证关系的。

我们说简化繁化是两股力量,但并不是说,它们在任何历史时期都是不相上下的。在某一具体历史时期内,有一个现象成为主要的,另一个则是次要的。例如,在春秋时代的钟鼎器铭文里,我们就发现许多图形文字(一称图画文字,沈兼士先生认为是文字画),与殷商早期的甲骨卜辞同样古老,笔画同样烦琐,有人称其为文字的复古现象,实际上这是文字演变的繁化。

汉魏以降,隶楷大兴,汉字不但字体变了,而且字式也发生很大的变化,许多字简化了,形声字和表意字、象形字有的已混淆不清了,所以王了一先生说"隶书的创造,是中国文字史上的一大改革","隶书无论就字式来说或就字体来说,都和小篆大不相同"(见《汉语史稿》上册,第40页),特别是近几十年来,简化字增加很快。1956年,党和政府采取"约定俗成、稳步前进"的原则,公布了汉字简化方案,提倡使用简化字。现在的汉字,简化无疑是处于主流地位的。

其次,我们再来讨论一下周先生所说的"就汉字的单个符号(独体的字)来看,并不存在繁化的趋向"这一问题。我们认为这种说法在事实上是很少有根据的。我们只举出几个突出的例证就可说明。例如在甲骨文金文中凡顶上有一横的,后来的金文、篆、隶大都添加一横,这就是繁化:

还有一个重要现象,也促使单体字中的象形字(另一种为指事字)笔画增多,这就是方块字的内部平衡规律。有许多字在甲骨文中并不是方块的,但是周朝以后,为了平衡笔画,就增加笔画,成为整齐的方块字了,如:"🈷"→"🈷",🈷之下显得很空,为了对称,就变成保。🈷(乔木之栎本字,)两🈷之间显得空,加🈷成🈷(金文)。

周先生又认为形声化"是文字制度的发展,简化是符号构形的发展","两者不属于同一范畴,因此就不能相提并论,不能认为在简化运动以外,还有对等意义的繁化运动"。总之,周先生在这里拐弯抹角地想否定形声化是文字繁化的一个现象。我们认为这种说法,有商榷的必要。周先生在这里所说的文字制度是什么呢?这就是指文字究竟用什么方法去表现语言:是表形表意还是表音?我们认为,所谓形声化的字与纯粹表音表形表意的字,从文字的发展史上看属于同一范畴;但形声字本身就其字式来说,它又属于构形发展的范畴。我们认为形声字是同属于文字制度范畴和构形发展的范畴的,看人们从哪方面去了解它,研究它。若是从文字产生(造字)的角度来看,属于前者;从笔画的增减方面看,又属于后者。这原本是一个问题的两方面。

同一事物属于两个范畴,这是常有的,例如人从其身体构造上看,属于生物的范畴,是脊椎动物中最高的发展;但就其所处的地位,关系来说,人又属于社会范畴。

据此,我们认为,不能简单地从范畴不同出发,把形声化和简化分开,实际上是分不开的。

周先生说:"汉字不论独体或合体,都要挤在一个方格子里书写,习惯把单体和合体等量齐观,当作一个单位(字),所以觉得简化和繁化同时存在。"我们认为周先生这样的说法是近乎主观臆断的。

其实,合体形声字的出现并非如周先生所说的那样简单。有一种字增加形符后意义不变的,如"典"可写成"𠔭"等。更多的一种,是为适应语言的日益发展日益精密的需要，为区别那些同音而异义的词（或字），这一点在汉字中更为突出。

最后，我们认为，繁化和简化的关系，有汉字以来就是互相作用着的。繁化简化是汉字发展史上的两个重要问题，我们要辩证地去了解，不可忽视其中任何一方面。

（原载《中国语文》1958 年第 2 期）

周有光的汉字繁简观

綦晓芹

周有光,著名语言文字学家,《汉语拼音方案》的主要创制人之一,中国文字改革的推动者,当代中国语言文字学界的旗帜性人物,曾被称为"周百科"与"汉语拼音之父"。1955 年 10 月,周恩来总理亲自点名邀请周有光参加全国文字改革会议。先后任中国文字改革委员会和国家语言文字工作委员会研究员、中国社会科学院研究生院教授、语言文字应用研究所研究员、中国语文现代化学会名誉会长。

问:去年全国政协几位委员提议在小学阶段增设繁体字教学,今年又有几位委员进一步提出逐步废止简体字。这些提案使汉字繁简问题成为当前的热门话题。请问您对这个现象怎么看?

答:世界文字,包括汉字和外国文字,都有"删繁就简"的自然演变。古代两河流域的"钉头字"(楔形字)和古代埃及的"圣书字",都有明显的简化。甲骨文专家陈炜湛教授多年前指出"汉字简化始于甲骨文";北大教授苏培成先生最近指出甲骨文有许多简化字,并以"车"字举例。

汉字简化成为新文化运动的一个重要项目,开始于清末。此前,实际一直都在不自觉中"简繁并用"。书本印的是楷体(繁体),写信用的是行书(简体)。苏培成教授指出,《大学》一开头就用了五个简化的"后"字:"知止而后有定,定而后能静,静而后能安,安而后能虑,虑而后能得。"

为什么那时候不发生繁简争论呢?因为,那时候是手工业时代,没有文字规范化的要求;清末开始进入工业化时代,"生产机械化"和"全民义务教育"要求文字规范化,于是兴起了汉字简化运动。

实行汉字简化,国民党南京政府原来很积极,发表了一个简化字表,由于反对声浪很大,不久便被取消了。1956 年公布的"汉字简化方案",是清末以来长期简化运动的一次总结。这个方案采取"约定俗成"原则,肯定原有的简化习惯,加以整理,尽量不造新的简化字。"约定俗成"原则使简化方案推行顺利,但是无法改正已经流行的不合理习惯。

汉字简化,有利有弊,利多于弊。小学教师普遍认为,汉字简化的好处是:好教、好学、好认、好写,在电视和电脑屏幕上,阅读清晰。从 1956 年到今天这半个世纪,简化字在我国已经普遍推行于教科书、报纸、杂志等出版物,制定了"通用语言文字法"。一团乱麻的汉字,有了全国一致的汉字规范化,这是汉字历史的重大发展。今天再来推翻规范化的简化字,是否合理,是否有利,是否可能,应当问问全国小学教师。他们会给出切合实际的答案。

问:不少主张废止简体字的人认为,繁体字能更好地继承传统文化,简化字妨碍文化的继承。您怎么看待这一观点?

答:在 3300 年间,汉字"体式"不断变化,每次变化都包含明显的简化。请看看:甲骨文→金文→大篆→小篆→隶书→楷书→行书。对甲骨文来说,篆书是简化;对篆书来说隶书是简化。篆书变为隶书称为"隶变","隶变"是剧烈的简化。《论语》原来用鲁国"古文"书写,到西汉已经无人认识,于是改用当时的通用体式书写,称为"今文"。历代都用当代通用体式改写古书,否则无人能读,如何继承? 规范汉字是今天汉字的法定通用体式。用规范字,包括其中三分之一的简化字,是顺理成章的文化继承。

图书馆里依旧有简化以前的繁体字古书,任何人都可以去阅读。小学生没有阅读繁体字的需要,中学生"自学"繁体字并不困难,因为 7000 个通用汉字中只有少数是简体字,大部分规范汉字不分繁简。许多简化字是类推出来的。认识了一个简化的"鱼"字(四点改一横),就能认识一连串"鱼旁"的类推简化字。

简化字和繁体字是结合起来继承古书的;简化字没有妨碍继承,而是帮助了继承。

问:有些学者从汉字的特点"字无定数、字无定形、字无定音、字无定义",以及使用者的习惯、文化倾向、政治利益等方面,认为繁简争论是必然的,繁简并存不是长久之计。您认为呢?

答:这个问题内容复杂。参考近来的新闻报道,可以略谈如下的问题。

(一)"四定"问题。整理汉字,要进行"四定":定形、定量、定音、定序。这四个方面,过去 50 年间做了大量工作,成果主要记录在新编的字典和词典中。

（二）书同文问题。我国大陆一直在进行汉字的"规范化"工作，提高了"汉字学"和"汉字应用"的水平。大陆人口约有13亿，超过港台和海外华人十多倍，要大陆迁就港台和海外，回到从前不讲规范化的时代，明显是难以做到的。书同文，同于多数人；还是同于少数人，同于规范化，还是同于不规范化。这要在"汉字学"的深入研究中理智地培养学术的共同认识。

（三）译名统一问题。里根、雷根、列根；布什、布殊、布希；孙悟空"一人变仨"。科技术语的译音分歧也很严重。译名混乱是汉字文化一大缺点。关于这个问题，我过去提出过一个具体建议：首先统一"译音用字"，规定一个"标准音节汉字表"，实行"同音书写"。例如，马克思、恩格斯，"思、斯"可以同写；黎巴嫩、利比亚，"黎、利"可以同写。然后统一中外文的"音节对音"。

（四）汉字的凝聚力问题。有人提出，港台用繁，大陆用简，"一国两文"，破坏了汉字的凝聚力。台湾的"行书范本"中，很多简化字跟大陆相同，台湾亲友阅读大陆来信几乎没有困难。在这个基础上，可以逐步增进共同，减少分歧，提高汉字的凝聚力。

（五）繁体字书法优美问题。不少人认为，繁体字优美，简化字粗俗，书法应当写优美的繁体字。汉字简化不涉及书法，书法家有选择繁简的自由。书圣王羲之的遗墨中有很多简化字，简化字同样有书法之美。当然，书法家不一定学王羲之。

（原载《社会科学》2009年5月14日第006：文化批评版）

形声字声旁及其分类

——同周有光同志商榷

孙中运

近时看到周有光同志的《汉字声旁读音便查》(吉林人民出版社)一书。觉得有些问题很值得商榷。

一、什么是声旁

《汉字声旁读音便查》(以下简称《便查》)的序言说"声旁是汉字中间表音符号"。又说"为了便于统计,这里把部首以外的半边一概视作声旁"。这两句话是相矛盾的,也把"声旁"的概念弄乱了。由于概念的混乱,《便查》中列举的声旁必然是混乱的。

声旁是形声字的表音部分,只有形声字才有声旁,而《便查》把汉字中的象形字、指事字、会意字都找出了声旁。如说泉字声旁是水(11页),禽字的声旁是离(77页),壶字的声旁是亚(132页),壶字的声旁是业(133页)。这些字是变了形的象形字,都是独体字。

本字,末字是大家熟知的指事字,也是不会有声旁的,可是《便查》说本字声旁是木字,末字的声旁也是木字。(88页)

《便查》还把大量的会意字也都硬加上了声旁,如岔字的声旁是分(45页),嵩字的声旁是高(49页),灾的声旁是火(61页),灭的声旁是火(61页),闯的声旁是马(83页),鸣的声旁是鸟(91页),牢的声旁是牛(91页),吠的声旁是犬(101页)……

《便查》还把简化字的偏旁(不是形声字的)也算作声旁。如坛、层、动、会(144 页),这些"云"字旁是繁体旁的简化,读音都不同,怎么能成为声旁呢?

还有鸡 ji、权 quan、戏 xi、邓 deng 等(139 页),这些字都有个"又"字旁,是互不相关的简化符号。《便查》都一概视为声旁。这些在历史上不曾同形,又不同音,何以为声旁?

什么是声旁? 形声字中的表音部分就是声旁。"汉字声旁"的提法是不够准确的,说"为了便于统计,把部首以外的半边一概视为声旁",更是错误的。《便查》把"声旁"概念搞乱,"声旁"已不成声旁,不能表音的声旁的"统计"数据不能说明任何问题。

二、关于声旁的分类问题

《便查》把声旁分为三类:同音声旁、半同音声旁、异音声旁。这样的分法概括不出声旁的结构、读音及其发展变化的特点,是不科学的。我认为,按形声字声旁的结构,读音及其发展变化的特点,可分为五类:同声声旁、省声声旁、异读声旁、变声声旁、变形声旁。

1. 同声声旁:这里讲的同声声旁是指用现代语音读,形声字和它的声旁读音是相同的。如诛、株、硃、蛛这些字的读音和它的声旁读音都是 zhu,就叫同声声旁。而《便查》中的"同声声旁"有的和它的"含声字"读音并不相同。如说班、斑字的"珏"是同音声旁(21 页)。我认为这不是同音声旁,因为班、斑读 ban,而"珏"(同珏)读 jue,ban 和 jue 怎能同音? 再如把第、弟的"弔"字作为同音声旁(39 页),第、弟读 di,弔(吊)读 diao 也不同音,再如把沛(pei)的"市"旁作为同音声旁(93 页),市字应读 fu,和沛不同音。

2. 省声声旁:形声字声旁,因为笔画繁杂而省略了一部的,《说文解字》叫它"省声"。如姗、珊、跚等字的声旁是删字,为了使文字结构匀称平衡,省去了删字的刀旁,以册字代替删字为声旁。如果不省去刀旁现在的姗字要写成姗形,破坏了汉字结构匀称平衡的特点。还有砂、纱等字的声旁少是沙的省字。《便查》把这样的声旁都归之于"异音声旁"里是没有道理的。

3. 异读声旁:形声字声旁,有些在造字时同音的,但由于声旁有多音字、古今字、通假字,现在以常用读音来读,已失去表音的作用,这样的声旁就是异读声旁。如搓、磋、蹉、嵯、醝都以差为声旁,读音都是 cuo,《便查》把它归到半同音声旁中,是不对的。常用字典对"差"的注音只有 cha、chai、ci,而《集韵》:差,仓何切,音蹉。所以差字作搓等字的声旁原来是同音,但必须按异读。

又如凛、檩、懔、廪字的声旁稟,现通常读 bing,而它的古音又读 lin,和凛等字的读音相同,《唐韵》:稟,力锦切,音懔(lieg)。怡、诒、贻、眙、饴的声旁台,《辞源》、台音 yi 切音贻;措、错、厝的声旁是昔,《集韵》:昔,仓何切,音错;啐、淬、悴、粹、翠、瘁的声旁卒,《康熙字典》:卒与倅同音翠。这些在《便查》中都放在半同音和异音中。

4. 变声声旁:形声字和它的声旁由于读音的变化,读音不同了,但还有规律可循。如:

稿 gao、犒 kao、蒿 hao 声旁都是高字;诰 gao、靠 kao、浩 hao 声旁都是告字;舸 ge、苛 ke、何 he 的声旁都是可字;葛 ge、渴 ke、喝 he 的声旁都是曷字;阁 ge、客 ke、貉 he 的声旁都是各字。同样声旁的形声字读音不同,原因就是声母发生了声变。

还有韵变,如:硅、鲑、闺、桂(gui)和挂、卦、褂(gua)都以圭为声旁;洛、烙、络、珞(luo)和路、辂、赂(lu)都以各为声旁;荤、浑、珲(hun)和挥、晖、辉(hui)都以军字为声旁。u、uo、ui、ua、un 都是合口呼韵母容易韵变。声变、韵变都是变声声旁。

5. 变形声旁:有些形声字的声旁,由于字形的变化,和另外的字混同起来。按现在字形读音,找不出表音的作用,但研究一下这些声旁的原来形状,不难找出它们的标音根据。

如:读、渎、椟、犊都读作 du,而声旁卖和买卖的卖同形。其实它俩本来不同形,买卖的卖原形是賣,声旁的卖原形到楷书以后还是𧶠,又变成卖。康殷的《文字源流浅说》认为卖字原形字"金彝铭中为赎字"赎读作 shu。又按钱大昕的"古无舌上音"的观点,知、彻、澄三母上古和端、透、定三母同音。赎音 shu、犊等字音 du、shu 和 du 上古同音,所以卖字可以作读、犊等形声字的声旁。

淳、醇、鹑(chun),谆、墩(zhun),惇、敦(dun)这些声旁都是享字,和享受的享同形,但不是同字。声旁享的原形是𦎫字,后来变了形成享字。这个字读若纯(chun)和淳、醇、鹑同声,和谆、墩(zhun)字是 ch 变 zh 结果,惇、敦(dun)等字也是"古无舌上音"声变。这样享旁表音的作用都明显了。

聒(guo)、活(huo)、蛞、括(kuo)、刮(gua)话(hua)的声旁都是舌字,但这个舌字也是变形字,它原来的形状是昏,这个字读古活切(guo),作聒字声旁是同音,其余形声字或是 g、k、h 的声变,或是 α、o 的韵变。这种声旁叫作"变形声旁"。

这样分类,是按形声字的结构、读音及其发展变化的特点加以区分的。既考虑到造字时表音的根据,又考虑到它的发展变化到现在的实际现状。

我认为形声字在造字时声旁都是同声声旁。省声声旁,是为了字形结构的匀称,把同音的声旁省去了一部分;变声声旁开始也同音,由于时间的推移,音韵的变化,现在成了变声声旁;异读声旁,造字时声旁同音,只是声旁是多音字,作为声旁的读音,后来不常用,成了异读字;变形声旁,同声声旁在文字变迁过程中变了形状。

(原载《辽宁师范大学学报(社会科学版)》1982 年第 1 期)

周有光先生关于现代汉字学学科建设的研究

赵贤德

摘　要　周有光先生是我国提出现代汉字学这个全新概念的第一人,周有光对现代汉字的字音、字量、字形、字序等进行了全面考察研究,得出了令人信服的结论。周有光先生的《现代汉字学发凡》对中国高校现代汉字学学科的教学和研究产生了重要影响。

关键词　周有光;现代汉字学;学科

一、周有光正式提出"现代汉字学"的概念

研究汉字的发展和问题的学问,称为"汉字学"。汉字学是一门古老的学科,它的研究工作从汉代就开始了。清末以前,研究汉字的学问称为"小学",是为解经服务的。直到清末,章太炎提出"语言文字之学",才把它从经学的附庸地位中解脱出来,成为一门独立的学问。1952 年 8 月的《中国语文》上发表了丁西林先生的《现代汉字及其改革的途径》一文,这篇文章中使用了"现代汉字"这个术语,但还没有明确提出"现代汉字学"的概念,也没有引起人们过多的注意。直到 1980 年,周有光先生在《语文现代化》丛刊第二辑上发表了《现代汉字学发凡》一文,第一次明确提出了"现代汉字学"这个概念,他把"汉字学"分为历史汉字学、现代汉字学、外族汉字学,并明确指出现代汉字学研究的目的、对象、范围及历史发展,他说:"现代汉字学研究现代汉字的特性和问题,是为今天的应用服务,也就是为四个现代化服务,减少汉字在现代生活中的不便。""现代汉字学是个新名称、新事物。播种于清

120

末,萌芽于'五四',含苞于解放,嫩黄新绿渐见于今日。"这种界定,就把"现代汉字学"与研究汉字形音义来源和演变的"历史汉字学"、与研究汉字流传到外族以后发展的"外族汉字学"明显区别开来,细化了汉字学研究的内容,扩大了汉字学的研究范围,开阔了汉字研究的视野。

在这篇文章中,周有光先生又提出了现代汉字学研究的六个具体问题:字量、字义、字形、字序、字音及汉字教学法的研究,并陆续发表了多篇论文,致力于研究这些问题。周有光先生注重现代汉字的研究,同时也重视历史汉字学,他提倡"在汉字学领域应当厚今而不薄古,厚古而不薄今"。在现代汉字学研究领域、在现代汉字学理论的建设和发展过程中,周先生给我们做了引路人。

二、对现代汉字学具体问题的研究

周有光先生曾说,汉字是一个无底洞。的确是这样的,汉字字数究竟有多少,汉字读音究竟怎样确定,汉字的形式究竟怎样及汉字排序等问题都没有完全的定论,而且很多问题是越研究越有问题,说汉字是一个无底洞其实一点儿也不过分。所以周有光先生在汉字的"定量""定音""定形""定序"等方面开展了思考与研究。

(一)汉字定量问题

字数繁多、字数不定是造成汉字难学难用的主要原因之一。为什么会出现这种情况呢?主要是因为汉字异体纷呈,字书里有大量的"同字异形"的异体字;古今并用,字典里有古今字、活字死字,兼收并蓄,死而不葬;因此造字,新词新语出现,往往要造新字,例如发现一个新元素就造一个新字;专用字多,汉语里大量的"专用字",只能用来代表一样东西或者一个概念,不能通用到其他地方。因此,给汉字定量、减少和限制现代汉字的字数是现代汉字规范化的主要内容之一。

20世纪50年代,周有光先生提出了研制《现代汉语用字全表》,《现代汉语用字全表》规定了汉字定量的对象——现代汉语用字,实现了汉字的断代,在古代汉语用字和现代汉语用字之间画上了一道界线。这是汉字定量研究的一大进步,也是周有光先生对汉字定量研究的一大贡献。他说:"汉字随时随地地增加，'生而不报'；又随时失去作用，'死而不葬'。""整理汉字的一项基本工作就是清点汉字的'家底'，编出一份'现代汉语用字全表'的清单来。把'不可知数'变为'可知数'。"从"不可知数"到"可知数"，这就是汉字的定量，它是减少和精简汉字字数的前提。只有确定现代汉语用字的总字数，才能确定字种数，才能进一步研究汉字的分级定量，减少精简汉字字数的盲目性。这项研究对《信息交换用汉字编码字符集·基本集》《现代汉字通用字表》的研究都有重要的启示作用。1980 年 5 月 20 日，中国文字改革委员会曾通过王力、叶籁士、倪海曙、周有光四位委员联合提出的研究制定《标准现代用字表》(即后来的《规范汉字表》)的议案，它不仅要求实现现代汉字的定量，同时还要求字音、字形、字序的规范化，即要求做到汉字的"四定"，这是对周有光先生的《现代汉字用字全表》的进一步发展和完善。

虽然确定现代汉字字数是人心所向，但我们必须认识到：汉字字符众多，而且汉字又在随时随地地增多，随时随地地减少，精确地确定汉字字数是相当困难的。因此有人担心说清点字数是不可能的。周有光先生认为，天文学家能够计算天上的星星有多少。地理学家能够测量海洋的容量有多大。为什么字数就不可以清点呢？当然，清点字数会遇到许多问题。

第一个问题是如何划分古今的问题。现代白话文有文言引语、文言成分和文言词，这是古还是今呢？周有光先生认为，只要现代汉语和文言古语是可以区分的，那么现代汉字和文言古字也是可以区分的。现代用的和古今通用的归入现代。仅仅用于文言古语的归入古代，这包括古代人名地名、古器物名，以及白话文中夹用的文言引语、文言成语、文言语词等。

第二个问题是清点对象是以出版物为限，还是扩大到出版物以外去？人口普查发现许多奇怪的姓名用字，地名普查发现县、市以下有许多奇怪的地名用字，过去都未见于字典和书本，怎样念也成问题。属于这类特殊字的除此之外还有：科技专用字，包括元素名称和其他；少数民族名称专用字；译名专用字；行业特造字；方言字；外族字……都是要研究的。

第三个问题是将来得到的"字表"如何证明它是"全表"呢？"全"的含义是不是"最佳逼近"？据估计，6600 个汉字的覆盖率是 99.999％，只欠缺十万分之一。

第四个问题是字数能否限制，使现代汉语用字到此为止，以后只造新的词，不造新的汉字？这些问题需要分别研究，都是可以解决的，虽然都不是容易解决的。

对此，周有光先生提出了符合实际的做法，他说："可能的办法是步步前进，'逐步逼近'百分之百。""现代汉语用字全表的草稿在实践中检验、复查、补充、订正，最后达到'最佳逼近'，'全'就是最佳逼近。"减少和限制汉字的字数是汉字字量研究的另一个重要方面，要限制汉字字数：一方面要减少新造字；另一方面要减少现有汉字的数量。

周有光先生认为，整理汉字要向限定现代汉语用字的目标前进，不再起用死字，不再创造新字，并且进一步研究能否和如何减少用字总数。这是周有光先生在汉字定量问题上的一种新的探索。

周有光先生对汉字字形的研究还涉及"技术用字的研究"。他认为，汉字机械都是异常笨重的，如果能把 6000 多个汉字"砍去一半"，使他成为 3000 多个字，专门用于传输技术和特种书刊，那么汉字机械就可以相对轻便一些。这样一个便于技术处理的汉字叫作"技术用字"。"技术用字"以频度为根据，不以字性为根据。这个跟日本的"当用汉字（1945 字）"性质相似。不同的是，日本的"当用汉字"用于一般书刊，而我们的"技术用字"暂时只能用于传输技术和特种书刊。根据周有光先生的研究，3000 多个"技术用字"占出现总字次的 99.9%，欠缺千分之一。这个千分之一只能用替代办法了。替代的办法可以有：1. 用同音字体代表外字；2. 用汉语拼音代替，以词为单位；3. 用双音节词代替单字，如用"即鱼"代替"鲫"。这些都要认真研究，做出 3000 多个罕用字的代用汉字表来。

（二）汉字定音问题

周有光先生对汉字"定音"问题的研究主要体现在两个方面：一是对"多音字"的研究；二是对汉字声旁表音功能的研究。周有光先生从文字体制、数量、来源和功能等方面对现代汉字"多音字"的性质进行了综合分析。认为多音字来源有两种：一是产生于"语音分化"；二是产生于"字形偶合"。产生于"语音分化"的多音字主要有：古今音变、文白两读、方普并用以及其他音变；产生于"字形偶合"的多音字有异音通假、旧字新用。多音字功能的异同主要有意义异同、词类异同、单复分工、用途广狭、趋势消长、读音级别等。周有光先生指出"一字多音是汉字学习困难、应用不便的原因之一"，既然学习困难、应用不便，我们就应该想办法减少多音字的数量，周先生强调整理的对象是"规范化的现代汉语用字"中的多音字，不涉及古语或方言土语。他比较了"同音字"与"多音字"的异同："同音字是'同音异形'，多音字是'异音同形',二者背道而驰。"他又提出把分化同音字的词形分化法移植到整理多音字中,在现代汉字多音字的整理中起到了很大的作用。周有光先生提出了整理多音字的四种方法:一是去除多余读音,去除两读中间的一个不必要的读音,保留必要的一读,使之成为"一音字";二是改读,古音今读或僻音俗读;三是改写,改写主要是同音代替。周有光先生在《现代汉字中的多音字问题》一文最后总结说:多音字中有一大半不难改成"一音字"。大约有十分之四可以"去除"多余的读音或写法;有的字被划分出现代汉字的范围归入古字土字。大约十分之二的可以"圈调",这都是单纯的多调字。此外,大约有十分之一的多音字可以尝试"改读"。大约有十分之三的多音字可以尝试"改写"。

关于声旁有表音功能,根据周有光先生的统计,认为在现代汉字中,声旁有表音功能(不论声调)的只占声旁的三分之一,有表调功能的只占声旁的五分之一。汉字要准确标音,只能依靠汉字以外的"字母"注音。"秀才识字认半边"的做法靠不住。

为了减少多音字的数量,周先生还提出了"音级"理论,即把多音字按读音的常用程度分为常读、次常读、罕读三级,这个理论对说明多音字的音项的变化很有价值,对减少多音字的数量也有重要意义,它提醒我们在使用过程中把那些次常读和罕读音改为常读音,从而有效地减少多音字的数量。汉字表音不准是现代汉字需要"定音"的原因之一。

(三)汉字定形问题

周有光先生对汉字的"定形"研究,认为异体字要统一,印刷体和手写体要接近,要以清晰、易认、易写的简化字为规范,这是清朝末年就提出的要求。初学文化的小学生、扫盲学员,以及文化较低的广大群众,普遍希望简化笔画。

所以,整理汉字,首先要淘汰异体,简化字形,提高汉字的规范化水平。1955年,我国举行"全国文字改革会议"以后发布了《第一批异体字整理表》。其中有"同字异形"的汉字810组,每组规定一个作为规范字,其余淘汰。共淘汰异体字1053个。淘汰1000多个异体字非常了不起。这是一次规模不小的异体汉字整理,由于人心所向,执行的时候非常顺利,没有遇到什么阻力。整理异体字之后,1956年1月公布的《汉字简化方案》使得简化字得到正式推行,这是整理汉字的第二个步骤。方案包含515个简体字和54个简化偏旁。清末以来的汉字简化运动初次得到正式实行。这个方案后来发展成为《简化字总表》。该方案中的简化字,从来源来看有古字、俗字、草书楷化、新造字等,从简化方法来看,有省略、改形、代替。这些简化字很多"古已有之",这时候只是把"俗体"提升为"正体",正如"白话"取代"文言"。简化字已经在我国普遍应用于教科书、报纸杂志。新加坡、马来西亚、泰国等地的华人学校也使用了简化字。周有光先生认为,书法不受简化的限制。古代书法家常写简体字,王羲之的《兰亭序》中有三分之一是简化字,欧阳询的《九成宫醴泉铭》中有六分之一是简化字,可见古人不认为简化和书法艺术有矛盾。

至于有人担心简化会破坏传统文化。周有光先生说:"从篆书到隶书的'隶变'大大简化了汉字;久已通行的草书和行书大大简化了汉字。这些简化没有破坏传统文化,从他们继承而来的简化字怎么会破坏传统文化呢?"

关于简化的利弊,周有光先生认为利的方面主要是清晰度高、好认、好写。弊的方面主要是近形字增多、草书楷化字难写、旧书和新书繁简不同。

《简化字方案》从 20 世纪 50 年代颁布使用到今天已经有半个多世纪了,在国内教科书、报纸和一般出版物上,已经普遍实行了,但是在街道招牌、电影字幕、电视屏幕等所谓"社会用字"方面,还存在混乱现象,特别是街道招牌,一眼望去,呈现出"无政府"的奇景。事实上,街道招牌是实用文字,应当规范用字。至于店门以内的书法艺术,可以自由发挥。电影字幕、电视屏幕更是实用领域,而且有给青年示范的作用,应当用规范字。这样做,并不妨碍书法艺术。弘扬华夏文化,应当推行现代汉字的规范化。

(四)汉字定序问题

关于汉字的定序问题,国内流行的主要有四种查字法:部首检字法、笔画法、四角号码法、音序法。其中《说文解字》首创部首法,立 540 部。"部首"就是形声字和会意字中表示意义类别的符号。部首相同的汉字都归入一个类别,使一盘散沙的汉字有了系统。部首法的缺点是同部首的汉字没有规定排列顺序,部首法只是一种汉字的分类法,不是汉字的序列法。为了弥补这个缺点,同一个部首下,要用第二种方法来排列顺序。最常用的第二种方法就是笔画法,笔画少的排在前面,笔画多的排在后面。可是,同笔画的汉字有很多,如何排列先后顺序仍旧有困难。

笔画法是通过隶变使汉字笔画化,从此产生笔形分类。早期的"七条笔阵"和"永字八法",就是把笔画归纳为七类或者八类。笔形法的优点不在分类,而在排序。它可以多层次排列,同组字数较少,而且可以只用一种单一排列法,不用多重排列法。

四角号码法是王云五在20世纪20年代发明的。现在国内学生很少使用它。它是对部首法的革命,又是今天电脑上输入汉字的字形编码法的先河。

音序法的前奏是古代的韵书。音序查字法在中国的正式登场是1918年公布的"注音字母"的结果。《国语辞典》(1935年第一版)最早在大型辞书上用注音字母排列正文。

周有光先生认为,在要求快速检索的信息化时代,汉字的定序问题有更加突出的重要性。部首法和笔画法都难以适应自动快速检索的时代要求。1918年公布"注音字母"后,开始有了利用字母顺序的音序法。在《现代汉语词典》使用拼音字母的音序法排列正文之后,大型出版物如《中国大百科全书》等也采用音序法排列正文。这是定序方法的新发展,也是定序方法的应用,给广大读者查找信息资料提供了极大的方便。

另外,还有对汉字字义的研究和汉字教学法的研究。其中汉字字义的研究主要是汉字构词功能的研究,部首功能的研究;汉字教学法的研究主要是解决汉字和汉语在教学中的矛盾问题。

周有光先生认为,现代汉字学研究的问题和研究方法跟历史汉字学很不相同。它是以语言学为基础并结合信息论、统计学、心理学等边缘科学。这绝不是抛弃或背叛历史汉字学。在汉字学领域里应当厚今而不薄古,厚古而不薄今。周先生这篇文章的发表,标志着现代汉字学这门学科脱颖而出。

三、《现代汉字学发凡》的影响

根据苏培成先生的研究,从1984年年(注:此处原文即有两个年)开始,高家莺在上海师范大学、范可育在华东师范大学首先开设了现代汉字学课程,随后北京大学、北京师范大学、中国人民大学、广西大学、河北师范大学等学校也开设了这门课程。由北京师范大学主持的北京市高等教育自学考试里的中文专业,多年前就开考现代汉字学。2001年,中央广播电视大学和北京大学中文系联合举办中文专业专升本学历教育，开设现代汉字学这门课程，每届学员有一万人。通过广播电视，现代汉字学在全国得到了较快的传播。另外，开设了这门课程的还有天津师范大学、韩山师范学院（位于潮州市）、扬州大学、牡丹江师范学院等高等院校。有的学校培养的汉语言文字学方向的硕士研究生的毕业论文，写的是现代汉字学方面的题目。

苏培成先生说，他读到的专著、教材有 12 种之多。最早出版的应该是孙钧锡的《汉字和汉字规范化》（教育科学出版社，1990 年版）。这本书的书名没有标明是"现代汉字"，而书内每章的标题都标明了"现代汉字"，论述的内容也是"现代汉字"。在这 12 种著作里面，高家莺、范可育、费锦昌合著的《现代汉字学》和苏培成编著的《现代汉字学纲要》，社会影响力较大。苏培成《二十世纪的现代汉字研究》是一部有关现代汉字研究历史的专著。

高等学校中文专业用的《现代汉语》教材里的文字部分以前主要讲六书和汉字形体的演变，现在有的改为现代汉字，有的增加了现代汉字的内容。前者如张志公先生主编的《现代汉语（试用本）》（人民教育出版社，1982 年版）、北京大学中文系现代汉语教研室编的《现代汉语》（商务印书馆，1993 年版），后者如胡裕树先生主编的《现代汉语（增订本）》（上海教育出版社，1987 年版）。

值得注意的是近些年出版的汉字学和汉字学史的著作，有些增加了现代汉字学的内容。较早的有孙钧锡《中国汉字学史》（学苑出版社，1991 年版）的第四章"科学文字学时期"，包括四个部分，即传统文字学研究、古文字学研究、现代汉字学研究和汉字改革研究。其中现代汉字学研究这部分内容非常详细，占了 70 多页。最近出版的汉字学的通论性著作，如吕浩《汉字学十讲》（学林出版社，2006 年版），其中就包括古文字、今文字、现代汉字等几个方面。

从《现代汉字学发凡》发表到现在已经过去了 30 年。在这短短的 30 年中，现代汉字学有了可观的发展，逐渐被学界和社会所认识和接受，建立了初步的基础，特别是在汉字规范和汉字信息处理方面发挥了作用。

（原载《文化学刊》2018 年第 1 期）

读周有光《比较文字学初探》

王宜早

摘　要　周有光先生 1998 年出版的《比较文字学初探》与略早出版的《世界文字发展史》是姊妹篇。这两本著作的写作目的都是证明"汉字拉丁化"学派的理论：套用"生物进化论"而形成的"文字进化论"，包括仅仅根据西方拼音文字的事实而得出来的"文字从属于言语"的理论，以及世界文字"由表形到表意到表音"的发展规律。其学术体系是先验的，其基本理论不符合汉字的实际情况。

关键词　汉字拉丁化；理由嫁接；先验；基本理论偏差

1998 年 11 月，时年 93 岁的周有光先生出版了他的著作《比较文字学初探》(语文出版社)。他在前言中说："研究文字，侧重事实是文字史，侧重规律是文字学。作者以前写了一本《世界文字发展史》[1]，现在又写这本《比较文字学初探》。这两本书是姊妹篇，好比同一棵树的两个分枝。二者的根基是共同的古今中外文字资料。"后出版者对先出版者的资料进行了一些订正和补充，还补充了一些新资料和新理解。

　　先生诚实坦荡的学者胸襟及其构建细密严谨的学术体系的精神，令人敬佩，给人鼓舞。我爱我师，我更爱真理。谨将学习的心得，以及所存的疑问，撰成短文，就教于周先生，以及诸位方家。

"汉字拉丁化"的理论是先验的

1998 年 10 月 1 日，周先生为《比较文字学初探》写了一篇后记。

后记中写道:"20世纪30年代,中国掀起一个拉丁化新文字运动。好些人写文章,比较中文和英文的得失。我也写过这样的文章。渐渐(地),我明白,这种比较是浅层的,没有学术意义,也不能解决实际问题。于是我开始阅读国外的文字学著作,自学比较文字学,希望根据世界文字的历史资料,进行系统的深层比较。"

学术研究,特别是自然科学研究,照理说是先有研究,后有结论。可是在有些领域,特别是在一些社会科学领域,则是先有结论,后有研究,在结论的引导下搞学术研究,以研究去"圆""饰"结论。这种情况,我称为"先验"。"汉字要实行拉丁化",就是这样一个"先验"的结论。

汉字诞生之后,几千年中经过了许多次改革,却从来没有像近现代这样面临着生死存亡的问题。五四运动,否定封建传统,归罪于汉字,要求革汉字的命,取消汉字。就像倾倒洗澡水,要把盆中的婴儿一道泼掉。大家都在批评汉字,出发点却不一样,追求的目标也不同。回过头来看看,"汉字拉丁化""汉字改革",并不是一个流派。主张"汉字拉丁化"的人们,有的认为要救国图强,必须"师夷利器",丢弃汉字,改用拉丁字;有的从"西方文化中心主义"立场出发,宣称汉字是落后的必然要死亡的文字。从事社会变革的人们,因为看到广大的劳苦大众处于文盲、半文盲状态,为了有利于人民群众学习文化,以便更好地参加社会变革和经济建设,所以主张改革汉字,改革汉字教学方法,并为此做了大量的工作,主要有整理异体字,简化汉字,制定并推行作为识字工具的《汉语拼音方案》。大批学者还在分析汉字、改造汉字,使之适应现代信息技术方面付出了巨大的辛劳,做出了伟大的贡献。

在社会大变动的背景之上,学术研究、社会实践,大家裹在一起,似乎形成一股潮流。各个流派都为自己找"理由",由于学术争论没有充分地展开,学派没有明显分化,也出现了"理由嫁接"的现象。许多真心实行"汉字改革"的人们,竟然接受了"拉丁化"的理论。周先生以毕生精力从事汉字改革的工作,但他所坚持的是"汉字拉丁化"的理论。

周有光先生在后记中写道:"(20世纪)50年代,中国成立文字改革委员会,我被调来会中工作。这时候,听到许多人谈论,文字改革的根据是文字的发展规律。什么是文字的发展规律呢?只有简单的一句话,那就是从表形到表意到表音,没有深入的和详细的说明。反对的人说,根本没有这样的文字发展规律。你看,汉字经过3000年,变成拼音文字了吗?对这种反对意见,无人能做使人信服的解答。这是一个复杂的学术问题,不能用三言两语来肯定或者否定。要想进一步了解文字的发展规律,只有进行比较文字学的研究。"

周先生在这段话中明白地告诉我们以下几点:

1. 文字改革的根据是文字的发展规律。

2. 所谓"文字发展规律",只有一句话:"从表形到表意到表音。"

3. 对于这个规律,20 世纪 50 年代初还"没有深入的和详细的说明"。

4. 有人反对,说"根本没有这样的文字发展规律"。(他没有说,这些"反对"的人,后来都做了些什么工作。)

5. 周先生从事"比较文字学"的研究,就是为了说明这一条文字发展规律。其实,"从表形到表意到表音"的规律,是"汉字拉丁化"的理论,而不是"汉字改革"的理论。

其实,"从表形到表意到表音"的这条规律,并不是周先生发现的,他只是要向人们进行"深入的和详细的说明",要证明这条规律,让人们"进一步了解文字的发展规律"。当然,还要接受这条规律,按照这条规律办事(否定汉字,实行拉丁化)。

"从表形到表意到表音",是 19 世纪末英国的泰勒提出的公式,用生物进化论的观点来说明文字的发展过程,曾被誉为"语言文字学中的达尔文"。伴随着资本在世界范围内的扩张,学者们提出了一系列所谓的"学说",从达尔文的生物进化论轻而易举地引申出庸俗社会学。他们的主观意图如何,很难简单地加以判断。从客观效果看,按照这些"学说"稍加推理,就可以轻而易举地得出以下"科学"结论:中国的文化是落后的文化,应该全盘接受西方的先进文化;中国的汉字是落后的文字,应该取消汉字,代之以西方的拉丁文字;中国的民族是"劣等民族",应该由西方的"高等民族"来统治。这是社会、文化、语言、文字发展的共同规律。以舆论服务于资本扩张的西方学者和以舆论服务于社会革命的一些东方学者,在否定中国文化传统,特别是否定汉字这一点上,竟然是那样一致,那样互动。

不过,毕竟"规律"是别人提供的,而在我们自己,则"没有深入的和详细的说明"。也就是说,只能被称为"先验"的规律。

周先生坦率地告诉我们,"汉字拉丁化运动"的学术准备是不足的。周先生的研究工作有一种使命感,那就是,补足"汉字拉丁化运动"的学术准备。研究世界文字发展史,研究文字类型学、比较文字学等,都是为了使已经"政治化"了的学术问题重新穿上"学术化"的外衣。

由文字分类法到发展规律

"比较",是一个外表中性的词语,容易给人一个客观、公正、科学的印象。似乎"比较出来的结论"就一定符合事实,就一定可靠正确。一般地说,是这样。

但是,比什么? 比哪些项目? 从什么角度去比? 怎么比? 对用来比较的事实如何叙述? 比较的结果如何表述? 如何评价? 等等,在材料的取舍、观察的角度等方面可以存在很大的不同;即使相同的材料,引出的结论也可以很不相同。也就是说,比较,这种看似客观、公正、科学的研究工作,仍然有着很强的不客观性、不公正性、不科学性。

客观性的外衣可能掩盖着主观性的实质。《初探·总论》开宗明义第一句就是:"'科学学'有一条规律:'比较增进知识,分类形成系统。'"《初探·前言》第二节写道:"比较引起分类,分类形成系统,比较、分类、系统化是知识进入科学领域的重要门径。""比较"和"分类"是互为前提的关系,"比较"才能"分类","分类"有利于更好地"比较"。周先生写的《比较文字学》,以文字类型为纲,便透露出"比较"和"分类"两者之间的关系。

文字分类法是文字发展规律的基础。泰勒分类法按照"文字进化论"的逻辑,把人类的文字分为五种、两类。五种是图画、图形符号、语言符号、音节符号、字母符号;两类是把这五种文字分为表意文字、表音文字两大类。由此断言,人类文字的发展规律是:"从表形到表意到表音。"

"三相"分类法是周先生很看重的成果之一。[2]"三相"即从三个角度,观察文字的三个侧面:第一,符位相——从符形角度,观察文字的符号侧面,把文字符号的外形分为图符、字符、字母三类;第二,语段相——从语音角度,观察文字的语段侧面,把文字分为语词文字、音节文字、音素文字三类;第三,表达相——从文字对于语言的表达角度,观察文字的表达侧面,把文字分为表形文字、表意文字、表音文字三类。周先生对世界的文字先从三个方面各自进行分类,得出九类;然后三相叠加,叫作"综合聚焦",得出五种文字:形意文字、意音文字、音节文字、辅音文字、音素文字。

"三相"分类法花样翻新,据周先生自己说,诸家分类法都是平面分类法,而"三相"分类法则是立体分类法。但是有两点是始终未变的:其一,坚持"文字从属于言语"的基本理论；其二，坚持"表形表意表音"的基本框架，特别是，分类原则一旦具体化，当把文字类别的名称摆出来的时候，就无法掩饰了，那其实是泰勒分类法的翻版。

在"什么是比较文字学"这一章中，周先生郑重写道："比较的目的不仅是阐述相互之间的差异性，更重要的是阐述相互之间的共同性。"[3]运用了"不仅是……更重要的是……"这样的句式来加以强调，可见重要性。比较嘛，本来既要比较差异性，又要比较共同性。周先生却强调说"更重要的是"共同性。原来，"共同性"就是指"共同的规律"，也就是"世界文字共同的拼音方向"。

形而上学总是先设置一系列的二元对立或者是多元对立，然后以其中一项为标准，否定其他诸项，臣服其他诸项，从而建立自己的"一统天下"。这个逻辑已经为社会发展的实践所否定。文字发展的规律也不可能遵循这样的逻辑。周先生从泰勒那里借来了"分类法"，是为了论证"从表形到表意到表音"的规律。这样的"规律"是不能令人信服的。

不仅是大的学术框架，即使在具体的逻辑运行过程中，遇到关键的地方，周先生也不忘他的宗旨。在叙述古埃及圣书字消亡过程时，认为"科普特语"是圣书字的最后孑遗。他写道："'科普特语'到14世纪消亡了，但是仍旧应用于科普特基督教会中。衰亡的文字遗留在宗教中间，也是一条有普遍性的规律。"[4]你看，轻轻一笔，就从一个具体的例子中引申出一条"有普遍性的规律"。不知什么原因，周先生对这条"规律"并没有展开论述，加以引申。

而有的时候，周先生的《比较文字学初探》也和大部分其他著作一样，对一些重要规律，采取了轻描淡写甚至遗忘的态度。在"传播和发展的规律"这一节开头，写道："西方流传一个说法，'文字跟着宗教走'，实际是'文字跟着文化走'。代表较高文化的文字，向文化较低的民族传播，这是文字的运动规律。"[5]其实，这条规律是需要花大力气加以论证的，特别是对于"传播"过程中发生的大量血淋淋的战争、屠杀等事实，是不应该掩盖或淡化的。

周先生坚持的"规律"，一直渗透到具体资料的处理上，有许多值得深思的地方。例如，在"汉字的形制"这一节中，说到汉字的单体符号为"文"，复合符号称"字"。他写道："如果把复合符号分开来做线性排列，不叠成'方块字'，那么，书写现代汉语只要800来个符号就够了。叠成'方块字'使字数增加，造成字无定量。"[6]这是一种纯理论推想：说是汉语有声母23个，韵母38

个,声韵相拼,可得 847 个单音节词。这就是周先生所说的全部"现代汉语"。请问,那么多的"同音词"哪里去了? 那么多的双音节词、多音节词、译引外来词哪里去了? 如果采用周先生设计的 800 多个线性排列的符号,那么,能够精密地表达汉民族思维的汉语还存在吗? 诚然,汉字符号叠成"方块字",增加了汉字的数量,但绝不会像周先生所说的"造成字无定量"。有意义的是,汉字所具有的复合构词能力,包括联想构词能力,使得汉语词汇总量的增长始终保持在可以控制的范围之内。既然是"比较文字学",就应该不失时机地将汉字与拼音文字做比较:拼音文字的字母没有意义,所以它不具备与汉字的单字做比较的资格。能够和汉字进行数量比较的,只有西语的"词"。西语词汇量的无限膨胀,再加上语音的变动不居,将会带来什么样的后果,这是值得忧虑的。

周先生的学术著作,语言并不是冷冰冰的、呆板的,而是循循善诱的、生动的,笔端常带感情。例如,当他说到汉字的时候,要把它说成"一盘散沙的汉字",看样子不是"不经意"的"笔误"。什么叫"一盘散沙"? 我猜那是指汉字的构造规则"六书"。如果认为文字存在的唯一价值就是表音,像索绪尔那样,那么,用这样的眼光来看作为多维信息载体的方块汉字,可不就是"一盘散沙"? 不过,这不是科学的语言,而是表达学术偏见的语言,是陌生感和厌恶之情的自然流露。说汉字的时候如此,可是,当他说到闪米特人创造了"字母"的时候,我仿佛看到老先生的眼睛立刻闪出光芒,因为他在"字母"的前边加上了"最平凡的而又最伟大的"这样的修饰语。当他讲到拉丁字母传播到世界各地的时候,情不自禁地写下了:"拉丁字母已经成为全世界的通用字母。这是'书同字母'规律的实现。"(又是一个"规律"!)宣称字母文字的发展又进入了"一个拉丁字母国际通用时期"[7]。事实上,这绝不仅仅是文字学的问题。有些人很乐于这样虚张声势,"四面楚歌",围剿汉字,这是文字学家所不取的。

基本理论上存在偏差

读完了周先生的《比较文字学》,除对周先生的文字学基本观点有所了解以外,还受启发思考了一些基本理论问题,感到"汉字拉丁化"学派在基本理论上存在偏差。

按照达尔文的生物进化论,世界上的生物都是进化的。人们匆匆忙忙地从生物进化论引申出各种社会学模式。

西方一些学者狂妄地把他们的文化形态说成是最高的最好的文化,作为统一人类文化的理想模式。我国学者借西方理论武器来否定自己的民族文化,在文字学上,则把汉字研究纳入拼音文字的轨道,"彻底改造汉字"。那些基本理论在源头处的失误,给我们的汉字研究设置了许多理论陷阱。

谁也不能否认,"汉字是和拼音文字不一样的文字"。汉字的性质、特点应该得到独立的、更加充分的研究。"比较文字学"研究中那种以一种文字"统一天下"的指导思想,应该受到质疑。"汉字拉丁化"学派老是在研究取消汉字的战略和策略,这种非学术的研究工作,是否也应该受到质疑呢?

在文化多元化的世界里,谈论由哪一种文字来统一世界,显然都是不合时宜的。各种文字都应该得到发展。当然免不了交融。互相学习,取长补短,就是交融。在交融的过程中,各种文字之间的相互转换,相互适应,是绝对必要的。

注　释

[1]周有光.世界文字发展史[M].上海:上海教育出版社,1997:4.

[2]周有光.比较文字学[M].北京:语文出版社,1998:27—32.

[3]周有光.比较文字学[M].北京:语文出版社,1998:5.

[4]周有光.比较文字学[M].北京:语文出版社,1998:21.

[5]周有光.比较文字学[M].北京:语文出版社,1998:20.

[6]周有光.比较文字学[M].北京:语文出版社,1998:115.

[7]周有光.比较文字学[M].北京:语文出版社,1998:15—16.

（原载《南京晓庄学院学报》2006 年 9 月第 5 期）

谈古典文字问题[*]

周有光　　陈明远

客(陈明远)：中国有"古文字"说法，没有"古典文字"说法。"古典文字"说法是从哪里来的？"古文字"和"古典文字"的含义是什么？区别何在？

主(周有光)："古文字"是历史概念。汉字的甲、金、大小篆都可称为"古文字"。"古典文字"是类型学概念，说法来自西方。初指钉头字(楔形字)、圣书字和汉字("三大古典文字")，后来加上玛雅字和云南彝字。它们外形彼此不同，而内在结构基本一致，都是自源文字，有意符、音符和定符，能用"六书"说明，都表语词和音节，都是表意兼表音。在人类文字史中，他们是原始文字和字母文字之间的一个发展阶段。

客：您曾将文字的历史分为三期：原始(形意)文字时期，古典(意音)时期和字母(表音)时期，汉字在宏观分期中处于古典时期。这三个历史时期是不是文字发展的必然轨迹？您曾说要让汉字字母化"等500年吧"，但从更宏观的视角来看，字母化是不是一种历史趋势？

主：人类文字发展分几个阶段，不同学者看法不一样，我比较了几十种看法之后，把它分为三个阶段：原始文字、古典文字和字母文字。原始文字是不成熟的，它不能全部记下我们想说的，尤其是虚指，有些部分要靠你自己记。汉字是古典文字，重要的古典文字还有两河流域的钉头字、古埃及的圣书字(不应该翻译为象形字)和美洲的玛雅文字。玛雅文一度失传了，差不多600年没有人认识，后来一个俄罗斯人把它解读出来了。我在1956年搞到了俄罗斯的资料，第一个把"玛雅文字的解读"介绍过来。

客：可是几年之前在北京举行大规模的"美洲玛雅文化展览"，只展览了

＊　节选自《百岁学人周有光先生谈话录》之八"谈古典文字问题"。

玛雅文字图像,没有玛雅文解释。他们不知道您已经全面介绍过"玛雅文字的解读"了!

主:古典文字作为符号是很难认的,之后有了字母文字,这是高度思维的结果,也是发展趋势。

客:汉字,有人说是"表意文字",有人说是"意音文字",有人说是"语素文字"。究竟是什么性质的文字?

主:"表意文字说"流传久而且广,后来文字学者深入研究,发现"六书"中假借和形声都是表音,而且占字量的大多数,于是改称"意音文字"。语素包含成词语素和不成词语素,相当于语段包含语词和音节。"语素文字说"和"意音文字说",前者从语段观察,后者从表达法观察,相互补充,并不相互矛盾。

客:有人说,圣书字中有发达的字母表,圣书字是最早的表音文字。对不对?

主:字母学把表音符号区分为规范化和未规范化两类。规范化的称为表音字母,未规范化的称为表音字符。圣书字中的表音符号,一符多音,一音多符,音符一般跟意符或定符结合使用。圣书字中的表音符号没有规范化,不是表音字母。圣书字不是表音文字,而是意音文字。

客:圣书字中的字母,为什么省略了元音,成为辅意字母?

主:圣书字时代,人们还不知道区分元音和辅音,写不出元音,因为根本不知道有这回事。"不知道写"和"不会写"不是"省略写"。"省略"必须先能书写。

客:纳西族的东巴文也省略许多书写?

主:东巴文也是"不能书写"和"不会书写",不是"省略书写"。文字是从"写不全"向"写全"逐步发展的。这不是"省略"。

客:有观点认为,文字有"假借起源说"。您怎么看?

主:假借就是借,必须先有现成的字,然后才可以去借。原来没有字,何处去借呢?假借是用字方法,不是造字方法。"假借起源说"是无法成立的。

客:"六书"中有哪几种能造字?

主:指事和象形能第一次造字,造出单体符号的"文"。会意和形声能第二次造字,造出复合符号的"字"。假借是借字表音,不能造字。转注是略改字形,借形造形。

客:汉字和字母,创始于相差不多的时代,后来各自创立一个独立体系,长达 3000 年。表意体系和表音体系,两系并立,这是明显的事实。为什么有人说,人类文字是一个总系统,不是两系并立?

主:看过去 3000 年,的确是两系并立。可是,文字学者再推前 3000 年,在 6000 年中进行深入研究,发现了新问题:字母不是自源创造,而是借源创造,借源于早期的钉头字和圣书字中的表音符号。字母在早期古典文字的母胎里孕育了 2000 年然后诞生。汉字是自源文字,字母是借源创造,二者经历不同,不是两个并立体系。人类文字史是一个文字总系统,包含原始文字、古典字和字母文字。

客:文字是从语言发展出来的,文字当然要受语言的制约。什么形式的语言用什么形式的文字,英文宜用字母,汉语宜用汉字。为什么又说,语言类型不能决定文字类型呢?

主:藏语和汉语,同属汉藏语系,可是藏文用字母,来自印度。日语和汉语,迥然不同,可是日文用汉字来自中国。用拉丁字母的有 120 多个国家。他们的语言种类纷繁,可是都用同样的字母,都来自西欧。这些事实,都证明语言的类型不能决定文字的类型。"借源文字"的类型,取决于源头文化。

客:语言和文字有没有合一的"语文分类法",还是语言有"语言分类法",文字有"文字分类法",各自有不同的分类法?

主:我只见过个别的语言分类法和文字分类法,没有见过语言和文字合一的分类法,如果有,请借来给我看看。

客:美国女教授 Besserat 在 1992 年出版 *Before Writing*(《文字之前》)一书,提出钉头字起源于 Clay Tokens(泥块标记物),推翻了楔形文字的图形文字起源说。你看到没有?

主:我看了第一卷,没有看到第二卷(资料部分)。书中提出,"楔形文字的直接先驱是一种标记方式,用小型泥块作标记物,有锥形、球形、盘形、圆筒形等,在史前时期计算数量";"标记物的使用是发明'抽象计数'之前的'具体计数'方法";"计算数量跟发明文字有密切关系"。这些原理我原来是知道的,书中做了详细的考证,使事实更加明白。"文字之前"就是"文字成熟之前"。《文字之前》一书,没有涉及楔形文字"成熟之后"的发展。楔形文字"成熟之后",在书写体式方面,分为两个时期:前一时期用"图形体",这是所谓"图形文字起源说"的根据;后一时期用"楔形笔画体",后世于是给它定名为"楔形字"(又称"钉头字")。这两种书写体式在许多人类文字学书籍中都有实物举例。泥块标记物的出现和发展,发生在楔形文字成熟之前,不可能否定楔形文字成熟之后"图形体"的存在和"图形文字起源说"。

客:您能不能讲一下汉字改革和中国文化的关系?

主:第一点,文字是一种工具,不是神圣的东西,把汉字说成是中国文化的根儿,那就错了。《诗经》里面很多诗歌创作于文字尚未出现的时代,《诗经》里很多重要的篇章都是没有文化不认识文字的人创作的口头文学嘛,那么《诗经》就没有根儿了?汉字改革就是我们需要一个比较方便的工具。第二点,我研究汉字在人类文字历史上的地位,这个得用比较文字学。一比较你就知道,你要从人类的文字史才看得出汉字的地位,这叫"不识庐山真面目,只缘身在此山中"。从整个人类文字史看,第一个阶段是原始文字,第二阶段是古典文字,第三阶段是字母文字。从历史发展的阶段看,汉字就属于古典文字阶段。汉字和字母不是并列的,从总的历史看,字母的产生比古典文字产生晚了 2000 年。文字它有继承性和习惯性,只能稍加修改。古典文字,不仅是汉字,还有其他的古典文字,而其他古典文字都不用了,只有汉字在用。你不改它不行。

客:但是要搞汉字改革,阻力非常大,怎么改呢?

主:只好修改一些,一点一滴地改,一步一步地改。搞一个拼音来帮助它。汉字文件很难进入电脑,拼音要把汉字和电脑接轨。拼音是一座桥梁,同时,中国文化和外国文化要沟通往来交流,要有一座桥梁,这桥梁主要就是汉语拼音方案,我做的这点工作很小,是小儿科。但你不能没有它。文盲学习文化需要汉语拼音。你给人家一张名片,方块字人家看不懂,要有汉语拼音。这是一座桥梁,也可以说是润滑油,如此而已。

客:在咱们国家,有人争论我们的拼音能否成为文字。

主:拼音化有两个含义:广义的拼音化,比如用拼音发短信、给汉字注音,方便了很多到中国来的外国人,他们觉得汉字很难。(20 世纪)80 年代到欧美去讲学,有个教授问我:你们汉字有没有 1000 个? 他以为 1000 个就不得了了,我说我们通用的汉字有 7000 个。他吓坏了。狭义的拼音化,就是把拼音变成正式的文字,这个很困难。拼音从理论上讲当然可以成为文字,但要真正成为文字,不仅要我能写,还要你能看懂,100 年后的人也能看懂。人家问我最短要多久,我说你等 500 年吧!

客:研究文字,除向内观照华夏文化之外,您一直很关注从全球化的角度来看文字问题。

主:研究语言文字学时我发现,中国在这方面有很好的传统,缺点是只研究中国不研究外国,只研究古代不研究现代。新时代语言文字的许多问题其实从清朝末年就开始了,古老的语言文字跟现代化不能配合。所以我写成了《汉字改革概论》,把群众的感性认识提高到理性认识,把文字改革跟现代科学挂钩。当时发行量很大,日本很快就翻译过去了。

我做研究有这种视野——必须从世界来看中国,不能从中国来看世界。比如提出一个问题:汉字在世界历史上占什么地位?这个问题很重要,我从(20世纪)50年代开始研究,一直到80多岁才把它写成书,叫作"世界文字发展史",补充了现代的知识,跟外国联系,把汉字的学问扩大到世界。

(《百岁学人周有光先生谈话录》原载《社会科学论坛》2011年第7期)

周有光对中国语文现代化的贡献

苏培成

  周有光先生是学贯中西的大学者,是中国语文现代化理论的奠基人。距离现在 45 年前,我读书时有幸聆听周先生讲授"汉字改革"课程,成为周先生的学生。今天借着祝贺周先生百年华诞的时机,我从一个学生的角度试着谈谈周先生对中国语文现代化的贡献,请周先生和各位专家指正。

  汉语拼音研究。周先生 1955 年由上海调到北京,到北京后他参加的第一项重大的学术工作就是研制汉语拼音方案。这是新中国成立初期在文化建设上的一件大事,周先生在这项工作中发挥了重要作用。制定拼音方案首先要解决的是采用什么样的字母。那时的中国,包括语言文字学界,对世界字母的情况所知不多。1954 年,周先生为了给选择字母提供参考资料,编写了《字母的故事》这本书。周先生在书中告诉我们:拉丁字母是世界最通用的字母,是国际文化交流的共同工具。"在文字结构上,它是最进步的音素(音位)制度;在字母的形体上,它是最简明实用的符号;在语音的表示上,它有非常广泛的适应性。它有这些优点,所以它能够活跃地生活在日益众多的民族中间。"[1]《汉语拼音方案》最终采用了拉丁字母,历史证明这是完全正确的。这个选择固然体现了国家领导人的远见卓识,而周先生的推荐介绍也是功不可没的。拼音方案既然采用了拉丁字母,就必须采用音素制的音节结构,而不应该采用双拼制(如反切)或三拼制(如注音字母)。既然采用了拉丁字母,在字母和音素的配合上,就必须遵守使用拉丁字母的国际习惯。但是拉丁字母毕竟是外国字母,让它和汉语音素相配合,其中就有许多具体问题要研究处理。周先生对这些问题做了比较深入的研究,提出了解决的建议。关于制定《汉语拼音方案》的基本原则，周先生提出了"三化"，即口语化、音素化和拉丁化。口语化：拼写规范化的普通话。音素化：按照音素（音位）拼写音节。拉丁化：采用国际通用的拉丁字母。为了消除人们对《汉语拼音方案》的误解，周先生提出了《汉语拼音方案》的"三不是"："第一，它不是汉字的拼形方案，而是汉语的拼音方案。第二，它不是方言的拼音方案，而是普通话的拼音方案。第三，它不是文言的拼音方案，而是白话的拼音方案。"[2]周先生的这些意见都是非常宝贵的。

《汉语拼音方案》主要规定了汉语音节的拼写法，还缺少汉语词语的拼写法，因此还必须制定汉语拼音正词法。在《汉字改革概论》一书中，周先生对汉语拼音正词法已经做了研究。1979年周先生代表中国出席国际标准化组织在华沙举行的会议，在会上提出采用《汉语拼音方案》作为拼写汉语的国际标准的议案。在审议中有些代表提出，采用《汉语拼音方案》作为国际标准应当包括一个拼音正词法规则，于是周先生就起草了《汉语拼音正词法要点》，供会议审议。1982年，ISO/TC46用通信投票的方式通过了中国的议案，从此《汉语拼音方案》成为罗马字母拼写汉语的国际标准。在这个过程中，周先生起到了重要的作用。1982年，文改会成立了汉语拼音正词法委员会，负责拟订《汉语拼音正词法基本规则》。在研制正词法基本规则的过程中，周先生发表了《汉语拼音正词法问题》《正词法的性质问题》《正词法的内在矛盾》等论文，这些文章后来收集在《中国语文的现代化》论文集里。

周先生十分关心《汉语拼音方案》的应用。他去东北考察拼音电报在铁路系统的应用，他积极支持供聋哑人使用的以《汉语拼音方案》为基础的汉语手指字母的设计，他积极支持黑龙江省开展的"注音识字，提前读写"小学语文教学改革实验。更值得一提的是在"文革"后期，当中文信息处理开始提上日程的时候，是周先生首先给我们指明利用汉语拼音输入汉字的重要意义，大力提倡拼音转换法，即输入拼音由软件自动转换为汉字。周先生语重心长地说："我们失去了一个大众化的打字机时代。现在，来到了计算机时代。如果输入汉字必须经过记忆编码的特别训练，不能像外国的字母文字那样方便，那么，中国计算机也只能由专业者使用，不能成为大众化的语词处理机。这样，差距依然存在。我们在失去一个大众化的打字机时代以后，不能再失去一个大众化的语词处理机的时代。真正消灭差距，追回失去了的时代，出路很有可能就在于采用'拼音转变法'。"[3]事实证明，周先生的论述完全正确，充分显现了科学研究的预见性。在今天，除了专业录入员使用编码输入外,绝大多数人使用中文电脑时用的都是拼音转换法。我们感谢周先生给我们指明了中文输入的光明大道,使我们少走弯路,加快进入中文信息处理的新时代。

中国语文现代化研究。中国语文现代化是周先生语文研究的核心,汉语拼音是其中的重要部分。我们为了叙述的方便在上一段里谈了汉语拼音,这里再谈语文现代化的其他问题。

下面先说明周先生对三个术语的解释,这三个术语就是文字改革、语言规划和语文现代化。周先生说:"二战之后,新兴一百多个国家。建国的第一件大事就是规范法定语文。由此产生一门新学问,叫作'语言计划'(Language Planning),又译'语文规划'。这跟中国的'文字改革'名异而实同。'语言计划'包括文字,'文字改革'包括语言。'语文规划'又称'语文现代化',是一件世界性的大事,不是某一国所特有的问题。"[4]周先生又说:"'文字改革'或者'语言计划'这些说法有时容易产生误解。我从(20世纪)60年代起就改说'语文现代化'。有人说:'语文怎么也能现代化?'其实,'语文现代化'这个说法在国际上早已通行。""语文现代化不是中国一国所特有的工作,而是一种世界性的工作。这一点要使国内更多人知道利于中国的改革开放。"[5]请各位专家考虑周先生的这个意见,语文工作是群众性很强的工作,离开了千百万群众的积极参与,我们的工作便很难取得成功。显然,"语文现代化"要比"语言计划"更容易被群众所接受,所以还是使用"语文现代化"这个术语较好。

中国语文现代化运动自1892年卢戆章发表《一目了然阶级》以来,一百多年间有了很大的发展,取得了很大成绩,也走过不少弯路。周先生说:"辛亥革命以来,文字改革逐步前进,但是没有长远规划,缺少理论指导。"周先生"深感文字改革需要跟语言学挂钩","使文字改革成为一门可以言之成理的系统知识"[6],于是他开始了语文现代化的理论研究,并且取得了巨大的成绩。

中国语文现代化运动是怎么兴起的?是少数人一哄而起的吗?当然不是。周先生告诉我们:"社会的演变和语文的演变是密切关联的。秦并六国,统一天下,实行'书同文'政策;'官狱职务繁,初有隶书,以趋约易,而古文由此绝矣'(《说文》)。这是古代的社会演变引起了语文演变。鸦片战争(1840)打开闭关自守的清帝国的大门,中华民族由震惊而觉醒,开始了中国历史的新篇章,同时,掀起了中国语文新思潮。这是近代的社会演变引起了语文演变。辛亥革命（1911）以后，一个语文现代化运动从酝酿进入实践。……语文现代化在前进过程中，有成功、有失败，有高潮、有低潮，有新旧争论，有左右摇摆，不断在'尝试与错误'中提高认识和开展局面。"[7]语文现代化不是谁想发动就能发动得起来的，也不是谁不喜欢、想取消就能取消得了的。在高潮时，头脑要冷静，不要发热；在低潮时，要看到光明，要提高信心。当前中国正在和平崛起，中国的现代化建设正在阔步向前，汉语汉字在世界的影响力正在扩大。在这种形势下，中国语文现代化要有新的开展。

要科学地总结一百多年来中国语文现代化的成就与不足。一百多年来，中国语文现代化内容十分丰富，事件、人物、论著、观点，错综复杂，矛盾对立贯彻始终。如何透过错综复杂的表面现象找出实质，揭示出有规律性的东西，是中国语文现代化研究的重大问题。周先生高屋建瓴，把一百多年的中国语文现代化概括为四个方面，即语言的共同化、文体的口语化、汉字的简易化、表音的字母化。如果把信息化时代的语文现代化也考虑在内，周先生又增加了"两化"，即语文的电脑化和术语的国际化。中国语文现代化的这些成就改变了我国人民的语文生活，就这点来说，我们每个人都是语文现代化的受益者。《中华人民共和国国家通用语言文字法》用法律的形式肯定了一百多年来语文现代化的成就，指导我们的语文生活沿着现代化道路前进。

中国语文现代化也有失败。周先生认为"1949年以来，最大的失败有两件事。一件是1986年放弃的'第二次汉字简化方案草案'（'二简'）。另一件是1982年放弃的新疆维吾尔族的拉丁化新文字（'新维文'）。"这两次失败使我们知道了如下的'阻力规律'：1.改革的步子要适当，不宜太大、太快；如果'以新换旧'有困难，就应当'新旧并行'，避免'新旧脱节'；长期'新旧并行'以后，就能自然地'以新换旧'。2.改革要考虑时代思潮，'人心思变'的时候可以改革，'人心思定'的时候不宜改革。冒进的改革，结果是延缓改革。"[8]

比较文字学研究。汉字问题是中国语文中最复杂也是最敏感的问题，在近百年的中国语文现代化中如何评价汉字、如何看待汉字的前途争论非常激烈。周先生对此采取了极为严肃的科学态度，用切实的科学研究提出了自己的看法。20世纪50年代，人们常说文字改革要按文字发展规律办事，可是文字发展规律是什么？只有一句话：从表形、表意到表音。有人说，没有一种文字是从表意变为表音的，形意音的演变规律不能成立。到底哪种看法符合事实？为了回答这个问题,周先生开始了比较文字学的研究。周先生说:"汉字型文字是人类创造的许多种文字系统中间的一种。只从汉字来观察汉字,难免'不识庐山真面目,只缘身在此山中'。还应该把视野再扩大一步,把人类所有的文字作为一个整体,进行微观的和宏观的研究、历史的和共时的比较,这是'人类文字学'。这样,才能完整地理解人类文字的历史事实、功能性质和发展规律,以及汉字在人类文字发展史中所处的地位。"[9]

为了找寻形意音的完整发展规律,周先生走进了钉头字的历史,找到了它在传播演变中从意音文字到音节文字再到音素文字的发展过程。这不是一种钉头字的演变,而是整个钉头字系统的许多种文字的总体演变。再说汉字。的确,在汉字系统中找不到形意音的完整演变过程。汉字在原产地中国,只有形声化,没有音节化。汉字传到日本,从语词符号演变出音节符号,但是没有再进一步变成音素字母。朝鲜颁布的音素字母,不是从汉字演变出来的。这好比从一种生物看不出进化迹象,在生物系统的整个发展过程中,看到了进化论的规律。[10]"再看世界文字的历史。从前 3500 年到前 1500 年是钉头字和圣书字时代,这时候只有'意音文字'。经过 2000 年的'从意音到表音'的潜在演变,到前 1500 年产生扬弃表意、纯粹表音的字母文字。这就是文字的'形意音'发展过程。汉字的产生和发展比钉头字晚 2000 年,但是发展步骤没有两样。"[11]

周先生的研究,证实了世界文字发展确实存在一条由表形到表意再到表音的客观规律,这条规律的阐明对汉字的拼音化自然会有影响。不过,我们知道汉字拼音化是一个涉及方面极广的系统工程,需要各种条件的配合,而不是只有发展规律就可以进入实际操作阶段。周先生对这一点有明确的认识。他说:"文字改革还只是一个学术问题,汉字在中国相当稳定,现在没有改为拼音文字的迹象,拼音只是一种辅助的表音工具。"[12]在中国,周先生关于比较文字学的研究具有开创意义,值得我们重视。对世界文字的发展规律,至今学术界还存在着重大分歧。学术是在争论中发展的。不管别人是不是认同,周先生提出的观点都是今后进一步探讨的新起点。

现代文化研究。文化与语言文字关系十分密切,而发展先进文化也正是建设现代化的发达社会所必不可少的条件。"文革"后中国掀起了文化热,学者持不同的观点展开了激烈争辩。周先生在 82 岁高龄以后发表了多篇有关文化的论文,提出了许多有价值的观点,引起了社会的关注。我这里只介绍两个观点。

一个是关于现代文化。周先生说："现代文化是全世界各个地区的传统文化的融合和升华，它是全人类共同的创造，19世纪开始形成，20世纪快速发展，21世纪将普遍展开。"[13]"现代文化不是某些国家的专利，而是全世界所有国家的共同财富。起初西方国家的贡献比较多，现在东方国家也越来越多地做出贡献。现代文化是全世界'共创、共有、共享'的文化。""中国长期封闭，厚古薄今观念根深蒂固，以为文化就是固有文化，东方与西方势不两立，不是西风压倒东风，就是东风压倒西风。时代改变了，这种认识需要改变了。现在再谈中国文化即将统治21世纪是可笑的了。统治21世纪的不是东方文化，也不是西方文化，而是世界共同的现代文化。""现代文化的产生，不等于传统文化的消灭。传统文化将与现代文化并存。"[14]周先生关于现代文化的观点有重要的现实意义，他在这里批评的"不是东风压倒西风，就是西风压倒东风"的文化观目前在社会上还有一定的影响，这种文化观是十分有害的。它把西方文化和东方文化对立了起来，实际是把现代文化和华夏文化对立起来，要用华夏文化来抵制现代文化。其结果不是增强了我们民族的自尊心和自信心，而是会阻碍我们吸收现代文化，阻碍中国文化的发展。同时还会助长我们盲目的自大。

另一个是对中国传统文化的分析。周先生告诉我们："现代文化的出现使民族文化的作用发生了变化。文明古国不得不重新考虑传统文化的价值。哪些保持民族特色，哪些跟国际接轨，是一个复杂而又敏感的问题。'文革'全盘否定传统文化之后，我国提倡弘扬华夏文化是及时的拨乱反正。但是，弘扬华夏文化必须去其糟粕，取其精华，除旧布新，发扬光大。弘扬华夏文化绝不是提倡国粹主义。不能革新和发展的文化是没有生命力的。华夏文化必须恢复历史上曾经发挥过的伟大生命力，百尺竿头，更进一步！"[15]"华夏文化既有光环，又有阴影，阴影有时盖过了光环。高声歌颂光环而不敢正视阴影是自己欺骗自己。正视阴影是争取进步的起点。"[16]发展社会主义的新文化，不应该也不能不吸收传统文化，但是吸收传统文化，一定要区分精华与糟粕，否则会对我们的文化建设带来负面的影响。

周先生的学术贡献远不只是我上面谈的四点，但是仅从以上四个方面已经可以说明周先生对中国语文现代化做出的重大贡献。我们应该学习周先生的论述，从中吸收营养来发展我国的语言文化事业。祝周先生健康长寿，青春永驻。

注　释

[1]周有光.字母的故事(修订版)[M].上海:上海教育出版社,1958:60.

[2]周有光.汉语拼音方案基础知识[M].北京:语文出版社,1995:16.

[3]周有光.中文信息处理的双轨制[M]//周有光语文论集(第四卷).上海:上海文化出版社,2002:302.

[4]周有光.语文规划和社会建设[Z](未刊稿).

[5]周有光.我和语文现代化[M]//周有光语文论集(第一卷).上海:上海文化出版社,2002:14.

[6]周有光.我和语文现代化[M]//周有光语文论集(第一卷).上海:上海文化出版社,2002:4—5.

[7]周有光.中国语文的时代演进[M]//周有光语文论集(第二卷).上海:上海文化出版社,2002:235.

[8]周有光.中国语文纵横谈[M]//周有光语文论集(第二卷).上海:上海文化出版社,2002:19.

[9]周有光.比较文字学初探[M]//周有光语文论集(第三卷).上海:上海文化出版社,2002:10.

[10]周有光.关于比较文字学的几个问题[J].语文建设通讯,2000(64).

[11]周有光.我和语文现代化[M]//周有光语文论集(第一卷).上海:上海文化出版社,2002:10.

[12]周有光.关于比较文字学的几个问题[J].语文建设通讯,2000(64).

[13]周有光.现代文化的历史背景和基本特点[M]//现代文化的冲击波.北京:生活·读书·新知三联书店,2000:7.

[14]周有光.四种传统文化的历史比较[M]//现代文化的冲击波.北京:生活·读书·新知三联书店,2000:30.

[15]周有光.华夏文化的历史发展[M]//现代文化的冲击波.北京:生活·读书·新知三联书店,2000:112.

[16]周有光.华夏文化的光环和阴影[M]//现代文化的冲击波.北京:生活·读书·新知三联书店,2000:30.

（原载《现代语文》2005 年第 2 期）

周有光的语文现代化理论与实践

赵贤德

摘　要　周有光主要从以下三个方面对语文现代化从理论到实践进行了探索:汉语拼音方案的理论与实践探索,有利于汉语、汉文化走向世界;汉字改革的理论与探索,首创了现代汉字学学科;中文信息处理的理论与实践探索,有利于中文信息化和语文现代化。周有光为中国语文现代化做出了杰出贡献。

关键词　周有光;语文;现代化

周有光先生现已 109 岁高龄。他本是经济学教授,1955 年被派往新成立的"中国文字改革委员会"工作,因为要服从分配,就此改行。20 世纪 20 年代初期,周有光先生业余写过几篇有关语文的文章,提出一些新观点;30 年代,周有光业余参加拉丁化运动,写过一些有关改进拉丁化的文章。这就是周有光被派往文改会工作的原因。

周有光认为,二战后,新独立的 100 多个国家,都有语文建设问题,有的需要规定国家共同语,有的需要设计国家通用文字;文明古国也要更新语文。例如日本战后实行语文平民化,印度制定国家共同语和邦用共同语。国外兴起一门新的学问,叫作"语言计划",这跟中国的"文字改革"名异而实同。"文字改革"包括语言问题,"语言计划"包括文字问题。文字改革或语言计划,又称"语文现代化"。周有光先生对语文现代化做了精确的概述,语文现代化是一个过程,具体包括:1. 语言的共同化;2. 文体的口语化;3. 文字的简便化;4. 注音的字母化;5. 中文的电脑化;6. 术语的国际化。几十年来,周有光先生一直在中国语文现代化的征途中苦苦探索和追求,为中国语文现代化呕心沥血,主要领导或参与领导了几项重大的语文现代化工作。我

147

们认为,周有光对语文现代化的理论与实践的探索主要表现在以下几个方面。

一、汉语拼音方案的理论与实践

解放初期,中国政府以扫除文盲作为建设新中国的一项重要工作。要实现文化普及,必须进行文字改革。20 世纪 50 年代,中国政府提出三项文字改革的任务:1. 简化汉字;2. 推广普通话;3. 制定和推行汉语拼音方案。[1]具体怎么操作呢? 文字改革委员会下设两个研究室,第一个是拼音化研究室,周有光担任主任,招牌为"第一研究室",因为拼音化之外还有别的事情要做;第二研究室是汉字简化研究室,主任是曹伯韩。

周有光对汉语拼音方案进行了长期的理论探索和实践摸索,主要工作如下:

(一)提出普及普通话的两项标准

1955 年,"全国文字改革会议"把"国语"改称为"普通话",将"普通话"定义为"以北京语音为标准音、以北方话为基础方言、以典范的现代白话文著作为语法规范的现代汉民族共同语"。会后成立了"中央推广普通话工作委员会",周有光是委员之一。周有光提出了普及普通话的两项标准:1. 全国学校以普通话为校园语;2. 全国公共活动以普通话为交际媒介。当时这个标准的提出是富有前瞻性的。

(二)为字母形式的选择提供理论准备

起初,"中国文字改革委员会"(下称"文改会")在字母形式的选择上遇到了困难。1918 年公布的"注音字母"(后改称"注音符号")不便于国际交流;1928 年公布的"国语罗马字"拼写太烦琐,难以推广。"文改会"决定研究制定更加适用的汉语拼音方案,为此专门成立"拼音方案委员会",共有 15人。其主要工作都是由周有光负责的研究室承担的,而草案的制定者只有叶籁士、陆志韦、周有光,周有光是主持这个研究室的,所以很多事情都是周有光做的[2]。

当时的拼音方案委员会详细研究了方案的原则和技术问题,包括:1. 字母形式问题。究竟是采用民族形式还是国际形式，在当时是一个艰难的选择，因为委员会中有一股强大的势力支持民族形式。2.语音标准问题。究竟是像老国音那样执行人为标准，还是像新国音那样执行自然标准，普通话如何吸收方言等问题。3.音节拼写法问题。究竟是采取双拼形式，还是采用音素化形式，如何进行字母标调，或者是否标调等。4.字母的具体安排问题。比如声母"基、欺、希"的安排；舌尖前后元音的安排；双字母的减少；新字母的取舍……这些在当时都是非常实际的技术问题。

（三）提出"三原则"与"三不是"

在字母形式选择的问题上，当时争论很激烈，周有光力主采用拉丁字母形式。为了说服拼音方案委员会成员，周有光写了一本小书《字母的故事》，将十分复杂的问题用高度精练的语言表述出来，明确提出了"汉语拼音三原则"：1.拉丁化；2.音素化；3.口语化。即语音是根据规范的口语普通话，音节采用双拼或三拼，用音素（音位）化的四拼，字母用国际通用的拉丁字母。并从反面阐明《汉语拼音方案》有"三不是"：1.不是汉字拼音方案，而是汉语拼音方案；2.不是方言拼音方案，而是普通话拼音方案；3.不是文言拼音方案，而是白话拼音方案。周有光将这些观点写成文章，发表在香港《语文杂志》和其他刊物上，具有较大影响。

正是当年有一批周有光这样力主采用拉丁字母的知识分子的坚持，才有了今天方便使用的汉语拼音字母。

（四）推动《汉语拼音方案》走向世界

《汉语拼音方案》经过三年的反复研究方才完成。当时从原则问题到技术问题，都经过十分慎重的考虑。在1958年的全国人民代表大会上通过，公布实施。

1982年，《汉语拼音方案》得到"国际标准化组织"通过，成为书写汉语的"国际标准"（ISO 7098）。周有光说，汉语字母的创造是一个长期的演进过程：从现成汉字（三十六字母）到变异汉字（注音字母），从民族形式（注音字母）到国际形式（国语罗马字），从外国方案（威妥玛方案）到本国方案（国语罗马字），从内外不同（国内用注音符号，国外用国语罗马字）到内外一致（国内、国外都用汉语拼音），从国家标准（1958年国家公布《汉语拼音方案》）到国际标准（1982年国际标准化组织通过《汉语拼音方案》为国际标准）。现在全世界学汉语的人都在用汉语拼音,汉语走向世界非用汉语拼音不可。外国人要学习汉语,首先要学会使用汉语拼音。汉语拼音将汉民族文化传播到世界各地,功莫大焉!

(五)主持制定《汉语拼音正词法基本规则》

汉语拼音方案是以音节为单位的拼写法规则,没有规定分词连写法。方案公布之后,周有光先生进一步研究以语词为单位的"正词法"。正词法的基本内容主要是:分词连写法、外来词拼写法、同音词分化法、文言成分处理法、略语表示法和缩略法、标调法、大写字母用法、标点用法和移行法等8个方面内容。经过多年的推敲,形成《汉语拼音正词法基本规则》,在1988年公布。为配合正词法,周有光先生从20世纪50年代开始主编《汉语拼音词汇》,经过两次修订再版,1989年又出版"重编本"。《汉语拼音词汇》的特点是,正文以语词为单位,采用纯字母排列法,使同音词都排列在一起,现在已经成为中文电脑的词库基础。目前,拼音输入法的很多技术问题都是坚持了该正词法的结果。

(六)推动汉语拼音进教材、进辞书和进电脑

汉语拼音从1958年秋季起,已经成为我国小学的必修课,中文辞书(例如《现代汉语词典》《中国大百科全书》等)都用拼音字母注音和排列正文,电脑输入中文的新技术采用"从拼音到汉字"的自动变换法。我国语文政策规定,拼音是为辅助汉字设计的,可以做汉字不便做和不能做的各种工作,但并非取代汉字的正式文字。"拼音"不是"拼音文字"。所谓"拼音化"有广狭二义:狭义指作为正式文字,广义指任何的拼音应用,包括给汉字注音,拼写普通话,在电脑上应用等。广义的"拼音化"已经广泛推行。

周有光说:"汉语拼音方案花了三年工夫,现在应该说是成功了,全世界都在用这个方案。"[3] "这件事情应当说很复杂,搞了三年才成功。人家跟我开玩笑说:'你们几个字母搞了三年。'现在想来,花了三年工夫很值得,把所有的问题都彻底解决了,一点也不马虎,今天人们提出的任何问题,都是过去研究过的。"[4] 今天计算机进入千家万户,中国本土手机达到近十亿部,汉语拼音作用更加凸显。由此可以更加肯定地说,《汉语拼音方案》是一座现代化的文化桥梁,它一方面方便人民大众走向文化,另一方面方便中国文化走向世界。[5]

二、现代汉字改革的理论与实践

(一)界定文字改革的含义

关于什么是文字改革,周有光认为,语文不是一成不变的,而是跟随社会的变化而变化的。社会长期停滞,语文也就停滞不前;社会急剧变化,语文也就急剧变化。秦并六国,发生"书同文"变革;辛亥革命,发生白话文和国语运动;在西欧,文艺复兴之后各国创制民族语文;在日本,明治维新之后掀起文字改革。语文变化,可以是无意识的,可以是有意识的。有意识和有计划的变化,称为"文字改革"。[6]也就是说,文字改革要随着社会形势的发展有意识有计划地进行,否则很难成功。

(二)解释文字改革的动力

对文字改革的动力,周有光先生用极其简短的语言进行了归纳总结。他说,文字改革运动有三个方面:1.群众的文改运动(主张有的激进、有的稳健,有的成熟、有的幼稚);2.学者的文改研究(钻研较深,主张不一,重理论而轻实用);3.政府的文改政策(各个时期有统一的规定)。辛亥革命以来,文字改革逐步前进,但是没有长远规划,缺少理论指导。这里我们同样也可以看出周有光对语文现代化过程中发生的事情非常善于用最精练的语言进行概括和浓缩。

(三)推动汉字改革进课堂

由于周有光在汉字改革方面的突出成就,所以在 1958 年秋季周有光被北京大学中文系王力教授邀去开讲一门"汉字改革"课程。周有光借此机会把清末以来文改运动的历史经验整理一番,从中归纳出一些原则,希望使文字改革成为一门可以言之成理的系统知识。周有光的这一努力在当时是一种新的尝试,引起了广泛关注。后来北京大学和中国人民大学又邀请周有光再次开课。周有光将讲稿整理成《汉字改革概论》一书,这本书后来多次再版,并且被翻译到国外,影响较大。

(四)文字学和语言学相结合

文字改革对语言学和文字学提出许多新问题。文字改革一定会涉及语言问题。例如,关于国家共同语:共同语的词汇基础和语音标准问题;异读词的读音规范化问题;词与非词的界线问题;语词的结构问题……关于汉字:汉字和语词的使用频率问题;汉字的分层应用问题;同音字和同音词问题;简化和繁化问题;声旁的有效表音功能问题;现代汉字的部件分解问题……此类新问题的提出,扩大了语言学和文字学的研究范围,使文字改革从感性知识向理性知识前进。所有这些问题都必须将语言学和文字学联系起来,结合起来进行研究。因为将语言学和文字学分开来研究恐怕无法进行文字改革。周有光对这两个方面都有研究,所以他很自然地就将语言学和文字学联系起来。他的专著《汉字改革概论》是"文改运动"跟文字学、语言学相结合的第一本书[7]。而与周有光同时代的语言文字学家们要么只精通语言学,要么只精通文字学,而能够将语言学和文字学很好地结合起来的,周有光算是最佳人选。

比如关于同音词问题,周有光先生认为同音词是语言问题,不是文字问题。在文字上分化同音词,汉字可以做到,拼音也可以做到,但是这只能使"同音词"变为"异形词",不能使"同音词"变为"异音词"。同音词依旧是同音词。周有光提出,同音词有"四不是":1.不能单独成词的同音汉字不是同音词;2.异调同音不是同音词;3.文言古语同音不是现代汉语的同音词;4.语词和词组同音不是同音词。除去"四不是",同音词的数量就没有人们所想象的那么多了。语言有分化同音词的能力;在传声技术时代,这一能力将发挥更大的作用。20世纪50年代把"炎症"和"癌症"的读音分化,把"初版"改为"第一版",同"出版"相区别,这是成功的例子。在"异读词"的审音工作中,区分了更多的混淆不清的同音词。

关于形声字的表音功能问题,周有光在分析《新华字典》和若干报刊文章之后,发现现代汉字(约7000字)中"声旁的有效表音率为39%",如果要区别声调,有效表音率不到五分之一。周有光写了论文《现代汉字中声旁的表音功能问题》(1978)和一本小书《汉字声旁读音便查》(1979),说明"秀才识字读半边"根本靠不住。古人造字,只求声旁读音近似,不求读音准确。读音的历史演变,使声旁大都失去了表音功能。声旁表音只有"近似性",这是中外古典文字的共同现象。

在大约 7000 个现代汉字中,有基本声旁 545 个(不同字典数目略异),其他是滋生声旁。在现代汉字中,能独立成词的"词字"占三分之一,不能独立成词的"词素字"占三分之二。"词字"数量有相对稳定性。这些数据有多方面的实际作用,但是还要进一步研究核实。

在比较多种现代汉字的使用频率之后,周有光提出了"汉字效用递减率":最高频 1000 字的覆盖率大约是 90%,每增加 1400 字覆盖率只提高大约十分之一。这个规律给减少汉字的字量研究提供了统计依据。

周有光将语言学和文字学结合起来进行研究,为汉字改革提供了理论支持。

(五)首创现代汉字学学科

中国传统汉字学研究的形音义的历史演变,实际是"历史汉字学",是用来看古书的,跟当前生活完全没有关系,这是很不正常的。为了当前应用的需要,周有光提出要从历史汉字学中分出一个分支,叫作"现代汉字学",研究现代汉字的现状和应用问题。1980 年,周有光发表论文《现代汉字学发凡》。不久,上海师范大学、华东师范大学、北京大学等开设了"现代汉字学"课程,并且编写出版了几种现代汉字学的专著。

其实,现代汉字学的研究在民国初年就萌芽了。当时提倡:废除反切,用字母注音;简化汉字;改进查字法;用统计方法研究小学用字问题。周有光在《现代汉字学序言》(1993)中说:现代汉字学是"播种于清末,萌芽于'五四',含苞于战后,嫩黄新绿渐见于今日"。周有光之所以提出现代汉字学,主要是因为他在美国生活过,认为美国的特别之处就在于每一件东西都跟当时的生活结合起来。这一点跟中国不一样,中国的许多东西是为古代服务的,不是为现代服务的,这是中国的传统。周有光就是要将现代文字改革变成一门学问。

汉字简化从 1956 年的《汉字简化方案》(515 字)类推,成为 1964 年的《简化字总表》(2235 字)。在 7000 个现代汉字中,三分之一是简化字,三分之二是没有改动的传承字。根据小学教师的经验,简化的好处是"好教、好认、好写"。简化字的清晰性在电视上极为明显。王羲之有些书法作品中有三分之一是简化字,简化无损于书法。但是简化的好处不宜夸大。学习汉字的困难主要在字数太多,我们要尽量减少汉字字数,日本汉字就控制在 1945 个字,我们要向日本学习。汉字有一个很大的弊端是"出生不上户口,死了不销户",再加上各种繁体字、异体字等,造成汉字总量究竟有多少几乎没有人搞得清楚。这些都是现代汉字学学科要研究的东西。

三、中文信息处理的理论与实践

(一)界定中文信息处理的含义

周有光先生认为,中文信息处理,就主要功能来说,就是在电脑或打字机上,输入和输出汉字文件(文章、书信、资料等),对文件加工、贮存、检索和打印;跟激光排印机联系,进行排字和印刷;跟远距离的电脑和电子打字机联系,进行文件的传输。[8]

(二)分析汉字输入的三个阶段

周有光认为,输入汉字的技术经历了三个发展阶段:1.整字输入法;2.拆字编码输入法;3.拼音输入法。整字输入法是最初阶段的汉字输入法,现在不用了。在中国设计出笔画和部件的编码输入法的时候,许多人欣喜若狂,为汉字庆贺!形成"万码奔腾"的局面,这种情况并不是好事,因为真正的好的输入法一种就足够了。周有光非常看好第三种输入法,即拼音变换输入法,这种方法是输入拼音,以语词(包括词组、成语和语段)为单位,自动变换成汉字,叫作"拼音/汉字变换法",简称"拼音输入法"。目前在国内很有市场,广大的手机用户、电脑用户,一般都使用拼音输入法。

(三)探索汉语汉字输入法的内在规律

周有光先生早在20世纪50年代就设计了一种"拼音加部首"的音形编码,发表在《电报拼音化》一书中。后来逐渐转向研究无编码的"拼音/汉字"自动变换法,发表了几篇论文,其中一篇是《汉语的内在规律和汉字的内在规律:中文输入法的两种基本原则》,其核心内容就是输入拼音、输出汉字。

周有光认为汉语的内在规律可以用来改进中文输入法。1.语词规律:汉语是以词为表意单位的,大多数的词是双音节和多音节,还有词组、成语、语段、固定名称等,可以作为输入单位,应尽量避免以单个汉字作为输入单位,实行"以词定字"。2.频度规律:按照语词的出现频度,实行"高频先见"。

如果这不是当时的需要，可以选择出需要的词或字，使电脑记好，实行"用过提前"。只须选择一次，无须选择第二次。3.语境规律：常用而又易混的单音节虚词，例如量词，可以利用上下文的"语境"原理，设计智能化的软件，自动调整。4.声韵规律：利用声韵两分法及其搭配关系，可以把全部声母和韵母安排在26个字母键盘上，实行音节双打（双打全拼），提高效率。诸如此类的汉语内在规律是中文电脑智能化的依据。在今天，这些认识已经成为许多人的常识。在拼音变换的中文电脑上，输入规范的白话文，只有大约3%需要进行同音选择。

周有光说，拼音变换对学过拼音的小学生来说，不需要另外学习。这是普及中文电脑的一个关键性的步骤。

（四）提出科技术语和译名的现实问题

科技术语和译名问题是文字改革的一个重要方面。中国把这方面的工作交给单独的机构来负责，所以不列入文字改革工作的项目中。用字母文字的国家在引进新术语的时候，毫无例外都采用原样介入的方法。这就是鲁迅所说的"拿来主义"，一般称为"术语国际化"。日本原来跟中国一样，采用"意译、单音节化、创造新汉字"的翻译方法，后来改为利用片假名直接音译外来术语。中国现在的方法是"意译为主、音译为辅"。意译的好处是容易为群众所理解，但是缺点很明显。"一名之立，旬月踟蹰""一名之定，十年难期"。在时间上难以追赶先进，也不利于阅读国外科技文献。周有光提出了一个解决方法，叫作"术语双语言"。对一般群众采用意译，这是较少的常用术语。对专业工作者采用术语国际化，方便追赶科技的迅猛发展。周有光发表《文化传播和术语翻译》等论文，说明"术语双语言"的必要性。

（五）提出全球化时代的双语言思想

今天，世界进入全球化时代，任何国家如果不能参与国际竞争，就有落后和失败的危险。要想参与国际竞争，在语言上需要学习事实上的国际共同语——英语。我国原来实际上推行"方言或民族语和普通话"的双语言，现在需要再加上"普通话和英语"的双语言，否则中国人无法走出中国并参加国际活动。"改革开放"需要两个"双语言"，这是时代的需要和发展的需要。周有光发表了《双语言时代》，说明这个时代的语言需要。全球化已经不是少数人的梦想，而是真的向我们走来了。

（六）展望"语文现代化"的国际大趋势

"文字改革"或者"语言计划"这些说法，有时容易造成误解。周有光从20世纪60年代起就改说"语文现代化"。有人说："语文怎么也能现代化？"其实，"语文现代化"这个说法在国际上早已通行。例如：1967年在马来西亚举行"亚洲语文现代化"国际学术会议，到会的有亚洲、欧洲、美洲等许多国家的学者，这时候中国还没有开放对外学术交流，所以中国没有人参加。1983年，在夏威夷举行"华语社区语文现代化和语言计划"国际学术会议，简称"华语现代化"国际会议，中国参加者有周有光等11人，此外有各国的学者。语文现代化不是中国特有的工作，而是一种世界性的工作。这一点要使国内更多人知道，以利于中国语文的改革开放。

关于中文信息处理的现代化的问题，周有光曾经语重心长地说：我们在失去了一个大众化的打字机时代以后，不能再失去一个大众化的语词处理机时代[9]。真正消灭差距，追回失去了的时代，出路很有可能就在于采用"拼音转变法"。事实证明，周先生关于"拼音转变法"的研究完全正确，充分显示了科学研究的预见性和巨大的社会效益。在今天，除专业录入员使用编码输入外，绝大多数人使用中文电脑时用的都是拼音转变法。周有光先生的意见使我们少走了弯路，加速进入了中文信息处理的新时代。

注 释

[1]周恩来.当前文字改革的任务[N].人民日报,1958-01-01.

[2]李怀宇.周有光百岁口述[M].桂林:广西师范大学出版社,2008:113.

[3]李怀宇.周有光百岁口述[M].桂林:广西师范大学出版社,2008:115.

[4]陈光中.走读周有光[M].北京:中国文史出版社,2011:241.

[5]陈光中.走读周有光[M].北京:中国文史出版社,2011:241.

[6]周有光.周有光文集[M].上海:上海文化出版社,2001:5.

[7]李怀宇.周有光百岁口述[M].桂林:广西师范大学出版社,2008:116.

[8]周有光.周有光文集[M].上海:上海文化出版社,2001:405.

[9]王珺,杜永道.周有光:105岁的语文工作者[N].中国教育报,2012-04-23.

（原载《现代语文（语言研究）》2014年第2期）

周有光关于中文信息处理的思想研究

赵贤德

摘　要　周有光先生是我国杰出的语言文字学家,在中文信息处理方面有前瞻性的思想和身体力行的实践,主要表现在:提出了中文信息处理的双轨制思想;利用汉语汉字的规律对中文输入法进行了探索和实践;提出了中文信息处理给人类语言生活带来革命性变化;提出了信息化时代语文技术革新的系列课题;提出了信息化时代语文本体研究和语文教育研究的新课题;自己身体力行进行中文信息处理技术的实践,动员身边的人学习使用汉语拼音打字。周有光先生关于中文信息处理的思想和提出的系列课题及其实践在当时及今后都有一定的指导意义。

关键词　周有光;中文;信息处理

周有光先生是江苏常州人,是我国杰出的语言文字学家,在《汉语拼音方案》制定方面,在比较文字学研究方面,都有突出贡献。周有光先生已经108岁了,但依旧身体健康,精神矍铄。他的文章,他的谈话,思路之清晰,判断之明确,丝毫不显衰老迹象,这真是人间一大奇迹。更加难能可贵的是他80多岁时居然开始学习电脑,并且在专业期刊《计算机世界》上发表文章。他不但自己学习电脑,而且动员80多岁的老伴张允和女士一起学习。他老人家不仅在学习,还主动思考很多"信息革命"时代的问题。他说:"发达国家的目标是推进信息化,发展中国家的目标是追赶工业化和信息化。"[1]

面对信息时代,中国语文现代化如何跟上时代步伐?周有光先生提出了一系列有关中文信息处理的思想并身体力行进行实践。

一、中文信息处理的双轨制

20 世纪 80 年代,面对输入法的"万码奔腾"现象,周有光先生提出了中文信息处理的双轨制思想,即把汉字和汉语拼音两种文字工具同时应用到计算机中,汉字是正式的文字,拼音是辅助的文字。在计算机上既用汉字,又用拼音,让拼音字母帮助处理汉字,中文信息处理功效才能得到更大程度提高。但是很长一段时间,我们的计算机输入基本上采用的是汉字编码方式,也就是常说的"万码奔腾",计算机使用者为了输入汉字,要记忆大量的汉字词根。"万码奔腾"说明我们始终没有找到一种最合适的输入法。人们还发明了"汉字笔触法",即把几千个汉字列成一张"字表",看到了需要的汉字,用笔点触一下就输入了这个汉字。事实证明,这种方法要特制键盘,成本高,携带不方便。如何把汉字输入计算机成了一个令人头痛的问题。

在这种情况下,周有光先生认为采用汉语拼音转换法是最佳手段。输入的是拼音文字,输出来的却是汉字。这不正是我们所需要的吗?拼音转换输入法是很有前途的输入法,即通过电脑键盘输入汉语拼音,自动转换成汉字输出。这种方法对使用者来说非常有利,它不需要记忆特别设计的编码,也不需要特制的键盘,只要会汉语拼音就可以了,而汉语拼音是我国小学甚至幼儿园的必修课,只要读过小学的人都熟悉汉语拼音。在输入拼音的过程中,不提倡单字输入,因为汉语同音字太多,输入一个单字,显示出十几个同音词,选择起来有点麻烦。所以一般提倡采用智能输入法,也就是输入整个句子,以句子定字形。汉语有大量的多音字,输入一个句子,电脑会自动根据句子的意思选择正确的汉字。这种输入方法输入的速度几乎和直接的拼音文字输入法不分高下。

周有光先生是这样描述两种输入过程的:使用拼音转换法,就是先语言思考,再输入拼音,最后输出汉字;而汉字编码法的过程是先语言思考,再照字编码,再输入编码,最后输出汉字。这样很明显,汉字编码法比拼音转换法多了一道程序,而且,汉字编码法在使用过程中还会干扰人的思维。当然,两种输入法各有利弊,对于没有掌握汉语拼音的人来说,汉字编码仍有它存在的价值,所以,周有光先生提出了中文信息处理的双轨制,两者并用可以取长补短,提高中文信息处理的效率。一般来说,专门的打字员比较习惯使用汉字编码法,但是更多的年轻人习惯使用拼音转换法[2]。据笔者调查,几乎 100％的大学生无论在电脑上打字还是在手机上发短信息都使用拼音转换法。行政办公人员绝大多数采用拼音转换法,但也有少数人使用五笔输入法。周有光先生提出中文信息处理的双轨制是在 20 世纪 80 年代初,今天看来这种提法具有很强的前瞻性。

二、利用汉语汉字内在规律探索中文输入法

周有光先生从 20 世纪 80 年代开始就在中西文处理机上写信、写文章和写书稿。在这个过程中,周有光先生用过多种电脑处理机和多种编码和无编码输入软件。多年的实践使周有光先生认识到,利用汉语内在的规律输入拼音,以语词和词组为输入单位,自动转换为汉字文本,这是唯一的快捷道路。

周有光先生认为,拼音转换法是应用汉语的内在规律来研制的,其中主要规律有:1. 汉语词汇的双音节化规律。现代汉语词汇双音节化规律越来越明显,因此输入法的设计要考虑到词语的双音节化规律。2. 汉语词汇的多音节化规律。汉语词汇不仅双音节化,而且还越来越多音节化,比如三个字、四个字、五个字的多音节的句子和语词越来越多,各种音译外来词的音节往往以多音节为主。3. 语词的频度规律。我们使用的语词分为常用词、次常用词、罕用词等级次。一般是常用词在最前面首先出现,罕用词最后出现。而且一般输入法具有“用过提前”的功能。4. 上下文的语境规律等。由于输入法具有智能特点,所以,当我们输入句子的时候,计算机可以依据上下文语境帮我们自动调整语词。

拼音转换法有高低两个层次:1. 低层次是单字输入法,以单个汉字作为输入单位,输入一个音节,出来一个汉字,这种输入法适合初学者;2. 高层次是语词输入法,以语词、词组、成语、语段以及常用的人名地名作为输入单位。最佳的选择是以语词输入法为主,单字输入法为辅。单字输入法速度太慢,应该少用。语词输入法可以做到以词定字。利用汉语以“语词”为表意单位和“语词”的多音化内在规律,在白话文中,能用语词输入法的场合有97％—99％。在语词输入法的过程中,周有光先生将很多问题都考虑到了。比如:正词法的问题、声韵双打法的问题、零声母的问题、同音词的问题、同

音字的问题、原位变换和异位变换问题、标调问题、语段问题、定形化问题、缩略法问题、最常用字问题、键盘问题、注音符号兼容问题、自动分词系统问题、部首查字法问题、造字功能问题等。实际上,我们今天使用电脑输入法中的很多问题周有光先生早就考虑到了。

　　周有光先生认为,拆字编码法应用汉字的内在规律,主要是汉字形体的结构规律及其部件和笔画的搭配和频度的规律。周有光先生对相关问题进行了深入细致的分析研究,主要有:字形编码、四码电报、传统部件、再分部件、键位安排、笔画编码、同码问题、省略法问题、附加法问题、省略及附加的问题、例外码的问题、形码和音码问题、词语输入法问题、"万码奔腾"问题、字量问题、速度问题(包括设计速度和操作速度)。周有光先生认为,相比应用汉字的内在规律的编码输入法,拼音转换法处于优势地位。因为小学时学好汉语拼音,可以终身受益,不需要另外特别的训练。拼音是青年的常识,是信息化时代的利器。而拆字编码法则需要几个月的特别训练,要死记复杂的规则和一个一个的例外,这种方法不好用。从"是否便用"来看,实践证明,拼音比较好用。外国人学习汉语也大都从拼音开始。对他们来说,拼音转换法是最佳选择[3]。现在还有少数年纪偏大的人使用手写法,少数文书工作者使用编码法,拼音转换法应该占绝对主流。

三、中文信息处理与人类语言生活革命性变化

　　周有光先生认为,二战以后,历史进入"新技术"时代。新技术革命来势凶猛,它对人类的语言生活产生了强烈的冲击。新技术时代的语言生活,有两件突出的事情。一是电子计算机的发明;二是国际共同语的发展。其中计算机的语词处理智能化使语言生活发生多方面的革命,使语文现代化的步子迈得更快更稳健。这些"革命"主要表现在以下几个方面[4]:

　　1. 文书工作的革命

　　主要包括印刷革命和通信革命。曾经广受青睐的"文房四宝"已经成为古董。文书、档案、编辑、出版、邮递等工作的方法和程序彻底改变了。这些以往耗费大量人力、物力、财力的工作现在完全可以通过电子计算机来处理。过去有急事要发电报,如今电报早已被其他通信手段代替。至于编辑、

出版、统计等工作完全可以依靠计算机完成,有的工作可以"宅"在家里完成。新技术的革命日新月异,一日千里。文书工作发生了翻天覆地的变化。

2.图书馆的革命

过去图书馆可以看作是人类的第二个大脑,现在计算机可以看作是人类的第三个大脑。图书馆是"纸脑",计算机是"电脑"。现在出版物急剧增加。浩如烟海的图书往哪里存放呢? 这就要求缩小储藏空间和加快检索速度。很快,庞大的书库变成小小的"光盘",小小的移动硬盘存储的数据不可计数。电脑检索代替卡片目录,"大海捞针"一捞就得,从海量数据中搜寻自己所需要的信息,鼠标点击一下即可完成。情报的电脑化节省了全世界学术研究者的时间。学者们不必像过去那样为了考证一个字的读音或来源而皓首穷经了。

3.翻译革命

计算机使人工翻译向机器翻译发展。已经实现的"机助"翻译,初稿用机器翻译,再由人来加工,可以大大节省人力。计算机可以把一种文字翻译成另一种文字,还可以把一种口语翻译成另一种口语。电话和机器翻译结合,一地讲的是"外"国话,另一地听到的是"本"国话,距离实现这样的国际翻译电话应该不会遥远。现在的国际会议,往往是发言人说一种外语,而听众戴上耳机听到的却是自己的母语。这是过去人们想都不敢想的事情,而如今已基本实现。

4.教学方法革命

计算机创造出各个学科的新式教学法,各种教学软件可以帮助教师辅导学生,回答学生提出的问题,批改学生的作业。计算机和电视结合,使教学活动跳出了学校的围墙,把课堂搬到每一个家庭中去,我们坐在家里,可以收看到哈佛大学教授的讲课。教学革命使科技知识大众化,有些课程的学习不需要老师耳提面命,学习者通过教学软件可以直接学习。这样不仅减少了学习成本,学习者还可以根据个人的时间调整学习内容。车站、机场等各种公共场所,都有"人机问答"设备,24 小时不停地为顾客服务。

语词处理技术已经解决了中文输入输出的难题。只要输入汉语拼音,以语词和词组为单位,计算机就能够自动转换成汉字输出,不用任何字形编码。这使中文语词处理几乎接近于英文。目前这种语词输入法的技术日新月异,但都离不开拼音转换,如智能 ABC 输入法、搜狗拼音输入法、智能狂拼等,万变不离其宗,都采用了拼音转换法。

在新技术时代,计算机的使用是大众教育的主要课程。邓小平同志曾经说过,计算机要从娃娃抓起。这种说法抓住了问题的本质,看清了问题的实质,看到了信息时代发展的方向。所以,"信息技术"课现在成为中小学生很重要的一门课程,这是时代的需要,是科学发展的需要。所以扫盲教育不但要"扫除文盲"和"扫除科盲",还要"扫除机盲"。

四、信息化时代语文技术革新的系列课题

20世纪80年代,我国刚刚改革开放,计算机对中国人来说非常稀奇。但是80多岁的周有光先生敏感地意识到未来是信息化的时代,因此必须在语文技术上迎头赶上。周有光先生为此提出了一系列的课题[5]。

1. 中文输入电脑的技术

(1)比较和分析各种编码输入法,选择最佳输入法;(2)以《辞海》笔画为基础,研究全国统一的汉字笔画顺序,便利汉字教学、汉字索引和汉字处理;(3)进一步研究拼音转换法,设计更加智能化的语境软件;(4)研究如何规定键盘上双字母和复韵母的同一位置,便利声韵双打,避免设计分歧。这些输入法技术今天看来算不了什么,很多问题都已经得到解决,但是在当时对外开放不久的时代能够提出是非常了不起的。

2. 自然语言处理技术

(1)研究编辑汉语拼音正词法的词汇以便电脑储存和处理;(2)研究电脑的自动分词技术以及电脑对正词法的特殊要求;(3)研究科技术语以及科技术语的国际化问题和如何统一海峡两岸的译名和术语;(4)研究中文和外文的自动翻译问题;(5)研究语音输入、手写输入和其他输入法;(6)研究文献资料的自动检索技术;(7)研究电脑辅助教学技术,首先用于语文教学。这些课题直到今天很多都没有很好地解决。这需要我们进一步努力刻苦攻关。

3. 广播和电视语文规范化技术

(1)研究汉语汉字在电视上的规范化问题;(2)研究电视语文的清晰度问题;(3)研究广播电视说方言的问题。

4.特殊语文的处理技术

(1)研究聋人手势语的规范化和汉语手指字母的应用;(2)研究改进汉语盲文,使盲文既可双拼又可音素化,还可以使用各种略写,跟汉语拼音挂钩,跟国际罗马字盲文符号挂钩。

这些语文技术课题的提出在当时是具有远见卓识的,今天仍然具有很强的现实意义、理论意义和实践意义。很多问题仍然是我们今天迫切须要解决的问题。

五、信息化时代语文本体研究
和语文教育研究的课题

如果说语文技术属于信息化时代必须革新的课题,属于硬件范畴,那么语文本体研究和语文教育则属于软件范畴,软件问题不解决好,最终会影响硬件的建设与发展,也会影响语文现代化的进程。因此,周有光先生提出了一系列关于语文本体研究和语文教学研究的课题,其中涉及语文本体研究的主要有:

1.关于共同语和白话文的研究

(1)在传声传图时代,要研究语言听觉的清晰度和视觉的清晰度;(2)要进一步开展普通话审音工作,去除没有意义的方音、口音、古音;(3)要继续开展轻声儿化的研究,减少不必要的轻声儿化音;(4)要继续开展白话文研究,提倡口语化。

2.关于现代汉字学的研究

(1)继续研究减少通用汉字,减少生、难、怪、僻汉字;(2)继续研究汉字的简化;(3)继续研究我国繁体字及用字情况;(4)比较中国、日本和韩国汉字使用情况以及书同文情况;(5)研究科技术语中生僻字和新造字的情况及处理办法;(6)研究简化字的字源问题;(7)继续开展比较文字学研究。

3.关于拼音的研究

(1)研究《汉语拼音方案》的优缺点及如何改进;(2)比较大陆拼音和台湾地区的注音符号能否统一的问题;(3)研究越南拼音文字的经验;(4)研究

汉字中夹杂的拼音问题;(5)研究少数民族语言拼音问题。

关于语文教学的课题主要有:

1.继续推广普通话的问题

(1)研究我国台湾地区推广普通话,新加坡推广汉语的经验;(2)研究我国少数民族双语文教育问题及国外双语文成功的经验;(3)研究方言区推普的具体问题;(4)研究普通话和方言的经济价值问题;(5)研究普通话在校园的使用情况;(6)调查各类学校和各行业推普的实际问题。

2.开展汉字教学的研究

(1)研究"注音识字,提前读写"的实际情况;(2)编辑出版注音读物及录像带等;(3)研究日本实行注音识字的经验;(4)研究朝鲜和韩国使用汉字的经验;(5)比较中、日两国小学语文教学;(6)研究扫盲用字和方法问题。

3.关于英语教学的问题

(1)英语已经成为事实上的国际语言,中国要把英语作为第二语言;(2)研究日本等国家和我国台湾地区是如何教学和使用英语的,以及采用什么样的教材等。

如果对中文信息处理没有相当深入的研究,以上这些课题是很难提出来的,周有光先生1984年在《教育研究》上发表了《中国语文的现代化》,同年在《百科知识》上发表了《中文信息处理的双轨制》,1994年在《计算机世界》上发表了《汉语的内在规律和汉字的内在规律——中文输入法的两种基本原则》,以及1994年撰写的《从"万码奔腾"中解放出来》[6],足可以看出周有光先生对计算机中文信息处理的深层次思考,也可以看出当时近90岁的周有光先生语文现代化的思想多么新潮。

六、中文信息处理的探索

周有光先生说:"1988年对我是一个分水岭。这一年我有了电子打字机,这是一个改变。"他说的"电子打字机"是日本夏普公司研制的产品。当时汉字输入技术很不成熟,夏普公司专门找到周有光先生,请教相关的技术性问题,周有光先生详细介绍了汉字拼音的特点,并给予了许多专业性的指导。

周有光先生不但自己使用打字机,而且动员自己当时已经86岁的夫人张允和也使用打字机。张允和第一次接触打字机,深有感触地说:"1995年2月21日,是一个好日子,我忽然异想天开,试试用打字机写信。可是我一不会汉语拼音,二不会普通话,三不会打字。但是我有一个好老师,是我的老伴周有光,又有一部文字处理机放着不用太可惜。我不当它是工作,当它是娱乐。这样,我就发现了我的新大陆。"[7]

这台打字机是使用"双打双拼"的方式输入的,这样逼着张允和学习标准的普通话发音以正确输入汉语拼音。不久以后,张允和居然可以慢慢地打出连贯的文字了。

周有光先生不但动员夫人学习打字,而且动员亲戚,甚至动员保姆学习拼音打字,动员身边一切可以接触的同事、朋友学习打字。周有光认为,电子打字机比手写效率要高出5倍。也许正是因为有了电子打字机,所以周有光先生离休之后每年都有新的作品发表和出版,这不能不说要归功于电子打字机,归功于语言文字信息处理技术的日渐成熟。

中文信息处理在20世纪80年代对中国人来说是一个新课题。面对落后的信息化状况,周有光先生曾语重心长地说:"我们在失去一个大众化的打字机时代以后,不能再失去一个大众化的语词处理机时代。真正消灭差距,追回失去了的时代,出路很有可能就在于采用拼音转变法。"[8]北京大学苏培成教授如此评价周有光先生这种科学的预见性:"在今天,绝大多数人使用中文电脑时用的都是拼音转换法。我们感谢周先生给我们指明了中文输入的光明大道,使我们少走弯路,加快进入中文信息处理的新时代。"[8]

周有光先生虽蜗居斗室,但是他胸怀天下,心忧祖国的前途与未来,他具有世界眼光和国际意识,他总是从世界看中国,而不是从中国看世界。所以他能在90岁高龄提出诸多富有远见的思想并付诸实践,这在当今语言文字学界甚至计算机界都是绝无仅有的。周有光先生被人称为"人中之瑞",可谓当之无愧。

注　释

[1]周有光.信息时代的中国语文现代化[M]//周有光语文论集(第四卷).上海:上海文化出版社,2002:139.

[2]刘佳梅.周有光语文改革思想研究[D].济南:山东师范大学,2005:15-17.

[3]周有光.应用语言学的三大应用[M]//周有光语文论集:第四卷.上海:上海文化出版
社,2002:319－343.

[4]周有光.汉语的内在规律和汉字的内在规律[M]//周有光语文论集:第四卷.上海:上
海文化出版社,2002:304－316.

[5]周有光.汉语内在规律和中文输入技术[M]//汉字和文化问题.沈阳:辽宁人民出版
社,2000:242－250.

[6]周有光.朝闻道集[M].北京:世界图书出版公司,2010:173.

[7]陈光中.走读周有光[M].北京:中国文史出版社,2011:296.

[8]王珺,杜永道.周有光:105岁的"语文工作者"[N].中国教育,2010-04-23(5).

(原载《常州工学院学报(社会科学版)》2014年第2期)

周有光先生对新中国语文
现代化发展的贡献与展望

韦　钰

摘　要　周有光先生对中国语文现代化的未来做出了展望。其贡献主要有:《汉语拼音方案》的研制、推广和应用;现代汉字的整理与"现代汉字学"构想;中文信息处理的双轨制;重视语文发展与社会发展的关系。同时,其对新中国语文现代化的未来展望是:普及国家共同语,提升汉语的国际地位;推进"国内双语言"和"国际双语言";展望 21 世纪的华语、华文的变化趋势。

关键词　周有光;语文现代化;贡献;展望

2017 年 1 月 14 日,我国语言学界一颗璀璨文星陨落——中国语言研究巨擘、中国语文现代化理论的奠基人与倡导者周有光先生逝世,享年 112 岁。周先生对于我国语文现代化发展的贡献之大和研究历程之长,在语言学界乃至近一个世纪的人类社会中都堪称楷模。作为一名中国语言文字工作的研究者,我再次研读了先生最具代表性的学术专著《周有光文集》[1] 和《中国语文的现代化》,并借此谈谈周先生对中国语文现代化发展进程的贡献与展望,以表达对先生及其大半生语言研究事业的缅怀与铭记。

根据国家需要,周有光先生从 1955 年起专职从事语言文字工作,研究文字改革和汉语拼音问题。半个多世纪以来,他一直致力于推进中国语文现代化的进程。语文现代化就是现代化时期的语文建设与革新,任何国家从旧时代向新时代变迁、从旧体制向新体制转型,都需要进行语文更新,以决定用什么样的语文来办理行政和实施教育,从而促进国家建设向工业化和信息化前进。二战后许多新独立的国家,几乎在相同时期内对国内语言文字进行革新和规划,形成了被称为"语文现代化"的国际浪潮。在西方国家现代化的影响和席卷之下，作为文明古国的中国也迫切要求自我改革，改革语文、教育、政治和经济。[2]因此，中国的语文现代化于19世纪末应运而生。周有光先生认为，辛亥革命之后，一个语文现代化运动从酝酿进入实践，"这个运动在不同的阶段有不同的重点和名称：切音字运动、国语运动、白话文运动、注音字母运动、国语罗马字运动、拉丁化新文字运动、手头字运动、少数民族新语文运动等"。[3]但最具现实意义并且取得了巨大成绩的语文现代化实践进程，还是要从1949年新中国成立之日算起。这以后，中国的语文现代化事业在立法以及颁布实施国家政策的保障之下稳步推进，大大促进了政治、经济、教育、文化的发展。周有光先生作为中国语文现代化理论的奠基人，为新中国语文现代化的发展做出了卓越而巨大的贡献。

一、周有光先生对新中国
语文现代化发展的贡献

中国现代语文改革起自清末，距今已有一百多年。"1919年的五四运动是中国启蒙运动的高潮……在西方，民族语文代替了拉丁文。在中国，白话文代替了文言文。"[4]周有光先生深知，中国的语文问题比西方复杂得多，除文体口语化问题以外，还有共同语的标准音和推广问题，汉字笔画繁、字数多、不能准确表音等其他问题。因此，中国的语文现代化从五四时期的白话文运动逐渐发展到汉字简化和拼音化等文字改革工作。新中国成立以后，简化汉字、推广普通话、制定和推行汉语拼音方案成为新中国文字改革的三项主要任务，并以政策和立法形式予以公布和实施。

周先生将我国语文现代化的目标概括为：

1.语言现代化——普及"现代共同语"，汉族学校一律以共同语为教学语言，公共场所和集体活动一律说共同语，实行"方言"和共同语的"双语言"制度。

2.文体现代化——以白话文替代文言文，"言文一致"，文章口语化。

3.表音现代化——制定汉语拼音字母，拼写共同语，给汉字注音，达到"读音统一"，并利用字母做汉字不能做的各种工作。

4.文字现代化——减少和限定汉字的数量，简化汉字的笔画，减轻汉字在教学与使用上的不便；在条件成熟的时候，实行汉字汉文和拼音汉文的

"双文字"制度。[5]

20 世纪 80 年代，由于信息时代的到来，中文信息处理的发展，周老又补充了"语文电脑化"，提出了中文信息处理的"双轨制"，即把汉字和汉语拼音两种文字工具同时应用到计算机中，汉字是正式文字，拼音作为辅助文字。

具体来说，周先生对新中国语文现代化发展做出的重要学术贡献主要表现在以下方面。

(一)《汉语拼音方案》的研制、推广和应用

《汉语拼音方案》的研制是新中国成立初期在文化建设上的一项重要任务，也是中国汉字改革的中心工作，其主要任务是要解决一系列技术问题。首待解决的便是字母形式问题、音节拼写法问题和语音标准问题。中国文字改革委员会为研究制定适用、理想的《汉语拼音方案》，专门成立"拼音方案委员会"，由周有光先生担任主任的拼音化研究室承担主要工作。周先生等汉语拼音方案委员会成员在追溯考察了拉丁字母的演进和流传，研究对比了 60 多年来曾作为主流注音字母的三种字母符号形式(速记符号式、汉字笔画式、拉丁字母式)的技术价值与流通价值之后，选择采用拉丁字母形式。为此，周先生出版了《中国拼音文字研究》与《字母的故事》两本专著，为解决和解释音节拼写法问题和语音标准问题提供了参考依据。周老还在书中提出了《汉语拼音方案》"三原则"和"三不是"。"三原则"：1. 拉丁化、音素化、口语化，即采用拉丁字母，不另造字母；2. 以字母代表最小的语音单位语素；3. 汉语拼音只能拼写规范化的普通话，不拼写文言或方言。《汉语拼音方案》的"三不是"：1. 它不是汉字拼形方案，只是汉字拼写工具；2. 它不是方言拼音方案，而是普通话拼音方案；3. 它不是文言拼音方案，而是白话拼音方案[6]。最终，他与叶籁士、陆志韦两位专家于 1955 年一同制定了汉语拼音方案草案。之后，汉语拼音方案委员会又对字母的顺序、名称和体式、标调方法和音节分解法等问题进行反复推敲，直到 1957 年才将汉语拼音方案的设计定夺下来。1958 年 2 月 11 日，全国人大一届五次会议通过《关于汉语拼音方案的决议》，《汉语拼音方案》正式启用。

《汉语拼音方案》规定的是以音节为单位的拼写方法，但没有规定分词连写拼法，因此以"词"为单位的拼写规范，即"汉语拼音正词法"急需研究拟定。周先生在《汉语拼音方案》颁布之后，随即开始了"汉语拼音正词法"的研究工作。他归纳了研究汉语拼音正词法的三大目的：1. 为了提高当下的

语文教育,学习语文和普通话不能不以"词"为出发点;2.为了科学技术上应用汉语拼音,如电报的推行、机器翻译的研究都要求解决分词连写法和同音词分化法等问题;3.为了建设将来的汉语拼音文字。[7]为了尽快实现这些目标,使《汉语拼音方案》在实践过程中进一步完善,国家文字改革委员会于1982年成立了汉语拼音正词法委员会,周先生为副主任,参与研制汉语拼音正词法,以"约定俗成"的办法——"在群众的拼写实践基础上研究规律和拟定规则……通过拼音教学和出版拼音读物使它成为群众的拼写和阅读习惯"[8]——解决了汉语拼音正词法的内在矛盾,最终研制出了《汉语拼音正词法基本规则》,并于1988年公布。

在《汉语拼音方案》的推广和应用上,周先生也十分用心,亲力亲为地向国内外社会宣传汉语拼音的作用。在国内,周先生参与指导聋哑人认识和使用以《汉语拼音方案》作为字母设计基础的汉语手指字母读物;国际上,积极争取汉语拼音在国际上的应用,在1979年4月国际标准化组织在华沙举办的第46次技术委员会会议上提议以汉语拼音作为拼写汉语的国际标准。1982年,国际标准化组织通过了这项决议。自此,汉语拼音走上了国际舞台,成为国际认定的汉语拼写标准。

《汉语拼音方案》不但是我国语文现代化事业的一个里程碑和转折点,更是周老先生的历史功勋。

(二)现代汉字的整理与"现代汉字学"构想

新中国的汉字改革工作主要是现代汉字的整理和简化。旧中国流传下来的汉字存在繁而乱的问题,"繁"指许多常用字笔画繁多,"乱"指一字多形、字无定形,给汉字的教学与使用造成很大阻碍。为了解决这些问题,20世纪50年代起,中国文字改革委员会开始着手现代汉字的整理工作。时任委员的叶籁士提出,整理汉字要实行"四定":定量、定形、定音、定序。在这四项汉字整理工作上,周先生做出了许多成绩。

在汉字的定量上,他提出了编制"现代汉语用字全表"的建议:"整理汉字的一项基本工作就是清点汉字的'家底',编出一份'现代汉语用字全表'的清单来。"[9]也就是要限定汉字总量,停止创造新的汉字,查清书写现代汉语一共需要多少汉字,用一张"现代汉语用字全表"把汉字仓库的大门关上,从而减少汉字简化工作的盲目性。1980年,中国文字改革委员会通过周有光、叶籁士、王力、倪海曙四位委员联合提出研制"标准现代用字表"的议案,要求汉字实行"四定"。虽然由于条件限制,这项议案没有完成,但这为后来《现代汉语通用字表》(1988 年公布)和《通用规范汉字表》(2013 年公布)的研制与颁布提供了前提条件和学术基础,推进了汉字的规范化。

汉字的定形主要体现为汉字字形的简化和标准化。汉字的形体从汉朝以来是在稳定中逐渐变化的,变化中的一种趋向是"简化"。鸦片战争以后,不断有人主张简化汉字。1956 年 1 月公布的《汉字简化方案》是我国近代以来第一次正式推行的汉字简化方案,该方案中简体字的主要来源包括:古体字、俗字、草书楷化字、新造简体字、同音代替字。简化方法主要有:原字省略笔画、另造形声字和会意字、使用象征符号。简化原则是"约定俗成",即采用在群众中间久已习惯的简体字,把"俗体"作为"正体"。1977 年,又发表了《第二次汉字简化方案(草案)》(简称"二简"),却在 1986 年宣布废止。对于"二简"的失败,周先生客观地总结了两点原因:一是技术性错误。"二简"没有像《汉字简化方案》那样主要依靠"约定俗成"的原则来简化,而是"约而未定、俗而未成",还存在大量近形字,增加了阅读和理解难度;二是时间性错误。"二简"萌发于"文革"末期,人民群众在经过近十年的浩劫后,害怕"革命"与"改革",在强烈反对"改革"的社会心理下进行"面目全非"的又一次汉字简化,是难以取得成功的。[10]

在定音和定序方面,周先生对多音字的性质和汉字声旁表音功能、汉字查字法和汉字编码进行了研究。在定音上,他提出将"异音同形"的多音字在书面语中改写为"异形词",解决多音字在书面语中存在的"同形混淆"问题;通过调研和统计《新华字典》(1971 年版)收录的所有汉字的声旁表音功能比率,发现"声旁有表音功能(不论声调)的只占声旁字数的三分之一,有表调功能的只占声旁字数的五分之一"[11]。由此可见,汉字笔画的简化,没有提高其表音功能,反而是降低了表音功能。所以,汉字要能准确表音,只能依靠汉字以外的"字母",即汉语拼音。在定序上,周先生比较了我国当时流行的四种查字法:部首法、笔形法、四角号码法、音序法。他发现每种查字法都缺乏统一、严格的标准,因此,要尽快形成每种查字法,尤其是部首法的标准化。对于汉字的编码方法,周先生比较了笔画编码法和部件编码法的利弊:前者优点是简单易学,缺点是代码较长;后者优点是代码较短,缺点是部件太多。

自新中国成立一直到 20 世纪 80 年代,现代汉字的整理研究广泛兴起,并取得了巨大成绩,现代汉字的研究逐渐体现出实用价值,一门新的"现代汉字学"正在形成。这一新学科构想的提出者便是周有光先生。1980年,周先生发表了论文《现代汉字学发凡》,将汉字学分为历史汉字学、现代汉字学和外族汉字学,并对于现代汉字学的研究目的和内容做了详细阐释。周老站在世界文字史的高度,密切联系时代和社会的发展趋势,用经济学家的精密眼光,深入研讨现代汉字,把汉字放到世界文字和世界文化的广阔天地里去观察、对比、研究,在他的倡导下,现代汉字学正在健康成长。

(三)中文信息处理的双轨制

在现代汉字整理的定序问题上,周先生看到了汉字编码输入的局限性——在计算机上输入拼音文字非常方便,但汉字字数多、笔画繁,人们在输入汉字时需要记忆大量的汉字词根,加上在20世纪80年代初,社会上已有400多种汉字输入法设计,却始终没有找到最合适的输入法,导致出现"万码奔腾"的局面。还有人认为,计算机可以处理汉字,汉语拼音就没有用了。周先生批评此说:"如果不用汉语拼音,计算机就不可能成为大众的文化工具……只有处理汉语拼音的计算机(才)可能大众化,并且便于跟国际信息系统相联系。"[12]为了使中文信息处理效率赶上时代步伐,周先生提出,必须采用双轨制,即将汉语拼音和汉字同时应用到计算机中,汉字是正式的文字,汉语拼音是辅助文字,这样才能提高中文信息处理的效率。他提出采用"拼音转变法",完全不用编码,而是通过键盘输入汉语拼音或缩写,由计算机自动转换为汉字,包括单个汉字、词、词组、语段和语句。这对于熟练掌握汉语拼音的人来说是一项非常有价值的实用性设计,且大大提高了中文信息处理的效率。近几年有学者调查发现,几乎100%的大学生在电脑打字和在手机上输入汉字时都用拼音转换法,行政办公人员中的绝大多数也采用拼音转换法(少数人使用五笔输入法)。可见,周先生关于"中文信息处理双轨制"的创见和提法具有很强的预见性和前瞻性,对中国语文现代化向信息化时代迈进具有划时代的意义。

(四)重视语文发展与社会发展的关系

周有光先生非常重视语文发展与社会发展的关系,认为要从社会发展的角度来看语文现代化的发展。他指出,社会发展和语言文字的发展密切相连、互为因果。二者遵循这样的互动规律:社会快速发展,语言文字生活就随之急剧变化;社会停滞不前,语言文字的使用则守旧单一。二者互为前提,又互为动力。周先生从我国与其他国家的语言文字发展历程总结出了语文随着社会发展而发展的三大特点:弃古用今、弃小用大、弃繁从简。例如,日本的明治维新(1868)使其从农业化走向城市化和工业化,在工业现代化的推动下,日本掀起"假名文字运动"和"罗马字母运动",语言文字发生了重大变革;日本二战战败(1945)以后,实行语文平民化,减少字数,简化笔画,从汉字中间夹用少量假名变成假名中夹用少量汉字。总之,任何国家的民族独立、社会更替都需要革新语言文字,使之作为更新文化教育的工具,从而促进国家建设向现代化和信息化前进。

在新中国的社会现代化进程中,中国的语文事业也在向现代化的方向逐步迈进。从 20 世纪五六十年代的汉语拼音方案的研制、普通话的推广、汉字的简化等国家语言政策的推行,到改革开放以后我国少数民族双语教育政策和汉语国际推广战略的实施、2000 年《国家通用语言文字法》的颁布,每一次重大的社会变革都会引起语文领域的革新,每一次语文变革,也会给社会发展带来一定影响。社会的发展给语文现代化发展提出了新问题、新要求,提供了新条件、新资源;语言共同化、汉字简易化、语文信息化等语文革新对促进我国经济社会各领域的发展具有极大的推动作用。

同时,周先生还对与语文现代化和社会发展都紧密相关的三个概念做了辨析:群众的语文运动、政府的语文政策和学术的语文研究,这三者不可混为一谈。群众运动有左有右,时起时落,是推进历史的动力;政府政策考虑的是当前的可行性,重视策略,不重视理想,易被政治偏见所左右,但是没有政策的公布,任何计划便难以实行;学术研究根据资料和事实,用作逻辑论证的论据,是理性的,虽然科学的结论不一定符合现实情形,但历史总归要向科学的结论前进。明晰了这三个概念的含义、区别和联系,对于语言政策、语言规划等相关研究具有重要指导意义。

二、周有光先生对新中国语文现代化发展的展望

(一)普及国家共同语,提升汉语的国际地位

20 世纪 80 年代,我国实行改革开放政策,越来越多的外国留学生来到中国学习汉语,形成一股"汉语热",并一直延续至今,"热度"有增无减。在

许多国人欢呼"汉语的国际地位提高了"之时,周先生在 1989 年发表的《汉语的国际地位》一文中,对"汉语的国际地位究竟有多高""'汉语热'究竟热到何种程度"等问题进行了冷静的思考和研究。他认为,一门语言的国际地位衡量标准主要是使用人数、文化背景、出版事业。他将汉语和英语的国际地位衡量标准进行了比较,发现:1.全球的汉语使用者中一部分人说的是汉民族共同语,其他人说的是多种方言,彼此难以听懂,而英语使用者之间的"方言"差别甚微,不影响相互理解,所以,"10 亿"英语人口和"10 亿"汉语人口不能同日而语;2.虽然与英语国家相比,中国有着悠久的历史文化,但西方国家在工业革命以后,迅速发展科技文化,中国却"不进则退",致使汉语没能像英语一样获得代表现代科技文化的地位;3.对于出版印刷、传输和检索来说,汉字比拉丁字母更为繁难,所以我国的出版事业和英语国家相比是有一定差距的。同时,中文的规范化水平不高,人名、地名的音译用字在海峡两岸时有不同,对于出版事业也有一定影响。对此,周先生指出:我们应对汉语的国际地位进行恰如其分的正确估计,既不能沾沾自喜,也不能过于保守。要保持"汉语热"的持续上升,必须努力改进汉语自身条件,首要任务就是继续全面普及国家共同语"普通话",提高汉语的规范化水平,切实实行全民义务教育,为汉语争取更高的国际地位。

(二)推进"国内双语言"和"国际双语言"

中国的"双语言"原指方言或少数民族语言与普通话。中国有 56 个民族,大约说 80 种语言和地区方言;汉族分七大方言区,彼此听不懂。因此,全国推广普通话,实行"双语"政策,是民族团结、共同发展的需要。改革开放以来,我国进入工业化和信息化时代,需要参与各项国际活动与国际竞争。在这样的时代背景下,周先生提出要同时推进"国内双语言"和"国际双语言",也就是在国内推行"普通话与方言或民族语言"的同时,根据国际需求学习国际共同语——英语。周先生指出,双语言是国家现代化发展水平的一个重要指标,不能等实现了工业化之后再发展信息化,同样道理,也不能等实现了国内双语言的使用之后再进行国际双语言发展。两个"双语言"的共同推进,体现了周先生站在全球化角度看待中国语文现代化发展的敏锐眼光和宽广视野。

（三）展望 21 世纪的华语、华文的变化趋势

随着全球化趋势的到来，全世界华人社会的语文现代化也得到显著发展，华语和华文将发生巨大的时代变化。周先生根据世界多国的语文变化经验与规律，考虑当前信息技术的发展要求，对 21 世纪的华语和华文变化趋向做出了预测和展望：1. 华语将在全世界的华人中普及；2. 汉字将成为定形、定量、规范统一的文字，在 21 世纪后期，讲究效率的华人将把一般出版物的用字限制在 3500 个常用字之内，实行自由定量；3. 将出现更多的智能化软件，利用拼音辅助汉字，以便华文在网络上流通和传播。[13] 周先生坚信，中国的语文现代化研究需要放眼世界，展望 21 世纪的华语、华文，以利于中国的语文现代化和世界的华语现代化共同发展。

周老先生是老一辈中国知识分子的杰出代表，他对语言文字学术工作的深入研究和毕生追求，在语文现代化事业上的高瞻远瞩和卓著贡献，对于语言文字工作者，乃至每一位学者，都是极其宝贵的精神财富。

注　释

[1]《周有光文集》共十五卷，收录了迄今已公开发表的学术专著、随笔杂文等作品。笔者所研读的内容与参考、引用的周先生的观点主要来自《周有光文集》第一卷（《汉字改革概论》）、第五卷（《新语文的建设》《新时代的新语文》）、第六卷（《中国语文纵横谈》《中国语文的时代演进》）。

[2]周有光. 新语文的建设［M］//周有光文集（第五卷）. 北京：中央编译出版社，2013：13—14.

[3]周有光. 中国语文的时代演进［J］. 徐州师范大学学报，2007(2).

[4]周有光. 中国语文的现代化［M］. 上海：上海教育出版社，1985：1.

[5]周有光. 中国语文纵横谈［M］//周有光文集（第五卷）. 北京：中央编译出版社，2013：18—19.

[6]周有光. 中国语文的现代化［M］. 上海：上海教育出版社，1985：57—62.

[7]周有光. 汉字改革概论［M］//周有光文集（第一卷）. 北京：中央编译出版社，2013：279.

[8]周有光. 中国语文的现代化［M］. 上海：上海教育出版社，1985：110.

[9]周有光. 汉字改革概论［M］//周有光文集（第一卷）. 北京：中央编译出版社，2013：375.

[10]周有光. 中国语文纵横谈［M］//周有光文集（第五卷）. 北京：中央编译出版社，2013：

195—196.

[11]周有光.中国语文纵横谈[M]//周有光文集(第五卷).北京:中央编译出版社,
2013:206.

[12]周有光.中国语文的现代化[M].上海:上海教育出版社,1985:16.

[13]周有光.21世纪的华语和华文[J].群言,2001(10).

(原载《通化师范学院学报(人文社会科学版)》2017年第3期)

为了推进汉语文的现代化

——周有光先生的学术贡献举要

高天如

耆年硕学、学贯中西的周有光先生毕生所从事的语言学事业，其主旨就是在推进汉语文的现代化。中央编译出版社所出版的十五卷本《周有光文集》，是周先生的学术成果集成，其中关涉汉语文现代化的课题研究，丰硕多样。兹择其要，举例如次：

关于《汉语拼音方案》《汉语拼音正词（原用"字"）法》的研制，所坚持落实的方案制定"三原则"（拉丁化、音素化、口语化）和正词法的"分词连写"规则，实践证明是成功的。它们已为全国通用，并通行世界，用作计算机中文编码。周先生是负责研制工作的拼音方案委员会、汉语拼音正词法委员会主要成员，学养有素。1958 年，周先生在北京大学讲课，这样说："拉丁字母不但是世界上最通用的字母，而且是现代科学符号术语所用的主要字母，它在国际文化交流上起着重要作用。"（《汉字改革概论》）其远见卓识可见。周先生有关汉语拼音的著述，汇编有《中国拼音文字研究》《汉语拼音·文化津梁》。

关于现代汉字学的开发，周先生是首倡者，对现代汉字学的性质、功用、分科及其历史源流有系统的学术见解。1980 年，周先生发表《现代汉字学发凡》，主张区分汉字学为"历史汉字学""现代汉字学"和"外族汉字学"三部分，倡言现代汉字学"是为今天和明天的应用服务，也就是为四个现代化服务"，同时做出关于字量研究、字序研究、字形研究、字音研究、字义研究和汉字教学法研究等 6 个分支的解释及示例。对此，周先生尚撰有《现代汉字中声旁的表音功能问题》《现代汉字中的多音字问题》《现代汉语用字的定量问题》《汉字简化问题的再认识》等文。

关于文字调查和文字史的研究,周先生所著《世界文字发展史》《比较文字学初探》,为当代中国本学科的代表性著作。所创"形意文字""意音文字"和"表音文字"三分的文字类型学新说,采用从文字的符形、语音和表达法角度分解、综合文字类型特征的"三相分类法",颇为精到。对于圣书字、钉头字、汉字三大古典文字的比较,国内 50 余种少数民族文字的类型特征解析,均有新见,为新语文建设献策。

关于当代中国语言计划的学科建设,周先生是成功的践行者。周先生有言:"文字改革是语文的有计划的发展,在欧美叫作'语言计划'。语文的有计划的发展以适应现代生活为目的,所以又称'语文现代化'。"(《中国的汉字改革和汉语教学》)为了推动本学科的繁荣发展,周先生还建言献策,倡言语言计划的学科建设的意义和价值。1983 年,在檀香山"华语社区语文现代化和语言计划"会议上,周先生以"中国语文的现代化"为题,报告了近代以来以汉语文现代化为目标的有计划的语文改革和建设成就,所撰《应用语言学的三大应用》指出:"对今天向现代化迎头赶上的中国来说,应用语言学最主要和最迫切的应用有三个方面:语言教学、语言计划和信息处理。""语言计划研究的问题主要是:1. 建立全国共同语;2. 制定文字规范;3. 翻译科技术语。"周先生还强调指出,"语言计划是现代化的产物","是国家制定语言政策的依据"。

(原载《文汇报》2017 年 3 月 6 日第 A04 版)

周有光语言安全观探析[*]

方小兵

摘　要　周有光是中国语言规划的理论家和实践者,是汉语拼音方案的主要设计者,在语言文字学和文化学领域共发表专著 30 多部,论文 300 多篇,对中国语文现代化的理论和实践做了全面和科学的阐释,在国内外产生了广泛影响。周有光先生非常重视语言在国家安全中的作用与地位,认为语言常常内嵌在各类安全问题中,成为解决安全隐患的掣肘因素,因此人们在考虑国家安全问题时,决不能忘记背后的语言因素。本文从双语教育与社会文化安全、语言资源与国家经济安全、语言科技与国家信息安全、外语能力与国家外部安全四个方面探讨周有光的语言安全观。

关键词　周有光;语言安全观;双语教育

一、双语教育与社会文化安全

每个国家的政治统一、社会稳定和文化繁荣都离不开本国各个社会群体的和睦团结。一些国家语极少数者自我感觉被边缘化、被排斥甚至被强行同化,这是导致语言冲突的根本原因。周有光指出,"我国有不少人反对还在萌芽状态的双语教育,反对的理由是双语教育浪费时间,得不偿失,还有分裂国家的危险。我认为,在一个多语言多民族的国家里,双语教育是必由之路"。他举例说明,唐代在对西城的管理中就实行了双语和多语制度。

---

  *　本文是"周有光'语言与国家安全'思想研究"项目(ZYG001603)的阶段性成果。

从于阗出土的大部分文书同时用于国文和汉文书写,文书中有的人名字是汉族的姓,藏族的名,而平时交际中说的是于阗语。古丝绸之路的事实告诉我们,各种语言和文化是可以平行发展、和睦共处的。

周有光指出,《圣经》在全世界有上千种的译本,而且一再更新重译,这说明文化是可以通过其他语言延续的。要把我国各民族的传统文化中有生命力的内容吸收进教材和课堂,通过国家通用语的形式进行传承。同时,在双语教育中,不要太多地教授文言文和唐诗宋词,而应该突出专门用途汉语的教学,如商务汉语、旅游汉语、科技汉语(葡萄种植技术文献,现代畜牧技术文献)、医疗卫生汉语等。双语教育要既保障少数族群学习本族语言的政治权利,又提高他们的社会生存能力,这样有利于社会和谐和边疆稳定。

周有光指出,在双语教育中,少数民族学生在学好母语的同时,要学好普通话。不学好母语就失去了民族之根;不学好普通话,将来就难以融入社会。要讲清楚国家通用语言文字对少数民族的益处。当年轻一代少数民族在接受现代文明时,本群体的文化可能对他们逐渐失去吸引力,传统文化难以保存和延续。想要"原汁原味"地延续这些传统文化,群体成员们就须要继续生存在原来的经济模式、传统村寨和牧区中,就像北美印第安人保留地和澳大利亚原住民居住地一样,但是这样他们就被隔绝于主流社会之外,不了解现代科学技术,无法享受现代文明的成果,也不可能得到个人的发展。周有光认为,中国在少数民族地区实行双语教育,其目的是在一定范围内发挥少数民族语言的现实作用,不是替代国家通用语。要区分语言使用的不同层面,合理发挥各自的功能,各得其所,各展其长。

二、语言资源与国家经济安全

周有光提出了"语文经济学"的概念,并举了许多例子来阐明这一问题:汉语文献中的中文数字应尽可能改用阿拉伯数字。比如,西汉人口五千九百五十九万四千九百七十八,只要写成 59 594 978,就可以节省大量篇幅,而且阅读清晰(《周有光文集》第 9 卷,第 280 页);英文如果能稍稍调整一下它的不规则拼写法,就可以在全世界节省惊人的时间和费用(《周有光文集》第 9 卷,第 324 页);教外国人学习汉语,不仅是一项教育工作,还是一个赚取外汇的营利性服务行业,英国人每年从对外英语教学中赚取外汇 10 亿英镑,中

国人赚取一点儿汉语外汇有何不可？（《周有光文集》第8卷，第343页）

经济安全是非传统安全。语言因素在其中起着重要作用。现在许多中资企业纷纷走出国门，在国外建立采购基地或投资建厂开矿，或承包大型基建工程。这些企业有很多属于劳动密集型企业，而且雇用了大量当地劳工。语言不通使得中方管理人员、技术人员无法与当地人交流，难以了解周围的情况。陌生化和合作困难有时会引发不必要的误会与冲突，对双方员工的人身安全构成威胁。各类因语言问题产生的工作纠纷、生产事故，不但会影响企业效益，还会影响企业的生存与发展。又比如，我国大型远洋货轮常常聘用外籍船员，船上工作语言沟通不畅会对船舶在救生、消防航行、安全防污、遇险通信、应急搜救等方面造成严重影响，甚至会直接导致水上交通事故或污染事故的发生，影响海运经济的发展。

就个人看，语言是重要的人力资本；就国家层面看，语言是宝贵的社会资源。现在发达国家输出语言和语言产品，如英语语法书、辞书以及托福、雅思、剑桥商务英语证书考试等，而发展中国家主要是进口语言产品。双方的"语言贸易"存在着巨大的贸易逆差。据中国社会科学院发布的《中国"走出去"战略下外贸人才需求预测与供给对策研究》报告，中国企业在海外企业并购过程中，由于高端语言人才缺乏而造成巨大的经济损失，拖了中国企业实施国际化战略的后腿。由于缺乏语言资源意识，我们的工业交通、服务业都没有统一的工作语言标准，造成相当的损失。当前应当在树立语言资源意识的基础上，充分发展语言产业，使国家和个人充分赚取语言红利。

三、语言科技与国家信息安全

信息安全威胁不仅仅指他国运用先进的网络和计算机技术，窃取核心机密，还指通过现代语言信息技术控制网上舆论，煽动社会不满，破坏国家认同。语言因素在国家信息安全中占据着举足轻重的地位。网络信息的国际化、社会化、开放化，使得国家的"信息边疆"不断延伸。美国"棱镜门"事件的发生，更使得各国意识到信息安全的重要性。可以说语言信息技术中的薄弱点就是国家安全的隐患。长期以来，我国现代语言技术标准落后、缺乏自主知识产权，比如，手机汉字输入软件的技术专利，90%控制在国外品牌手机企业手中,为此国家不仅付出了经济代价,更重要的是信息安全还受到了潜在的威胁。另外,目前我国的信息过滤,信息捕捉,以及信息自动翻译方面的技术还很不够,缺乏语言技术的双重支撑。

从 20 世纪 80 年代开始,周有光就开始率先使用机器处理文字,百岁之后还关注语言信息化问题。他非常注重对中文语言的电脑输入输出技术的研究,提出:1. 比较现有近千种汉字编码方式。探讨制定全国统一的汉字部件分解法;2. 以《辞海》笔画查字法的五笔法为基础,研究规定全国统一的汉字笔画顺序,便利汉字教学、汉字索引和汉字处理;3. 研究完全不用编码的汉语拼音变换法,设置智能化的语音软件;4. 研究中文的手写输入和其他输入法。在自然语言处理方面,周有光提出编辑便于电脑储存和处理的汉语拼音正词法词汇,倡导电脑的自动分词技术,注重研究中文和外文自动翻译的实际应用,探讨科技术语中的同音词问题和中国科技术语的国际化问题,呼吁如何统一海峡两岸的地名和术语,以利于中文信息传播。

周有光先生呼吁:"100 年来我们一再失去革新的历史机会,信息化时代再不能错过!"语言技术为国家安全提供坚实的、内在的保障,必须加快汉语文字信息处理研究,集中力量建设各种中文语言软件资源,特别是中文语音识别、文字识别语音合成和机器翻译等方面的研究,开发中外文文献资料的自动检索技术,建立足够的面向公众的汉语数据库,增加汉语在网络空间中的比重。使负载中华文化的古今汉字、古今民族文字和各种有用的符号进入国际标准化的空间,形成具有自主知识产权的原创性自然语言处理技术体系,最终突破直接制约国家安全的语言技术瓶颈。

四、外语能力与国家外部安全

周有光多次强调,从中国看中国的问题,那永远说不清楚,得从世界看中国。他指出:"应当清醒地看到,在联合国 6 种工作语言中间,汉语的国际性最弱,比不上俄语,也比不上阿拉伯语。这是很多中国人不愿意承认的。但是,不承认并不能改变事实。"汉语使用人口虽然远多于英语母语人口,但汉语的国际地位远低于英语。将汉语作为官方或工作语言的国家和地区寥寥无几,国际性会议上使用汉语的场合很少,联合国原始文件 80% 用英语,国际互联网络 90% 用英语,全世界大学英语都是必修课程,英语是现代科技的主要语言,英语出版物比任何语言为多。"英语已经不是英国一国的语言,而是事实上的国际共同语。英语是了解国际形势、发展国际贸易、学习新的科技知识不可少的条件。谁利用它,谁就得到好处;谁不利用它,谁就要吃亏。"为此,周有光提出当今中国的两大语言政策:一是对各种汉语变体兼容并蓄,在全世界推广中华民族的共同语——华语;二是将英语作为全国的第一外语,甚至是第二语言,全民学习英语,提高中国在国际社会上的影响力。

周有光先生在 110 岁高龄之际,还非常关注国家的"一带一路"倡议,指出国家外语能力缺失是一个威胁国家安全的潜在因素,因此必须建立多语种的国家外语人才储备库,以应对国际组织谈判、跨国投资、国际救援、维和反恐、应急撤侨、跨国缉毒等事件。应急援助外语服务的缺乏会成为安全保障的短板和掣肘因素,我们应该通过学习所在区域和国家的语言和方言,了解其政治敏感之处,以及经济需求、文化喜好、价值取向等内容,为双边交往提供准确指导,最大限度地减少和化解国际交往中的误解和差错。

当前,从国家拥有的外语语种的种类、质量,以及国家对外语资源的储备和掌控等方面看,我国的外语能力严重不足,影响了国家利益和国家安全的实现。由于国家的多语能力建设还远远不够,我们常常只能利用第二手的英语文献来研究非英语国家的情况,这样我们的思维和价值观就会受到他人的主导和控制,可能会戴着有色眼镜看待其他国家的国情,也就很可能在对外交往中犯战略上的错误,成为国家安全的重大隐患。因此,必须从管理体制、人才培养、平台建设等方面加强国家外语能力建设,保障国家外部安全。

五、结语

周有光先生关注全世界因语言冲突引起的政治安全,研究语言因素引起的文化安全和社会安全;呼吁加强语言资源的开发,充分开发利用语言的经济价值;强调加强语言文字科技开发,保障国家网络与信息安全;倡导国家外语能力建设,建议制定兼具全局性和前瞻性的国家语言安全战略。周有光先生的语言安全观给了我们许多启示,值得我们进一步研究。

参考文献

[1]陈新仁,方小兵等.全球化语境下语言规划与安全研究[M].南京:南京大学出版社,2015.

[2]方小兵.母语意识视域下的母语安全研究[J].江汉学术,2016(1).

[3]周有光.周有光文集(1—15 卷)[M].北京:中央编译出版社,2013.

（原载自《生活教育》2017 年第 12 期）

中国语言规划的开拓者

——纪念周有光先生

王　敏

摘　要　周有光先生是"中国语言规划的理论家和实践者"。他在《汉语拼音方案》制定与推行等实际工作中成绩卓著,对中国语言规划的学术定位等理论问题的思考也非常具有启发性,值得后辈学人研究继承。周有光先生的著述中以"语文现代化"指"语言规划(计划)",启示我们注重中国语言规划研究的个性,注重学术史的研究角度。周有光先生在语言规划方面的成功实践,对相关工作原则和语言文字理论的思考,都启示我们语言规划研究必须关注现实应用,坚持科学严谨的研究态度,需要具有全局意识和发展的眼光,兼顾时代需求和语言文字发展规律。

关键词　中国语言规划;语文现代化;语言文字应用;《汉语拼音方案》

2017 年 1 月 14 日,周有光先生仙逝。周先生的一生,已经成为传奇,尤其以现代汉语规划和规范化领域的成就为人所知。一些媒体尊先生为"汉语拼音之父",先生表示不赞成这个说法。这固然是先生谦逊,实际上先生在语言规划、语言规范化方面的成就远不只是制定《汉语拼音方案》。李宇明认为周有光先生"是中国语言规划的理论家和实践者"[1]。周先生的语言文字工作实践是成功的,他的理论思考对我们今后的具体工作和学术研究也非常有启发性。

周有光先生自述年轻时就对拉丁化运动感兴趣,1942 年,出版了《字母的故事》。1955 年,周先生参加全国文字改革会议,并从此进入语言文字工作领域,兴趣成为事业,成就有目共睹。周先生曾概括自己在学术领域主要关注的有四个方面:1. 参加制定《汉语拼音方案》;2. 使文字改革跟语言学挂钩;3. 找寻汉字在人类文字史上的地位;4. 语言信息化时代的中国语文问题。[2]

周先生致力于《汉语拼音方案》的制定和推行,从阐释该方案本身的制定过程、研究理念到研制《汉语拼音正词法》落实《汉语拼音方案》的规范,以及教学、邮政电信、计算机处理、手语盲文、少数民族语言文字设计等与汉语拼音应用有关的方面,研究成果深入广泛。周先生有意识地将现实的语言问题放在语言学研究的框架内,保证语言文字工作的科学性;他广泛研究人类文字发展演变,总结规律,将中国的语言文字工作放在人类语言发展研究的整体中,以整体的演变规律来反观我们的语言现象。周先生一直保持对社会生活的敏锐观察,关注不同时代条件对语言文字应用的需求,思考可能发生的问题和解决之道。他对语言规划研究学术定位的思考,在中国应用语言学刚刚萌芽时便已开始。

一、中国语言规划的学术定位

一般认为,二战以后,语言规划成为较为明确的专门研究。此前,现代国家政权对于语言的管理已经有了主动干预的意识。二战后全球范围内新兴民族国家的独立运动此起彼伏,国家文化主体意识的确立和明晰化需求极为强烈。作为文化载体的语言,如何适应这种需求?恰恰也是在二战之后,科学技术飞速发展更新,人文社会思想得到极大丰富,在学术领域造就了学科细分与学科交叉并进的局面。在这样的背景下,语言规划研究在文化学、社会学、政治学等领域的各种调查研究中,都成为不可忽视的组成部分。

20 世纪 80 年代以来,中国的社会语言学、应用语言学逐渐发展起来。周有光先生较早地思考了中国语言规划(计划)的定位。他认为"语言计划"属于应用语言学的研究领域,与国家语言政策关系密切。他以二战以来民族国家兴起、国家重建、国家联合的国际形势为背景,提出"语言计划"研究的问题主要是:"1. 建立全国共同语;2. 制定文字规范;3. 翻译科技语。"其中建立全国共同语的要求有三种:"A. 没有主体语言,需要选定共同语。B. 有主体语言,需要规范化。C. 有传统共同语,需要现代化。"[3]中国的共同语古有雅言,后有官话,普通话是现代化的共同语,确定了语音标准、词汇规范和语法规范。制定文字规范包括："A.无文字的要选定字母。B.有文字的要改进文字。C.古老文字要现代化。"[4]中国汉字的现代化,表现为《汉语拼音方案》《汉语拼音正词法》提供的字母注音形式。

周先生的这些意见,已经大略指出了语言规划研究的要点,开展语言规划研究需要综合的多学科方法。周先生提出的研究要点是基于对世界范围内的语言规划历史和现实需求的整体认知,基于中国的有关工作和成果,大略呈现了语言规划研究的学科发展脉络。他还明确提出,中国的语言规划就是语文现代化。

"清末以来,经历了切音字运动、国语运动、白话文运动、注音字母运动、国语罗马字运动、拉丁化新文字运动、手头字运动等。这一系列运动的要求可以归纳为四个方面:语言的共同化、文体的口语化、文字的简便化和表音的字母化。"[5]"(二战以后)外国就提出语文规划或者叫语言计划这样一门新的学问。这门新学问,其实在中国是早已开始了的。在中国叫文字改革,名称不同就是了,内容、道理是一样的。后来我们扩大了'文字改革'的含义,把它说成'语文现代化'。语文现代化是一项长期的工作,甚至可以说是永远要做下去的,因为,语言和文字是跟着时代的发展而演变的。"[6]

百年来的语文运动、语言规范、语文现代化,从新的研究视角来观照,就具有了新的研究价值。周先生的思考,启示我们要注重中国语言规划研究的个性,要具有学术史、学科史的意识,在应用语言学、语言规划学的框架内,追溯研究中国语言规划实践的经验,特别是成功的语言规划经验,总结阐发中国语言规划的特点,使这一必须长期进行的工作不脱离中国的现实,能够具有更好的学术研究基础。同时,其也启示我们,语言规划研究者必须首先关注语言现实,关注现实中的语言使用的状态。这样,语言规划研究就能够正确定位,正视问题,科学阐释,提供具有前瞻性、具有社会意义的研究成果。

二、语言规划研究必须关注现实应用

"应用语言学以'应用'为生命。离开'应用',应用语言学就失去了存在的价值。'应用'因时而异,因地而异,因事而异。有当前急迫需要的主要应用,有暂时可有可无的次要应用。"[3]在语言规划领域,从工作措施到理论阐释、研究方法，都须要围绕"应用"，否则规划实践很可能失败，理论很可能蹈空，方法很可能扭曲。当谈到"成功的语言规划经验"时，《汉语拼音方案》的制定与推行过程是非常值得研究的案例。

　　周先生有多篇文章阐释、回顾《汉语拼音方案》《汉语拼音正词法》等规范的制定过程，强调实际应用的需要。新中国成立之初，提升民族文化素质、提高教育效率等现实需求，促成了《汉语拼音方案》的制定。制定过程中，"为了适应多种多样的文字工作的要求，方案在重视科学性的同时，着重地考虑了实用性。例如，不用新造字母、尽量少用字母组合，便利文字工作机械化，便利国内各民族间和国际的文化交流。草案原用六个新造字母，修正草案放弃新造字母，用四个字母组合（zh，ch，sh，ng）"。"各方面对方案提出了互不相同、彼此矛盾的要求。方案不可能只顾一方面，必须从全局看问题，权衡轻重得失，尽可能最大限度地满足各方面的主要要求，因此，《汉语拼音方案》是多种多样要求的最小公倍数。"[7]

　　尊重语言应用的事实，也是方法和理论创新的前提、基础。谈到《汉语拼音正词法》，周先生说："把规律写成规则，要斟酌实用要求。有时规律简单，规则须要详尽……群众不愿接受的规则没有实用价值。"[8]这种理念体现在《汉语拼音词汇》《汉语拼音正词法》的分词处理上。分词的规律首先考虑语言节律，诉诸语感。"汉语拼音的分词连写是以语言中的'分词节奏'作为依据的……分词连写法跟语法和构词法都有密切关系，但是，它又有不同于语法和构词法的自己的规律。"[9]"这种基于实际的规律总结，与当时的语言理论有不尽吻合之处。合理性从理论出发，习惯性从实践出发。范围不同，出发点不同，这就是矛盾的成因。"[8]但是，只有从充分尊重语言应用的基本观念出发，才有可能不受现成理论的限制，解决现实问题。

　　为了将制定的规划（规范）更好地推向社会应用，周先生还做了很多指导实践的工作。周先生在《文字改革》连载《汉语拼音方案解说》（一至七），详细阐明了方案的字母形式问题，音节拼写法问题，语音标准问题，字母对语音的配合问题，字母的顺序、名称和形式问题，标调方法问题，音节分界法问题，帮助使用者不但知其然，还能知其所以然，更好地理解和应用《汉语拼音方案》。[10]《汉语拼音方案》实现了汉字注音拼写，具体到社会各领域，如何应用、有什么问题、采取什么方式推行？他提出："汉语拼音方案是文字的辅助工具。它的多种用途可以归纳为三个方面：1.在语文教育上的应用；2.在科学技术上的应用；3.少数民族制定文字的基础。"[11]"语文教育"包括汉字注音和普通话拼音、盲聋哑人的手语、盲文字母方案;"科学技术"包括序列索引、科技代号、常用语缩写、外来词译音、电信工具及语文工作机械化。他在所有方面都提出了具体的意见,拿出了可操作的方案,为完善计算机拼音输入法提供建议。至于推动《汉语拼音方案》成为国际标准,使汉语拼音走向世界,成为沟通中国与世界的文化津梁,周先生更是与有力焉。他认为汉语拼音是国家共同语的强大助力,将在网络时代发挥更大的作用,他对汉语拼音有利于促进世界范围内华语"语同音"抱有极大的信心。

周先生的大量工作表明,《汉语拼音方案》的制定推行以"应用"为核心,以解决现实问题为目的,在研制思路、研制过程、推行措施等各个环节都体现了科学求实的态度。《汉语拼音方案》在多个领域成功推行数十年,证明以"应用"为核心的语言规划是切合实际的,在此指导下的规范标准方案是可行的,推行步骤是清晰有效的。随着语言规划研究的深入,关注的现象越来越丰富,涉及的领域越来越广泛,专门术语和阐释方法越来越缜密。"语言规划研究"从根本上是以"应用"为核心的社会科学研究,学科的基本理论架构、研究内容、方法、目的,都要以语言的现实应用为基础。在具体工作中,确定规划行为主体,规划对象的层级和类别,设计规划推行的内容和程序,建立规划行为评估的指标等,也都需要很好地理解这一基本理念。

三、语言规划研究必须坚持科学性

周先生始终坚持语言文字领域工作的科学性。在解决问题的过程中,严谨求实,重视总结规律,更新认识。虽然他曾感慨"过早的真理不是真理"[12],但是他也坚信"历史迟早要向科学的结论前进"[13]。

周先生回顾《汉语拼音方案》的制定时谈道:"有人开玩笑说,几个字母搞了三年,太笨了!其实,何止三年?国际标准化组织审查和通过《汉语拼音方案》作为拼写汉语的国际标准,又经过三年。今天回顾,花这么长的时间来仔细设计这个方案,不是无益的。如果当年留下一点马虎,今天会后悔无穷。"[14]

例如,方案选择拉丁字母形式,周先生说:"字母的选择决定于两种力量:一种是字母的技术价值,另一种是字母的流通价值。""字母的技术价值的主要衡量标准是:1.简单;2.明确;3.方便书写;4.方便机械化。""我国所以终于采用拉丁字母,除掉出于熟悉拉丁字母的知识分子和部分工农群众的影响以外,主要出于拉丁字母的国际性的作用。"[10] 还有,汉语拼音记录普通话音素,就需要一方面"弄清楚普通话有哪些音素(准确地说应当是'音位'……);另一方面要弄清楚拉丁字母在国际上的习惯读音是怎样,然后把二者配合,解决其中配合上的问题"[10]。字母组合、条件变读等也考虑了拉丁文以及各国使用拉丁字母的规律。这都表明《汉语拼音方案》在研制过程中所做的选择有清晰的目的和充分的依据,经过广泛的考察和审慎的思考。

他谈到怎样确定分词连写的时候,坦言"并没有个人的创造,只是在过去人们用过的各种方法中间选择其中的要点并加以系统化"。"词的连写问题不完全是理论问题,同时是习惯问题,只有通过群众性的公开讨论和公开试用,然后可能由分歧趋于一致。"[15] 20 年后制定《汉语拼音正词法》,他提出"正词法的学术依据不能单纯依靠某一方面。它须要从三个方面(按:语法、语音、语义)的综合之中提炼出自己的理论体系和实用准则。它是语言学的'第四维'研究课题"。因为"理论语言学的范围中间本来没有汉语拼音。正词法须要研究的各种矛盾多半不在范围以内"[8]。对于超出现有理论范畴的事物,需要创新的勇气和能力去解释并提出解决方法。这是只有充分调查了解现实状况,秉持客观的科学态度研究分析,才有可能实现的。

但语言应用也是在不断发展变化的,解决方法并不是一劳永逸。例如"正词法规则要跟着拼写习惯随时修正,否则会成为脱离实际的一纸空文。规则不断影响拼写,拼写不断修正规则。如此往复,最后可能达到相对的稳定状态"[8]。关于汉语拼音的名称,周先生曾表示,"有人认为,我们不必另立字母名称,就借用英文的字母名称好了。……可是,这是不合理的。采用拉丁字母的国家都有自己的字母名称。名称是以本国的音值为基础的,音值不同,名称也应当不同。规定名称可以参照国际习惯,可是不应当背离本国的音值"[16]。但是随着时代变化,英语对于一般人来说不再陌生,汉语拼音在信息化时代更扩大了应用范围,他修正了自己的看法。"有人认为《汉语拼音方案》规定的字母名称无法推行,不如借用英语的字母名称,方便小学生同时学习英语。这个意见,我认为是切实可行的。"[17] 这是尊重语言生活的真正科学的态度。

语言文字工作,需要考虑的因素纷繁复杂,使我们常常容易纠结其中,理不清思路。周先生的回答是,"群众的语文运动,政府的语文政策,学术的语文研究,三者有别,不可混为一谈"[13]。语言文字的使用者,语言规划、语言政策的制定者，由于立场不同、需求不同，对语言规划应该实现什么目标，会有各种各样的观点。作为语言规划研究者，坚持实事求是、符合语言发展规律的科学研究，是应有的态度。

四、语言规划研究应具有全局意识、发展眼光

以"应用"为核心和目的来谈语言文字问题，就是把一个问题放在多维度的空间里，因为"应用"就意味着"动态"，意味着多种关联。"纯粹的、单一的、绝对的"种种观念自然消解，"多元的、综合的、发展的"全局意识清晰凸显。周有光先生对语言规划的很多具体问题的阐释和解决之道，通常也是把问题放在纵向的历史发展和横向的跨文化、跨学科的比较中，以系统性的规律、立体的思维方式来分析、验证。

周先生自 1955 年开始，研究汉字在人类文字中的历史地位，"这不是褒贬古今，不是占卜未来，这是认识自我"。可见他一直将自己从事的工作放在全人类文化体系内，对具体问题的观察思考，纵横上下，不限于一时一地。经数十年积累，耄耋高龄修成《比较文字学初探》，提出："（比较）文字的形体和结构、传播和发展、应用功能、历史背景等，从中归纳出文字发展的规律。比较的目的是辨别相互之间的差异性，阐明相互之间的共同性。"他认为"一国文字学正在发展为人类文字学"[18]，并初步勾勒出人类文字学研究的轮廓。

他经常从历史发展的角度、语言和文字的发展规律，解读一些"难题"。例如谈到汉字演变，他认为汉字形体趋于简化是客观存在的规律，同时也实事求是地认为过度简化和过分推崇繁体字都是不可取的。他认为汉语拼音的成功应用符合人类文字发展的普遍规律，同时也认为汉语拼音将长期与汉字并用，辅助汉字应用，而不是成为文字，取代汉字。

周先生认为今天我们进行汉字和汉语词汇的整理规范工作，不能限于当今、限于中国，而应放眼历史发展和中华文化影响所及。他鼓励更新知识，避免产生错觉，"以为古代的语词是死的，不会再有变化。其实不然。学者们的研究使我们对古代的了解不断更新，例如今人对古文字的知识比古人多得多了。不妨说，关于古代的知识也是活的，不是死的"。还要避免另一种错觉，"以为中国文化只有中国人知道得最多。其实不然。世界各国都

在研究中国文化,他们用新的方法,不断得到新的发现。今天,不参考外国的研究已经不可能对中国文化有全面的和全新的理解"。"要开放视野,胸中有整个汉字文化圈和整个世界。"需要了解"汉字文化圈"日、韩、越等国使用汉字的状况,考虑海外使用汉字的需要。[12]

他认为人类交流的需要使得语言求同成为趋势,共同语是社会发展的必需条件。他从国家发展、民族团结的大局来看共同语的研究和普及。"对中国来说,有两种语言求同。一种是汉语各方言之间的求同。另一种是56个民族之间的求同。"他认为"中国要想成为一个现代化国家,普及全国共同语是迟早必须完成的重要工作"[19]。早在国语运动时期,他就认为拉丁化文字是为国家共同语服务的,不能搞方言拉丁化。语言共同化为国家建设服务,为团结全球华人服务,为中国的文化走向世界服务,决不能放弃。他也比较早地提出,中国需要在推广国家共同语的同时,重视学习使用国际共同语——英语,这样的"双语言时代"是大势所趋,是中国走向现代化不可避免的需要。[20]

唯其具备全局意识,才能清醒地认识客观现实,也才能前瞻未来,保持充分的信心。一方面,他对汉语国际地位的分析冷静客观,认为现在的汉语并不具备有些人认为的高度的国际地位;[21]另一方面,他对华语在21世纪的发展充满希望,预言"华语将在全世界华人中普遍推广"[22]。随着国家经济文化建设的进步,国际地位的提高,汉语一定有广阔的未来。周先生的名言"从世界看中国,而不是从中国看世界","厚今而不薄古,重中而不轻外,既需继承,更要创新",体现的正是这种冷静的全局意识,坚定的发展眼光。

周先生的全局意识还表现在他始终以跨学科的角度看待语言规划。例如,他认为术语的应用领域和使用人群有特殊性,不能够用语言学、词汇学规律解释一切问题。作为语言规划的重要内容,术语国际化的研究必须有跨学科的理念,不是语言学一家的事情。他不拘泥于现有的学科界限,敏锐地指出,有些语言文字问题,真正的肇因在于文化心理。虽然"文字'神圣'观念已经被文字'发展'观念所代替了"[4],但是"语文有图腾崇拜和禁忌迷信,文化越古,包袱越重。所以,新旧并存,逐步过渡,往往是最好的更新方法"[19]。

五、结语

周先生经历了巨变迭起的一个多世纪。我们对他的理解,只能是他丰富的人生智慧中的点滴而已。他关于语言规划的观点,既根植于他数十年从事语言规划具体工作的实践经验,又是在社会和学术发展新形势下的思考,具有鲜明的现实性。他始终保持对世界的热情关注,反应敏锐,勤于思考,不僵守固有理论,面对具体问题,思路开阔,多维交织。

周先生曾有题字:"了解过去,开创未来,历史进退,匹夫有责。"他对自己的事业有深厚的感情,确定了它的历史位置,确定了它在人类文化图景中的意义后,始终保持坚定、冷静、清醒的思考,敢于正视问题,总结规律,勇于更新认识,创新方法。我们纪念他,更应该学习他关注现实、胸怀博大的使命感,通达冷静、科学严谨的治学态度,承担起自己的时代任务,促进新时期语言文字工作事业的发展。

注　释

[1]李宇明.有光的一生[N].光明日报,2017-1-15.

[2]周有光.周有光语文论集[M].上海:上海文化出版社,2002.

[3]周有光.应用语言学的三大应用[J].语言文字应用,1992(1).

[4]周有光.切音字运动百年祭[J].语文建设,1992(5).

[5]周有光.漫说文字改革[J].群言,2003(4).

[6]周有光.中国语文现代化研究要放眼世界[J].北华大学学报(社会科学版),2005(6).

[7]周有光.《汉语拼音方案》的科学性和实用性——纪念周总理《当前文字改革的任务》发表二十五年[J].文字改革,1983(1).

[8]周有光.正词法的性质问题[J].文字改革,1984(1).

[9]周有光.《汉语拼音词汇》的性质、作用和问题[J].辞书研究 1983(1).

[10]周有光.汉语拼音方案解说(连载)——纪念汉语拼音方案诞生三周年[J].文字改革,1961(1—7).

[11]周有光.《汉语拼音方案》的应用问题(上)(下)[J].文字改革,1959(18—19).

[12]周有光.缅怀王力教授对文改事业的贡献 王力先生和《汉字改革》语文建设,1986(5).

[13]周有光.二次战后的语言计划[J].语文建设,1989(4).

[14]周有光.《汉语拼音文化津梁·序》[M].北京:生活·读书·新知三联书店,2007:1.

[15]周有光、杜松寿、陈文彬、陶静.词儿连写基本规则初稿[J].文字改革,1958(4).

[16]周有光.拼音字母的名称问题[J].拼音,1957(5).

[17]周有光.拼音正词法和国际互联网——拼音进入21世纪之三[J].群言,2001(11).

[18]周有光.关于比较文字学的研究[J].群言,2000(5).

[19]周有光."求同存异"和"创新保旧"——纪念《民族语文》10周年[J].民族语文,1989(4).

[20]周有光.双语言时代[J].群言,1997(6).

[21]周有光.汉语的国际地位[J].语言教学与研究,1989(2).

[22]周有光.21世纪的华语和华文[J].群言,2001(10).

（原载《语言战略研究》2017年第2期）

周有光先生的大语文观

沙莉莉

　　周有光先生是我国著名的语言文字学家。他在语言文字学的很多领域都取得了巨大成就,他对中国语文现代化的研究最深、贡献最大,是中国语文现代化理论的奠基人。周先生的学术思想博大精深,这里只选取他学术思想的一个方面——大语文观来进行阐述。

　　周有光先生研究语言文字,绝不局限于语言文字本身,不是为学术而学术,而是从治国的高度,把语言文字放在上下五千年、东西五大洲的大背景下来考察,从全球信息化的高度来看待我国语文现代化的发展,试图解决人们为什么要学习"语文",学习什么样的"语文",怎么样学习"语文"及"语文"在国家建设中的作用等宏观认识问题。这样的大语文观使他的思想具有先进性和预见性,他的学术贡献将与时俱显。

　　语言文字是信息交流的工具,是社会的产物,语言文字不可能孤立地发展,必然会受到社会的影响,同时也会影响社会各方面的发展。周先生指出:"社会的演变和语文的演变是密切关联的。秦并六国,统一天下,实行'书同文'政策;'官狱职务繁,初有隶书,以趋约易,而古文由此绝矣'。这是古代的社会演变引起了语文演变。鸦片战争(1840)打开闭关自守的清帝国的大门,中华民族由震惊而觉醒,开始了中国历史的新篇章,同时,掀起了中国语文的新思潮。这是近代的社会演变引起了语文演变。"[1]社会进入现代化时期,语言文字也应做相应的调整,为了和社会现代化相一致,周先生较早地提出了语文现代化这一旗帜鲜明的口号。周先生认为语文现代化、语言规划、文字改革三者包含的内容是一致的。他说:"二战之后,全世界有100多个新独立的国家,都要革新他们的语文。有的要求建立国家共同语,有的要求更新文字规范,有的要求推行双语文教育,有的要求确定科技语政策。由此兴起一门新的学问,叫作'语言计划'(language planning,又译'语文规划')。文明古国,在'现代化'的建设进程中,也要求革新语文。这主要有日本、中国、印度等。100 年来,日本和中国都有'文字改革'运动。'文字改革'包括语言的革新。'语言计划'包括文字的革新。说法各异,内容相同。语文革新,不是只有中国才有,而是几乎每一个国家都有,只是形式和内容以及发生的时机各有不同罢了。"[2]周先生这一概括,告诉我们语言规划或文字改革都不是一国的事情,而是全世界都在进行的工作。语言规划或文字改革的最终目的都是使中国的语文现代化,进而推动整个社会的现代化。周先生把从清末以来的语文现代化目标概括为四个方面:语言共同化、文体口语化、表音字母化、汉字简便化。

一、语言共同化

"现代共同语"是工业革命的产物。我国要求人人会说共同语,以便接受全民义务教育,是鸦片战争以后受日本的启发提出来的一件新事情,一直到今天还没有真正实现。周先生说:"一国人民,如果语言彼此不通,那是一盘散沙,不是一个现代化国家。""推广共同语是国家现代化的一项必不可少的先行工作。"但是目前我国普通话普及的成绩如何呢?"据语言调查的数据显示,目前大中城市大概 80% 左右能够使用普通话进行交际,而农村普通话的普及率在 40% 以下,在一些边远地区甚至更低一些,全国人口能够使用国家通用语言交际的约占 50% 多一点儿。在新疆、西藏民族地区仍然有70% 的农牧民不能使用汉语进行交际。在云南、贵州的少数民族地区仍然各有 700 万到 800 万人口不能使用国家通用语言进行交际。从中可以看出,我国的推普成绩并不理想。"[3]对于推广普通话,目前社会上有一些人持抵触情绪,认为推广普通话就会消灭方言,普通话不如方言生动活泼。去年两会期间,上海和广东的人大代表提出保卫本地方言。诸如此类的观点大多来自经济发达地区,为什么陕甘宁等西北地区没有人提出保护方言?因为保护那样的方言,不但自己走不出去,别人也进不来,只能继续贫困!经济的优越感引起方言的优越感是可以理解的,但在语言文字的领域里,搞"财大气粗"是非常落后的。时代越发展,人们越怀旧,这是正常的心理现象,但社会毕竟还要向前发展,这种怀旧情绪也只能是"无可奈何花落去"。

1955 年,全国文字改革会议和现代汉语规范问题学术会议确定了"普通话"的定义:以北京语音为标准音,以北方话为基础方言,以典范的现代白话文著作为语法规范的现代汉民族共同语。1982 年,我国宪法规定:"国家推广全国通用的普通话。"2001 年 1 月 1 日开始施行的《中华人民共和国国家通用语言文字法》把普通话确定为"国家通用语言",普通话的法定地位进一步被确定。周先生提醒我们:"西欧国家在 300 年前就普及了共同语。日本在 100 多年前就普及了共同语。我们必须急起直追、迎头赶上。"[4]

21 世纪是信息化时代,我国现代化的任务是一方面要完成工业化,另一方面要追赶信息化。普及普通话,实行"国内双语言"是工业化的要求。要想实现信息化,周先生指出还要实现"国际双语言"。周先生说:"中国的双语言,原来是指推广普通话:从只会说方言,到又会说普通话。普通话是学校和社会语言,方言是家庭和乡土语言,这是'国内双语言'。现在又有了第二种含义:从只会说普通话,到又会说英语,这是'国际双语言'。"[5]周先生通过论证证明英语是事实上的国际共同语。"任何国家想要成为一个现代化国家,必须以英语为第一外国语。英语没有国籍。谁利用它,谁就得益。"[6]他还指出:"双语言不是独立于社会之外的附加物,而是现代社会的一个职能。双语言是一种现代化的指标。通过双语言的水平,可以在一定条件下测知国家现代化的程度。"[7]

二、文体口语化

教育革新是国家政治、经济、文化、科技革新的基础,而语文革新是教育革新的前提。进行语文革新,这是五四时期提出的文字改革任务,所以 1919 年掀起以白话文运动为先锋和高潮的五四运动,白话文由此取代文言文成为文学的正宗和小学教科书的正式文体。这不仅是一次文体解放,还是一场思想解放,因而被称为中国的"文艺复兴"。可是直到今天,这场思想革新也没有取得完全的胜利。半文不白的文章在报纸杂志上随处可见,有人以满嘴"之乎者也"为荣,却经常用错。中学生高考作文写成文言文,教师竟然给了满分,媒体还大肆炒作。周先生对此写了下面的超短文予以批判:"现代人要说现代话,写现代文,开创现代文化。文言的用处只是了解古书,不适合用于现代生活。认为文言比白话优美,那是心理错觉。目前有一股复古风，这是缺乏时代意识和自信心的表现。青年们不可误入歧途。文言可以写，但是写文言不应当加分。媒体炒作，不足怪。人咬狗是新闻嘛！不要忘记，这是 21 世纪。"[8] 大家的至理名言值得我们每一个现代人深思。

三、表音字母化

中华民族利用描画客观事物（象形）来创造文字记录语言，在字"形"上走在了世界的前列，但在求表音的道路上却探索了 2000 多年。从譬况法、直音法、反切法，到注音字母、国语罗马字、北方话拉丁化新文字，一直到新中国《汉语拼音方案》的制定，这一探索才得以圆满终结。

周先生是《汉语拼音方案》的主要制定者之一，对方案的诞生做出了巨大贡献。周先生早在新中国成立前就进行拼音化的业余研究。1952 年，他出版《中国拼音文字研究》一书。周先生正是把业余爱好做到了专业化的程度，所以国家在 1955 年召开文字改革会议的时候，请周先生参加并把他留在了文改会。1954 年底，直属于国务院的中国文字改革委员会成立，1955 年 2 月，文改会内部设立拼音方案委员会，周先生是 15 名委员之一。拼音方案委员会指定叶籁士、陆志韦和周有光三人起草"汉语拼音文字方案初稿"。

在制定拼音方案的过程中，字母形式问题成为争论的焦点。毛泽东同志作出"形式应该是民族的，字母和方案要根据现有汉字来制定"的指示，主张搞"民族化"的设计。周先生力主拉丁字母，于 1954 年写了《字母的故事》提供参考。毛主席后来接受语文学界多数人的意见，赞同采用拉丁字母，并且亲自出面做工作。这样就为《汉语拼音方案》的诞生扫除了一个最大的障碍，结束了字母形式问题的长期争论。

随着时代的发展，越来越显现出拼音方案最终选择拉丁字母的英明。"这个选择固然体现了国家领导人的远见卓识，而周先生的推荐介绍也是功不可没的。"[9] 周先生还提出"汉语拼音三原则"：1. 拉丁化；2. 音素化；3. 口语化。并且从反面阐明《汉语拼音方案》的"三不是"：1. 不是汉字拼形方案，而是汉语拼音方案；2. 不是方言拼音方案，而是普通话拼音方案；3. 不是文言拼音方案，而是白话拼音方案。[10] 从而澄清了人们头脑中关于拼音方案的一些错误认识。《汉语拼音方案》于 1958 年 2 月 11 日由中华人民共和国第一届全国人民代表大会第五次会议通过，40 多年来，在推广普通话，语文教育,新闻出版,编序和检索,编制型号、代号,邮电和其他通信,信息处理,专名拼写,少数民族的文字改革,对外汉语教学等许多方面都得到了广泛的应用,是须臾不可或缺的工具,这无不体现出当年制定者们的远见卓识。吕叔湘先生说"汉语拼音方案是最佳方案",刘涌泉先生认为"汉语拼音方案是没有申请专利却有国际专利权的重大发明"。[11]1977年,联合国经济社会理事会的地名标准化会议采用《汉语拼音方案》作为拼写中国汉语地名的国际标准。1979年,国际标准化组织在波兰华沙举行会议,该组织负责给各种非罗马字母文字规定罗马字母拼写法的国际标准。周先生代表中国作大会发言,提议采用《汉语拼音方案》作为拼写汉语的国际标准。1982年,由会员国投票通过,《汉语拼音方案》成为拼写汉语的国际标准。《汉语拼音方案》从国内走向了国际,周先生功不可没。拼音方案的拉丁字母搭建了世界书同文的平台:"试想,我们的拼音方案不是拉丁字母的而是'民族式'的或是另外什么'式'的,参加国际交流要用国际标准化组织为我们设计的拉丁字母转写法,那还有什么'民族自豪感',还有什么'国格'可谈!"[12]

《汉语拼音方案》不仅是给汉字注音的工具,还是拼写汉语的工具。《汉语拼音方案》要记录汉语,就必须记录汉语最基本的使用单位——词,这就要求《汉语拼音方案》必须有分词的内容。周先生为了进一步完善《汉语拼音方案》,从20世纪50年代起就开始研究正词法,编写了《汉语拼音词汇》一书。1979年,周先生代表中国参加国际标准化组织在波兰华沙举行的会议之后,起草了《汉语拼音正词法要点》,主持了《汉语拼音正词法基本规则》的制定。周先生先后发表了《汉语拼音正词法问题》《正词法的性质问题》《正词法的内在矛盾》《汉语拼音正词法和国际互联网》等论文。1996年,《汉语拼音正词法基本规则》成为拼写汉语的国家标准(GB/T16159—1996)。现在,《汉语拼音方案》已经从国内走向国际,成为拼写汉语的国际标准。1998年,《汉语拼音方案》公布40周年,藏书量世界排名第一的美国国会图书馆决定,从这一年起,把全部70万册中文图书的目录由旧拼法改为汉语拼音。汉语拼音已经成为沟通现代文化的桥梁,是中国走向世界的"全球通用码"。近年来,有些人提出对《汉语拼音方案》进行修改,周先生作为唯一健在的方案制定者,时时注意这些修改的意见。他说:"这些建议很少是在20世纪50年代没有仔细研究过的。《汉语拼音方案》不是没有缺点的,但是改掉一个缺点往往会产生另一个缺点。缺点和优点是共生的。只能两利柜权取其重,两弊相权取其轻。"[13]

《国家通用语言文字法》第十八条规定："国家通用语言文字以《汉语拼音方案》作为拼写和注音工具。《汉语拼音方案》是中国人名、地名和中文文献罗马字母拼写法的统一规范,并用于汉字不便或不能使用的领域。"《汉语拼音方案》在汉字不便或不能使用的领域发挥着作用,无文字之名而有文字之实。中国古代认为汉字是黄帝的史官仓颉所造,传说:"仓颉四目,生而知书,仓颉作书而天雨粟、鬼夜哭。"仓颉造字是传说,是文字图腾崇拜的表现。《汉语拼音方案》的制定有仓颉之功,我们可以毫不夸张地说周有光先生就是实实在在的当代的仓颉,他的功绩将青史留名。

四、汉字简便化

汉字问题一直是中国语文学界最敏感、争论最多的问题。有人主张改革汉字,甚至五四时期有人提出废除汉字,实行拼音文字;有人则认为汉字是信息量最大的文字,是最先进的文字。周先生指出,之所以会出现这两种截然相反的观点,是因为汉字本身的两面性:技术性和艺术性。"重视技术性的人们成为汉字的'改革派'。重视艺术性的人们成为汉字的'国粹派'。"[14] 汉字的艺术性使它成为古代化的宝贝、现代化的包袱。进行现代化,就必须对汉字进行改革,改进它的技术性。

汉字这一古代文明的"宝贝",由于笔画繁、字数多、检索难等毛病,在清末就有人提出改革。20 世纪 20 年代,从事"新语文"运动的叶籁士先生就提出对汉字进行"定量、定形、定音、定序"。周先生在这方面做出了巨大贡献。20 世纪 80 年代,周先生提出了建设"现代汉字学"的构想。周先生认为,汉字学应当包括历史汉字学、现代汉字学和广义汉字学三个部分。周先生认为现代汉字学的研究是今天我们研究的重点。周先生不仅提出构想,还亲自做了大量的研究工作,为这门新学科的发展奠定了坚实的基础。周先生提出了汉字效用递减率,提出了要在现代汉字和文言古语用字之间画出一条界线的论断,提出了研制现代汉字用字全表的卓见,还亲自计算了汉字的有效表音率,进行了汉字形体分解研究。在周先生的倡导下,现代汉字学这门年轻的学科正在健康成长。由著名语言学家王均先生主编的《当代中国的文字改革》对周先生给予高度评价:"在中国语言学家当中,重视中国文字的研究跟现代技术的应用如中文信息处理等,到目前为止,周有光可算是

'独领风骚'。而中国语言文字研究的出路,恐怕是'非此莫由'。"[15]

关于汉字简化问题,周先生希望:"为了提高工作效率,增强屏幕上的清晰度,21世纪后期可能对汉字还要进行一次简化。"[16]这个预见可能为进一步整理和简化汉字指明方向。

语文现代化不是静态的而是动态变化的,具有与时俱进的特点。进入信息化时代,语文现代化又增加了新的内容,周先生将其概括为语文电脑化和术语国际化。

五、语文电脑化

信息化时代,研究语言文字,不仅要研究人际关系,还要研究人机关系,这就对语言文字提出了新的课题。汉字输入电脑,经历了从整字输入到编码输入,出现了"万码奔腾"的现象。周先生曾经做过试验,认为编码不是一条康庄大道。他说:"编码是一种落后的东西。日本在(20世纪)80年代就完全停止编码了。"[17]他积极提倡拼音汉字转换输入法。他说:"我们失去了一个大众化的打字机时代。现在,来到了计算机时代。如果输入汉字必须经过记忆编码的特别训练,不能像外国的字母文字那样方便,那么,中国计算机也只能由专业者使用,不能成为大众化的语词处理机。这样,差距依然存在。我们在失去了一个大众化的打字机时代以后,不能再失去一个大众化的语词处理机时代。真正消灭差距,追回失去了的时代,出路很有可能就在于采用'拼音转变法'。"[18]周先生提倡拼音变换法以"语词、词组、成语、语段、常用词句"等作为输入单位。随着电脑、手机的普及,这一转换法的优越性逐步显现出来。

六、术语国际化

中国历史上有三次文化高潮:先秦的百家争鸣,唐朝的学习印度佛学和清末的西学东渐。其中后两次是吸收外来文化,外来文化的引进带来了大量的术语,因此术语的翻译是文化传播中的关键工作。周先生研究了这两次文化传播中的术语翻译情况,指出:中国的术语翻译是术语的"民族化",

就是使术语适应本国语言,创造"有本国特色"的名词。术语翻译,速度太慢。"一名之定,十年难期。""马克思"一词,就曾经被翻译成"麦喀士、马陆科斯、马尔克、马可思"等十几种,从 1902 年到 1923 年,经过 21 年才基本统一。术语翻译因地而异,美国总统布什,台湾译作"布希",香港译作"布殊",可见术语的共同化并不容易。周先生又介绍了日本术语国际化的经验,指出术语的国际化是日本走上国际化的一个必要条件。但是我国是否也照搬日本的术语国际化呢? 不行,"因为文化有层次性,又有阶段性"。周先生指出,最可行的办法是实行"术语双语言":"一方面可以保持'术语民族化'的传统,使大众科技工作者比较容易吸收科技知识;另一方面可以为'术语国际化'准备必要的条件,使专业科技研究者迎头赶上迅猛发展的信息化时代。"周先生说:"东亚经济起飞的'四小龙'(新加坡、韩国两国和我国的香港、台湾地区)都属于'汉字文化圈'。有人说,他们的经济起飞得力于'崇拜孔夫子'。其实是得力于'科技双语言'政策。他们有的用英语作为科技教育的主要语言,有的兼用本地语言和英语,都实行'科技双语言'。"[19]

周先生对术语统一的工作极为关注。"他建议,大陆应该和港澳台联合起来,用超地区的观念来对待汉语的科技术语工作,共同建立成熟的汉语术语学派。周先生还对海峡两岸成功地对 101—109 号化学元素统一命名极为赞赏,认为走出了科技术语统一的重要一步。"[20]

周有光先生的大语文观,使他的学术思想具有先进性和预见性。我们应沿其道路而行,为中国的语文现代化事业添砖加瓦,推动国家的现代化。大学是治国之学,大家是治国之家,天下知识分子都如此这般,何患国不富强!

注　释

[1]王均主编.当代中国的文字改革·序言[M].北京:当代中国出版社,1995.

[2]陈永舜.汉字改革史纲(修订版)·序言[M].长春:吉林大学出版社,1995.

[3]转引自周有光.应用语言学的三大应用[J].中国语文现代化学会通讯,2005(41).

[4]周有光.周有光语言学论文集[M].北京:商务印书馆,2004:64.

[5]周有光.新时代的新语文[M].北京:生活·读书·新知三联书店,1999:32.

[6]周有光.新语文的建设[M].北京:语文出版社,1992:202.

[7]周有光.新时代的新语文[M].北京:生活·读书·新知三联书店,1999:34.

[8]周有光.提倡文言是时代错误[N].中国教育报,2003-9-30.

［9］转引自周有光.《汉语拼音词汇》的性质、作用和问题［J］.中国语文现代化学会通讯，2005(41).

［10］周有光.新时代的新语文［M］.北京:生活·读书·新知三联书店,1999:221.

［11］刘涌泉.汉语拼音是我国语言学界的最大成就［J］.语文建设,1998(4).

［12］陈永舜.拼音化方向问题［J］.北华大学学报(社会科学版),2005(6).

［13］周有光.《汉语拼音方案》的制定过程［J］.语文建设,1998(4).

［14］周有光.汉字和文化问题［M］.沈阳:辽宁人民出版社,2000:253.

［15］王均.当代中国的文字改革［M］.北京:当代中国出版社,1995:444.

［16］周有光.21世纪的华语和华文［M］.北京:生活·读书·新知三联书店,2002:61.

［17］信息污染和语文现代化——与周有光对话［EB/OL］.www.huangjiwei.com.

［18］周有光.中文信息处理的双轨制.周有光语文论集(第四卷)［M］.上海:上海文化出版社,2002:302.

［19］周有光.现代文化的冲击波［M］.北京:生活·读书·新知三联书店,2002:136—137.

［20］放眼未来,汉语在21世纪将得到更大的发展——著名语言学家周有光教授访谈记［J］.科技术语研究,1999(2).

（原载《语文现代化论丛(第七辑)》2006年第1期,又见《一生有光:周有光先生百年寿辰纪念文集》语文出版社,2007年版,第167—177页）

浅谈周有光的大语文观

魏际兰　　冉育彭

摘　要　"汉语拼音之父"周有光为语文社会化、现代化、国际化做出了划时代的贡献。本文从现代化的大语文视角，结合周有光的著作，详细介绍了他的双语言文化观和汉语科学发展观。

关键词　语文；双语言文化；汉语标准；术语翻译

汉语是我们的母语，要学汉语就得借助汉语拼音。汉语拼音化是语文社会化、现代化的必要条件，也是汉语国际化的飞翔之翼。

说起汉语拼音，不得不提到这位精神矍铄、开明达观的百岁老人——周有光。周有光原名周耀平，是著名的语言文字学家，被誉为"汉语拼音之父"。1906 年 1 月 13 日生于江苏常州，曾任上海复旦大学、上海财经学院经济学教授。1955 年奉调北京，担任中国文字改革委员会委员，专职从事语言文字研究，参与拟定拼音方案。他是《简明不列颠百科全书》（中文版）中方三编审之一，中国语文现代化学会名誉会长，曾先后发表论文近 400 篇，出版书籍近 30 种。他被学术界公认为最有成果的文字改革倡导者。

周有光博古通今，对中国深厚的历史文化积淀了解透彻，他能从浩渺的历史长河中寻找语文发展的规律，探究语文发展的方案；他博闻强识，精通英、法、日、汉四门语言，对世界多种语言研究深入，能从绮丽的世界文化视角来观察、研究语言的共性、多样性以及汉语的科学发展规律。借鉴历史，展望未来；立足中国，放眼世界。他用开放的思维、丰富的阅历支撑起了他的大语文观。语文是一个很宽泛的概念，它包括语言与文字、语言与文学、语言与思维、说话与写作、言语与文章、口语与书面语等。周有光的大语文观指出：语文要现代化，国际化，要顺应语言发展的科学规律，要用健康的、实用的语文来促进中国科技、文化、经济的深远发展，让中国群众的心灵腾飞起来。

双语言文化观和汉语科学发展观是他的大语文观的两大组成部分，本文将对这两种观点进行简要的评介。

一、双语言文化观

《现代汉语词典》[1]对文化下了三个定义：1. 人类在社会历史发展过程中所创造的物质财富和精神财富的总和，特指精神财富，如文学、艺术、教育、科学等；2. 指同一个历史时期的不以分布地点为转移的遗迹、遗物的综合体；3. 指运用文字的能力及一般知识。周有光所说的文化具备第一个含义，即是人类创造的物质和精神的财富。[2]

文字是文化不可或缺的一部分，在制定《汉语拼音方案》的过程中，民族形式还是国际形式、方言还是共同语等问题就曾困扰着周有光。经过潜心研究，他明确地指出："人类文化已经变成了两个层次。一个是世界性的现代文化，一个是地区性的传统文化。每一个人都不自觉地生活在这两个层次的文化之中。"[3]"现代任何民族都无法离开覆盖全世界的现代文化。""环顾世界，到处都是双文化现象：内外并存、新旧并用，实行双文化生活。双文化的结合方式有：并立、互补和融合。不同的社会选择了不同的结合方式。事实上，今天的个人和国家已经不自觉地普遍进入了双文化时代。"[4]因此，一方面，"我们要有世界眼光，要把自己的文化传统融入世界现代文明潮流之中"，而且"我们应该好好地研究，要用中国的东西来补充世界"[5]；另一方面，我们要继承优秀的传统文化，锐意进取，用积极的现代文化引导群众的健康语文生活。他说："弘扬华夏文化绝不是提倡国粹主义。不能革新和发展的文化是没有生命的。华夏文化必须恢复历史上曾经发挥过的伟大生命力，百尺竿头，更进一步。"[6]华夏文化任重道远，"复兴华夏文化，不是文化复古，而是文化更新；不是以传统文化代替现代文化，而是以传统文化辅助现代文化，根据现代需要，用科学方法，学习和实践古人的有益教诲"[7]。

在多元文化背景下，作为文化的载体，语言也自然而然地出现了多元化的发展态势。"文化和经济发达的国家，早就实行了双语言。现代是双语言时代。"[8]

(一)掌握国际共同语并建设好国家共同语

一个多民族多语言的国家既需要国家共同语,又需要国际共同语。目前,几乎所有国家,特别是二战后独立的新兴国家,他们面临两项历史任务,"一方面要建设国家共同语;另一方面要使用国际共同语。日常生活和本国文化用国家共同语,国际事务和现代化用国际共同语"[9]。随着经济全球化的不断推进,作为人类独有的特征——语言也不可避免地呈现了明显的统一趋势。在世界上不计其数的语言中,曾为"地角语言"的英语凸显其强劲的生命力,战胜了法语,逐渐成为各类国际会议等交流活动的官方语言,而且成为许多国家和地区的国内大规模活动、公示语的交流语言。"联合国原始文件所用语言,英语占80%,法语占15%,西班牙语占4%,俄语、中文和阿拉伯语合计占1%。法语的应用不到英语的五分之一。""在电脑互联网上,英语资料占90%。"[10]如今,英语,准确地说是美式英语,不仅是许多国家的第二语言或必学外语,而且成了国际共同语,它在传递信息、促进交流、发展经济等方面起着不可估量的作用。

语言是一面镜子,它既能反映特定的社会环境,又能体现特定的文化风格。在承认英语的国际共同语地位的同时,我们也清醒地认识到几乎所有国家都在努力发展自己的国家共同语,以在世界民族之林彰显自己的民族特色,保持自己的传统文化,捍卫本民族的不可替代性和话语权。

当今社会是一个多元文化社会,我们用两种甚至多种语言塑造、反映着这个具有丰富文化内涵的社会,又被这个精彩纷呈的世界潜移默化地影响着我们的思维和价值观。

(二)推广普通话且保护好方言

当越来越多的国家使用国际共同语,建设国家共同语的时候,中国采取的做法是既要有"国际双语言",又要讲"国内双语言"。一个现代的中国人要具备的语言能力是:既要能说方言,又要能讲普通话;不仅要会讲普通话,还要懂英语。

按《现代汉语词典》解释,普通话是现代汉语的标准语,以北京语音为标准音,以北方话为基础方言,以典范的现代白话文著作为语法规范。方言是家庭和乡土语言,是普通话存在的前提,但是普通话又优于方言,因为它具有更高的要求,更广的用途。现在,国内任何一个婴儿一生下来就要面对他的语言选择：方言还是普通话。在二三十年前的中国，绝大多数婴幼儿所学习的母语就是自己家庭所在地区的方言，或者说是真正意义上的母语——母亲所使用的语言。时下，普通话应用相当广泛，越来越多的场合需要使用普通话，因此越来越多的婴幼儿开始了以普通话为母语的家庭语言学习，相应地逐渐减少了方言的接触、使用机会。针对这个重要的社会语言现象，许多语言学者和专家进行了深入的多角度研究，并表明了对推普时代方言生存、发展前景的忧虑态度。

在方言与普通话的取舍关系问题上，周有光的观点很明确："你可以说方言，但一定要能讲全国的共同语——普通话。推广普通话不是要消灭方言，方言是一种文化，要研究，要保留。"他强调："要推广普通话，也要保护方言，不能消灭方言。"[11]

中国方言种类繁多，据官方报道，中国有 120 多种少数民族语言，只有 50 多种语言有文字，而其中仅有 22 种文字实际被使用。没有文字的语言，使用人数都少于万人，仅仅保留在老人的山歌、传说等口头语言形式中，实际上处在消亡的边缘。目前我国使用的 80 多种语言中，大约有 10 多种语言处于"濒危状态"。方言的消亡以及随之而造成的文化损失是不可估量的。正如美国一位语言学家所说："一种语言从地球上消失，就等于失去一座卢浮宫。"所以应该提倡在一定的语域下多使用方言，加强方言的拯救、保护、研究力度，竭尽全力让它们重新焕发生机。周有光十分重视方言研究，特别是吴语研究的历史价值。在他的倡导主持下，1988 年由石汝杰（苏州大学语言学和吴方言教授）记言、张以达（作曲家）记谱产生的《苏州评弹记言记谱》就是吴语研究方面很有意义的一项成果。

二、汉语科学发展观

在双语言文化时代，如何科学发展我们的国家共同语——汉语普通话，这是亿万中国人面临的问题，也是无数语言学家必须重视的问题。

汉语科学发展观是周有光的大语文观的另一个重要内容。他立足实际，追求高效，提倡要走科学发展汉语的现代化道路。他认为，语文现代化包括语言的共同化、文体的口语化、汉字的简便化、表音的字母化四个方面[12]。考虑到信息化时代的语文现代化，"先生又增加了两化，就是：语文的电脑化和术语的国际化"[13]。具体来说,第一,我们要以北京语音为标准音,坚持在全国推广、普及共同语——普通话。第二,我们的语言要规范化,讲出来大家听得清(文体语);文字要口语化,读出来大家听得懂(语体文)。第三,文字要简便化,要对汉字定形、定量、定音和定序。第四,表音的字母化,即采用国际通用字母——国语罗马字为汉语拼音,搭设国内外信息化交流平台。第五,语文的电脑化,即中文的信息化,首先要使汉字进入电脑,然后从单个汉字输入,发展为以语词、词组、成语和语段为输入单位;从编码输入,发展为从拼音到汉字的自动变换。第六,术语的国际化,"就是使术语随同世界通用的说法,不造本国独用的名词"[14]。在语文现代化的进程中,汉语规范化和术语国际化成为人民群众日益关注的问题。

(一)汉语标准谁说了算?

近年来,由于航空技术的迅猛发展,电脑网络的四通八达,以及国际交流的日益频繁,汉语不可避免地夹杂了不少外来语,特别是英语;随着人们文化观念的日益开放以及网络的迅速普及,汉语中出现了大量网络语言以及五花八门的个性化语言。更让人忧心的是,在电影、电视剧、商业广告、商标、产品说明书、菜谱、公示语中,汉语、汉字被随意窜改或误写的例子俯拾皆是。这些都对中国语言文字的纯洁性造成了很大的冲击,使许多业内人士对汉语的未来发展忧心忡忡。

对于这些社会语言现象,周有光持包容态度,他认为语言文字永远随着时代的脚步变化发展,这是变化过程中的现象。他指出规范有几个意思:"第一,你一定要订一个标准;第二,标准不可能百分之百遵守。因为语言文字的标准是一种提倡,不能强制,不能因为你违反了规范我就把你抓起来。所以规范有两个可能:第一个是我订得不大好,你不愿意遵守;第二个是你不是很严格来遵守,所以规范的推广不可能要求百分之百。但是规范还是很有用处的,有了规范,可以淘汰很多无聊的东西,但规范不是一成不变的,要不断研究,不断改进。因为语言在变,你的规范也要变。"[15]

汉语的标准不是开个会或是立个法,就能确定下来的。语言是条流动的河。语言的发展有其内在规律,汉语标准的设定、实施应面向真实生动的语言生活,进行动态监管和调整。另外,要加强汉语语文教学,培养群众的民族文化意识,使大家能自觉地使用规范的、标准的汉语语言文字,并能创造性地使用、丰富、发展本国语言。

（二）术语翻译民族化还是国际化？

如何翻译科技术语是汉语科学发展过程中必须解决的问题。周有光指出，科学术语的翻译要遵循国际化和民族化两大原则。"大众需要术语民族化，以便理解和学习。术语国际化主要适用于具备较高专业水平的科技工作者。"[16] 术语翻译民族化，地道、广泛，能大力促进科技知识的普及，保持汉语的纯洁性；术语翻译国际化，高效、便捷，能真正实现科技术语的"书同文"。中国是世界上唯一的术语民族化的国家，在全世界处于孤立地位。在此情形下，我们必须实行"科技双语言"政策。针对不同的对象，根据不同的需要，对科技术语的翻译采用不同的方法。"中国如果明确地和认真地实行'科技双语言'政策，一方面可以保持'术语民族化'的传统，使大众科技工作者比较容易吸收科技知识；另一方面可以为'术语国际化'准备必要的条件，使专业科技研究者迎头赶上迅猛发展的信息化时代。"[16]

术语国际化是语文现代化的必由之路，是中国科技信息化的重要手段。但是如何使民族化、国际化的科技术语和谐共存在汉语普通话中，值得广大语言研究者继续不懈努力。

周有光今年已经 106 岁，仍然笔耕不辍。阅读他的著作，我们能清楚地了解在当今高度信息化、日益全球化的知识经济时代，应该拥有怎样的现代化语文生活——应该说什么语言，应该创造什么样的文化，应该如何发扬优秀的传统文化，以更好地适应时代的发展，把握世界的脉搏。

中国有三宝：长城、兵马俑和汉字[17]。在外国人看来，汉字是世界上最难的文字，谁能攻破这一关，谁就是文化英雄。基于对璀璨的中华文化和丰富的世界文化的比较认识，周有光睿智地洋为中用，大胆地拿来世界的东西——国语罗马字母为中华民族的语文规范化、社会化、现代化、国际化做助推器，有力地促进了人民群众的语文现代化和中国经济的快速发展。如今，有了汉语拼音，人人都有可能成为文化英雄。

周有光先生——这位与时俱进、博学多才的真正的文化英雄从大语文视角给我们分析了多元文化背景下的多个语言层次，揭示了中华民族优秀传统文化的研究价值，并指明了新形势下科学发展汉语的现代化道路。他拥有开阔的世界眼光、深邃的历史眼光和敏锐的语文意识，能客观地评价过去，清醒地面对现实，自信地展望未来。他的真知灼见是我们继续研究语言的坚实基础，也为世界语文的共同发展做出了杰出的贡献。

注　释

[1]中国社会科学院语言研究所词典编辑室.现代汉语词典[M].5版.北京:商务印书馆, 2005:1427.

[2]周有光.现代文化的冲击波[M].北京:生活·读书·新知三联书店,2000:1.

[3]周有光.两个层次的文化[N].中华读书报,2009-1-14(15).

[4]周有光.双文化时代[J].群言,1995(10).

[5]周有光.两个层次的文化[N].中华读书报,2009-1-14(15).

[6]周有光.现代文化的冲击波[M].北京:生活·读书·新知三联书店,2000:112.

[7]周有光.期待中国群众的心灵起飞[N].社会科学报,2009-7-16(6).

[8]周有光.双语言时代.周有光语言学论文集[M].北京:商务印书馆,2004:160.

[9]周有光.双语言时代.周有光语言学论文集[M].北京:商务印书馆,2004:160.

[10]周有光.双语言时代.周有光语言学论文集[M].北京:商务印书馆,2004:163—164.

[11]范炎培.常州籍著名语言文字学家周有光说——常州话是文化,要保留[N].常州日报,2008-1-4(8).

[12]周有光.中国语文的现代化[N].人民日报,2003-1-24(11).

[13]苏培成.周有光对中国语文现代化的贡献[N].中国教育报,2005-1-23(4).

[14]周有光.文化传播和术语翻译.周有光语言学论文集[M].北京:商务印书馆, 2004:415.

[15]王小珊.周有光:语言文字永远随着时代的脚步变化发展[N].京报网,2007-3-13.

[16]周有光.漫谈科技术语的民族化和国际化[J].中国科技术语,2010(1).

[17]周有光.文化传播和术语翻译.周有光语言学论文集[M].北京:商务印书馆, 2004:419.

(原载《常州工学院学报(社会科学版)》2011年第29卷第1期)

术语规范化是发展科技的一个关键问题

——访我国著名语言文字学家周有光先生

张　晖

　　他曾两次与爱因斯坦面对面,他是沈从文眼中的"周百科",他参与制定《汉语拼音方案》,主持《汉语拼音正词法基本规则》的制定,他83岁告别纸笔学电脑,百岁出新著,月月有新稿,他功成于经济却名就于语文,其经济学和语言文字学著作被同时陈列于美国国会图书馆,供来自世界各国的学者查阅。他就是周有光先生,我国著名语言文字学家。

　　佳节刚过,春寒乍暖,我很幸运地采访了时年102岁的周先生。那是在北京朝内后拐棒胡同一幢不起眼的楼房,老式的房门,旧式的家具,书房不大,却干净整齐。招呼之间,老先生正用一块方巾细心包裹着那台由夏普公司在20世纪80年代末以他建议的汉字输入方法而设计生产的电脑打字机。据说周老近20年的文稿就是通过它,用先生自己主持制定的汉语拼音输入完成的,自然是老先生的心爱之物。周老转身提放包裹的动作,让我信服他"虽已高龄,却手脚麻利,诸事喜欢自理"。临北窗的小书桌是他读书写作的地方,书籍、钢笔、放大镜、咖啡杯散放其上。保姆端来了热茶,周先生热情地招呼我坐下。

　　因为听力不好,先生桌边总会准备一些已经用过一面的旧纸,供来访者手书问题,他看后作答。我报上姓名,向先生呈上了2007年新改版的第一期杂志。"你跟我孙女婿的名字完全一样,一笔都不差,太巧了,都是单字名。"当老先生拿起放大镜,在刊物上找出我的名字时说道。采访的气氛一下子轻松下来。就这样,我们一个多小时的交谈也就从"名字"开始了。

一、译名不易，定名更难

在老先生看来，姓名的单一化是信息化时代的一件大事情。"我们从上个世纪（20世纪）六七十年代开始，兴起把姓名中间的一个字拿掉，变成单字名，后来慢慢成为一种风气，但这把中国的一个习惯打破了。单字名不好，同名的太多，不利于姓名的单一化。老师上课一叫'王红'，课堂上站起来好多个'王红'。许多国家都搞无同名制度，北欧、美国、日本都在搞。日本孩子生出来，到警察局去登记姓名，要去查电脑，有同名的，就要他改。我们是应当改变，把同名减少到最少。还有就是不要用古里古怪的字做姓名，否则到银行去存钱也存不了。这在信息化时代不是一件小事情。"

我对周老说，全国科技名词委很重视外国科学家人名和地名的译名规范化工作，于1987年2月专门成立了外国科学家译名协调委员会。在"名从主人、尊重规范、约定俗成、副科服从主科"的译名协调原则指导下，迄今共协调规范了60多个学科近3000余个外国科学家和地名译名。目前这些译名已经得到了很好的推广。

周老在赞许的同时告诉我："国际上最早搞单一命名，不是人名，是地名，叫作'单一罗马化'。为什么要搞呢？因为当时一个地名几个写法，航空公司不好办。会议是我去参加的，我们赞同，因为单一罗马化是国际性技术进步的要求。"老先生微微一笑，谈起了国际地名标准化会议期间的一段小故事："但苏联不这么认为，坚持说俄文字母很好，不搞罗马化，结果弄得这个会议不好办，因为不能另外搞一套字母啊，这是全世界的事情，不是一个两个国家的事情。这个事情闹了几年，最后苏联只好同意搞一套罗马字母的标准。"

"国际科技交流与合作中出现了译名统一难，一国之内的科技术语规范统一又谈何容易。"周老接着说："清末翻译家严复就曾说过：'一名之立，旬月踟蹰！'他翻译了很多的自然科学和社会科学名词，其实翻译得很好，但在他去世以后，他的很多译名大都被历史所淘汰。例如，'群学'被'社会学'所代替，'格致学'被'物理学'所代替。"周老进一步解释道："这是因为'译名不易，定名更难'。用拼音文字的国家在科技术语方面可以相互转写，而汉语不是拼音文字，而是方块字，需要先明确概念，再定名，要尊重大众的语言习惯。因而,汉语科技术语规范统一的难度就特别大,可以说是'一名之定,十年难期','激光',我们用了十年才定下来,'马克思''恩格斯'我们更是用了二十几年才定下来。这是有原因的。因此,国家成立一个专门机构,依靠科技专家和语言学家搞科技名词的审定和统一工作是明智之举,是必要和迫切的。"

二、规范汉语用字是基础

当老先生得知全国科技名词委语言文字工作协调委员会已经开始工作时,他显得很欣慰,拿起钢笔画出了委员会名单中他熟悉的委员名字,如王铁琨、厉兵等。他说:"语言文字工作者在术语规范工作中需要发挥重要的作用。在中国来讲,科技术语规范化的基础是汉语的规范化。汉语本身的问题没有解决,就给科技术语的规范问题增添了困难。美国总统Reagan,大陆译'里根',台湾译'雷根',香港译'列根';美国总统 Bush,大陆译'布什',台湾译'布希',香港译'布殊'。一个 Reagan 跑出来三个'Reagan',一个 Bush 跑出来三个'Bush',这是我们的语言乱,用字没有一个规范。"

现在电脑技术的普及,需要语言符号数量趋于稳定。谈起汉字的数量问题,周先生打趣地说:"我有很多外国大学的教授朋友问我中国是不是有1000 个字,在他们看来,1000 个字就够多了,我跟他们讲,通用的就有 7000个,他们很吃惊。日本现在的大报纸才用 1945 个,大学者也用不到 2000 个字。"1988 年,我国公布了 7000 个字的《现代汉语通用字表》,其中包括 3500个字的《现代汉语常用字表》。老先生认为"这几千个汉字的公布还是有些草率,里面很多的字不常用,很多常用的字里面还没有,现在教育部正在编规范汉字表,很好。"但至于"汉字要少到一个什么样的程度",老先生也强调说"需要做许多理论和实践问题的研究"。

周先生赞同对术语用字数目加以规定,范围内的可以用,范围外的不要用,他说这是约束汉字数量的一个"好办法"。但他同时也指出,这一想法在具体操作上肯定不容易。他举了植物学名词的例子:"今天植物学的术语就多得不得了,有多少种树,就有多少名词,许多字字典里都没有。我看可以开这方面的会议,限制一下,如果植物学规定起来很有难度,也可以先由其他某几种学科联合起来先规定标准，然后再扩大，这也是一个办法。逐步来，否则阻力太大。"

三、倡导科技术语双语言

术语规范化是要坚持"民族化"还是要走向"国际化"，这一直是术语规范化工作者探讨的重要问题。各方专家也是各执一端，有的专家执着于"术语民族化"，认为要使术语适应本国语言，创造有本国特色的名词；也有人执着于"术语国际化"，认为要使术语随同世界通用，不造本国独有的名词。作为长期关心全国科技名词委术语规范化工作的语言文字学专家，周先生在这方面同样进行了深入的思索，他提出了"科技术语双语言"的建议。

为什么"双语言"呢？周先生娓娓道来："世界各国术语多数不用意译，音译就可以了，这是世界潮流，但中国语言文字的特点决定了我们需要意译，完全提倡音译，恐怕群众接受不了，我觉得可以采取'双层制度'，慢慢推进。"

"这个双层制度怎么搞呢？"周先生拿起笔，在纸上画出一张草图，做了细致的解释，"一层是专家用的，一个新的术语，专家立刻要用，英语就很方便，国外大都是根据英语走的，这是第一步。第二层是大众用的，用意译，这样子两步走就快。人家说自然科学的词出现的速度快，像爆炸一样。我在上中学的时候，生物、化学都是用美国的英文课本，那时是因为自己编不出来。现在可以编了，更要注重对英语术语的学习和借鉴，这样才能保证科技不落后，才能与世界接轨。"作为一位世纪老人，其丰富阅历让他的言谈洋溢着浓烈的"现代化"气息。

但是关于这种政策的实践，周老也不无担忧，历史上不乏前车之鉴。日本人最开始在社会科学领域大量运用了中国古书上的字眼来意译西洋文，后来很多的术语还传回了中国，但后来日本放弃了这样的方法，采用了片假名进行音译。"但这样做就产生了问题。举个例子，医生常常要用的手术灯，日本有两种讲法：一种是'无影灯'，是意译的，大家都看得懂；另一种是根据洋文音译的，普通老百姓不懂。类似的问题在上世纪（20 世纪）80 年代的日本引发了很多的争论。所以如何走好第一步很关键。"

"全国科技名词委在审定公布规范汉语术语的同时,还附上与它对应的英文,搞双语言推广,是很有益的尝试。"老先生话锋一转,露出了欣慰的笑容,"中国如果明确认真地执行'科技双语言'政策,一方面可以保持'术语民族化'的传统,使大众和科技工作者比较容易吸收科技知识;另一方面可以为'术语国际化'准备必要的条件,使专业科技研究者迎头赶上迅猛的信息化时代。"

四、周家人的术语情结

周先生年事虽高,然笔耕不辍,曾撰写了《文化传播和术语翻译》等文章,阐述了术语规范化工作的意义和方法。谈起这些,老先生总是很谦虚:"我现在年纪太老,离开学术,是个无业游民,也就是随便看看,写点文章,是好玩。我 50 岁以后就搞文字改革工作,文字改革牵涉到很多方面,现在的问题是文字本身的改革问题影响到科技术语,是因为有人不愿意放弃习惯,但是我认为这些习惯迟早非改变不可。现在有全国科技名词委,他们代表国家组织各行各业最好的专家来审定术语,很让人放心。这项工作很重要,但也很难搞,他们取得的成绩来之不易。"老先生语气很坚定。

全国科技名词委大气科学名词审定委员会副主任、中国科学院大气物理研究所原副所长周晓平研究员是周有光先生之子。采访临近尾声,周老和我聊起了他。"由于航空、军事的发展,大气物理的作用变得非常重要,台湾意识到这个问题很重要。周晓平搞大气物理学,经常与台湾同行一起开会。原本台湾的翻译跟大陆的很多都不一样,现在两岸通过交流和对照,也都在慢慢统一。"显然周老对他公子从事的两岸大气科学名词对照统一工作所取得的成绩很满意。

最后,我试探着提出请老先生为《中国科技术语》刊物题词,他很爽快地答应了。略加思索,周老写下这样一句话:"术语规范化是发展科技的一个关键问题。"望着眼前这位神情专注、笔力遒劲的慈祥老者,很难让人相信他当时已 102 岁高龄,我的思绪被迅速拉回一小时前登门造访的那一刻,他自嘲道:"人的一生遵循这个规律,0 到 10 岁是生长的旺盛期,曲线迅速向上,90 到 100 岁是人的衰弱期,弧线迅速下落,超过 100 岁的人实在很少。"然孔子有云:"知者乐,仁者寿。"我想,正是周老的豁达胸襟,他的儒雅谦逊,他的与时俱进，才注定了他年逾百岁的健康人生。祝愿周老笑口常开，永远年轻！

（原载《中国科技术语》2007 年第 2 期）

编后记

　　本资料选编是浙江大学周有光语言文字学研究中心的课题"周有光语言文字学研究"的成果"周有光语言学研究"丛书的一种，编者感谢周有光语言文字学研究中心的出版资助。

　　感谢下列同学在本书编写过程中付出的心血和努力，他们参与了本书选编过程中的资料收集、转写、整理、校读，他们是：邵瑞敏、陈静怡、傅欣慧、胡怡萍、黄舒婷、陆海燕、王璐、翁超儿、吴琳琳、吴雨昕、杨鸿玥、周荧、诸佳怡、王羽琪、顾倩倩、洪焱、朱伊凡、徐婷婷、赵佳琦、徐悦玎、潘林晓、张萌、王佳丽、栗梓茜、张建彬、蒋天铮、叶加韵。

　　选入本书的都是已经在学术期刊或其他场合发表的论文或文章，编者感谢所选论文或文章的作者。各位作者若有版权等问题，请与浙江大学周有光语言文字学研究中心联系。

编者

2021 年 7 月 7 日